01

浙大文献学
研究生教程

礼学文献八讲

关长龙 著

商务印书馆

图书在版编目 (CIP) 数据

礼学文献八讲 / 关长龙著 . — 北京 : 商务印书馆 , 2023
（浙大文献学研究生教程）
ISBN 978-7-100-22386-7

Ⅰ . ①礼… Ⅱ . ①关… Ⅲ . ①礼仪－文献－中
国－研究生－教材 Ⅳ . ① K892.9

中国国家版本馆 CIP 数据核字（2023）第 073090 号

浙大文献学研究生教程

礼学文献八讲

关长龙 著

商 务 印 书 馆 出 版
（北京王府井大街 36 号 邮政编码 100710）
商 务 印 书 馆 发 行
上海盛通时代印刷有限公司印刷
ISBN 978-7-100-22386-7

2023 年 10 月第 1 版 开本 880×1240 1/32
2023 年 10 月第 1 次印刷 印张 10⅞

定价：78.00 元

总　序

何为"文献"？《论语·八佾》："夏礼吾能言之，杞不足征也；殷礼吾能言之，宋不足征也。文献不足故也。"这是"文献"一词的最早出处。三国魏何晏《论语集解》引郑玄注："献，犹贤也。我不以礼成之者，以此二国之君，文章、贤才不足故也。"南宋朱熹《论语集注》："文，典籍也；献，贤也。"按照郑玄和朱熹的说法：文，指有关典章制度的文字资料；献，指熟悉掌故的人。后来"文献"的概念发生了一些变化，从指"典籍和贤才"的并列结构转向偏指"典籍"。宋末元初马端临的《文献通考》，是第一部以"文献"命名的著作，此书中的"文献"即指典籍和文字资料。

何为"文献学"？文献学是一门探究如何对文献进行整理与研究的学问，古典文献学的研究对象即是古代典籍。自西汉刘向、刘歆父子领校秘书、整理群籍以来，一直到清代章学诚提出"辨章学术，考镜源流"，中国古代文献学研究的历史源远流长。就狭义的古文献学而言，包括语言文字和文本形态，涉及中国古代语言文字学和古籍版本、目录、校勘、辑佚、辨伪、编纂等方面的学问。这大约是"文献学"本体课程的范畴。广义"文献学"的概念始见于近代，泛指以文献为研究对象的传统学问，经过几代学者的推阐和实践，文献学的内涵和外延得到不断的深化和发展。

我们这套教程的文献学概念就属于后者。

虽然古文献学的定义有广狭之分，但其宗旨和目的是明确的，那就是整理和研究中国历代文献典籍、传承和弘扬中华优秀传统文化。可以说，古典文献学是关于古文献阅读、整理、研究和利用的学问。浙江大学古籍研究所承担的正是这样的工作。

浩如烟海的古书典籍是中国古代文化的重要载体，其形式和内容两方面的特点决定了古文献学是个既交叉又综合的学科。就内容而言，古文献学分为具体和抽象两个方面：前者包括文献记载的人物、史事、年代、名物、典制、天文、地理、历算、乐律等，涉及自然和社会、时间和空间诸多方面的具体内容；后者主要指文献中的思想观念，需要紧密结合语言文字和具体内容剖析探求。按学术性质来分，古文献学又分考据学和义理学，有关形式方面的文字、音韵、训诂、版本、目录、校勘、辑佚、辨伪诸学及有关内容的考实之学均属考据学；有关思想内容的剖析探求属于义理学。浙大古籍所的文献学诸课程，秉承清代朴学学风，考据为主，兼具义理分析，二者紧密结合。

浙江大学古籍研究所的文献学课程已有近四十年的历史。我所的前身是杭州大学古籍研究所，1983 年经教育部批准成立，是全国高等院校古籍整理研究工作委员会所属的二十四家古籍整理研究机构之一。首任所长是著名学者姜亮夫先生。由姜先生组建的学术队伍文史哲兼备，设置的课程包含了广义文献学的各个领域。从姜先生主持制定的研究生培养方案（见序后所附）中，可以看出当初的规模和教学的理念。经过四十年的发展，我所现已成为海内外有较大影响的传统文化研究和人才培养基地，所辖中国古典文献学专业分别于 1983 年和 1984 年被国务院学位委员会评定为硕士学位授权点和博士学位授权点，1994 年被评为浙江省重点学科，2007 年被评为国家重点学科。目前，我所的文献学课程也因为研究人员的变动而处于变化之中。

为了适应新时代的要求，进一步加强古籍整理和研究人才的培养，推进研究生教育的改革和创新，同时，也为了使我所教师的教学科研成果为更多人所知、所享、所用，在古籍所成立四十周年之际，我们组织编写了"浙大文献学研究生教程"。这套教程包括：《礼学文献八讲》《说文段注八讲》《敦煌经学文献八讲》《宋代科举八讲》《音韵学八讲》《训诂学八讲》《中古汉译文献语言八讲》《博物学八讲》《东亚文献学八讲》《唐代避讳问题八讲》《汉文佛教文献八讲》《出土文献与周礼八讲》《敦煌道教文献八讲》《敦煌写本文献学》，共十四种。这些都是老师们发挥自身研究特长，同时根据课程特点和学生需求，在多年探索、积累的基础上撰写的研究生文献学教材，以学术性为主，兼顾知识性和普及性。因为浙江大学一学年分为春夏秋冬四个学期，一门课通常开一个学期，每学期八周，故大部分教材都是八讲。

这套教程涵盖了我所的主要研究方向，但不能包括所有文献学课程。教程在文献学的基础上，广涉经学、礼学、传统语言学、敦煌学、史学、宗教学等诸多领域。从书名中就可看到，涉及的文献种类丰富多样。从文献的流传来看，既有传世文献，又有出土文献；从文献的版本来看，既有刻本文献，又有写本文献；从文献的存藏来看，既有域内文献，又有域外文献；从文献的内容来看，涵括儒家文献、佛道文献；等等。这套教程在选题设计上点面结合，既有学科通论，也有专题研究；在内容安排上广度和深度相结合，一方面注意知识的覆盖面，对相关学科或专题做体系的介绍，另一方面也体现深浅梯度和进阶层级，重视培养分析问题、解决问题的能力。因为授课者对各自领域均有深入的研究，这套教程视野广阔，内容前沿，材料新颖，对于文献学及相关专业的青年学子，以及热爱中华典籍和传统文化、有志于学习和研究文献学的广大朋友，是一套很好的读本，相信会有助益。

古籍工作得到党和国家的高度重视。1981 年 9 月，中共中央发出《关于整理我国古籍的指示》，推动我国古籍事业不断向前发展。新时代古籍事业迎来新的发展机遇。2022 年 4 月，中共中央办公厅、国务院办公厅印发《关于推进新时代古籍工作的意见》，全面部署古籍工作，意见指出："做好古籍工作，把祖国宝贵的文化遗产保护好、传承好、发展好，对赓续中华文脉、弘扬民族精神、增强国家文化软实力、建设社会主义文化强国具有重要意义。"在中华优秀传统文化日益融入时代、走进生活的今天，古籍整理与研究事业任重道远，前途无限，我们愿意与学界同道一起携手共进，为赓续中华文脉、弘扬民族精神贡献力量。

浙江大学古籍研究所　王云路

2022 年 12 月

附录　二十世纪八十年代姜亮夫先生制定的古典文献学
硕士研究生培养方案（专业课和专题报告部分）

专业课	
《尚书》	1. 以上每种有一人讲授，求会通。此外，下列几种可由学生选读一两种，要求熟练，并自选导师指导：《周易》《老子》《论语》《墨子·经说》诸篇，《中庸》或《大学》。 2. 以上诸书除熟读外，并即作为基本技能练习之专书，用三百年来有关学者最佳成就为基本读物，一定要从头到尾读透、点过，并且作出笔记等。
《诗经》	
《左传》	
《庄子》	
《荀子》	
《韩非子》	
屈原赋	
《史记》	
《续资治通鉴长编》	
文字学	读《说文解字》。以三分之一时间讲甲骨金文。
声韵学	读《广韵》。以三分之一时间讲古韵学。
训诂学	读《尔雅义疏》。
文献学	参《通志二十略》，廿四史志书。
目录学	参《汉书·艺文志》《隋书·经籍志》《通志·艺文略》《四库全书总目提要》。
版本学	
校雠学	参郑樵《通志·校雠略》、章学诚《校雠通义》。
要籍解题及古籍校读	

专题报告	
中国文化史	
中国思想史	
佛典泛论	
道教概论	
三教斗争史	
中国名学和印度因明学	
金石学	
中国艺术史	
中印交通史	
中国科技史	
天文历算书目提要	
史记历书、汉书律历志算释	以上专题报告，针对学生进一步学习的志愿，来灵活安排。报告时数，按内容需要灵活掌握。
中国六大古都的结构形势	
中国方志学	
礼俗与民俗学	
文物与文献	
档案学	
历史统计学	
历史研究中的语言学方法	
文化人类学	
制度与制度史	
历代职官小史	
中国医学	

目　录

第一讲 礼、礼学与礼学文献

一 礼是什么

汉代司马迁在《史记·礼书》中提到："人道经纬万端，规矩无所不贯，诱进以仁义，束缚以刑罚。""缘人情而制礼，依人性而作仪，其所由来尚矣。"[1] 现代学者钱穆先生总结说：礼"是整个中国人世界里一切习俗行为的准则"，是中国人的生活方式。[2] 社会学家李安宅先生则从文化比较的角度指出：

> 中国的"礼"字，好像包括"民风"（folkways）、"民仪"（mores）、"制度"（institution）、"仪式"和"政令"等等，所以在社会学的已在范畴里，"礼"是没能［有］相当名称的：大而等于"文化"，小而不过是区区的"礼节"。[3]

礼学家钱玄先生从传统礼经文献的具体研究中也得出了类似的结论：

> 今试以《仪礼》、《周礼》及大小戴《礼记》所涉及之内容观之，则天子侯国建制、疆域划分、政法文教、礼乐兵刑、赋役财用、冠昏丧祭、服饰膳食、宫室车马、农商医卜、天

［1］ 司马迁《史记》，中华书局，2013年，第1366、1365页。
［2］ 邓尔麟《钱穆与七房桥世界》，蓝桦译，社会科学文献出版社，1998年第2版，第8页。
［3］ 李安宅《〈仪礼〉与〈礼记〉之社会学的研究》，上海人民出版社，2005年，第3页。按，李书1930年由商务印书馆初版。又，引文中加方括号的文字表示改正前面的字，后同。

文律历、工艺制作，可谓应有尽有，无所不包。其范围之广，与今日"文化"之概念相比，或有过之而无不及。是以三礼之学，实即研究上古文化史之学。[1]

这些研究和总结，都说明了礼之义涵的复杂性。以下我们从行礼主体——人的生活、生命和文明进化三个维度，对礼的本质和特点作一些分析解读，冀以寻求一种主体视角的有关礼之形态的理解与认知。

1. 礼，履也——生活维度的体知

在战国秦汉之际，以"履"训礼似乎有着较为广泛的认同。

> 言而履之，礼也。行而乐之，乐也。君子力此二者，以南面而立，夫是以天下太平也。[2]

> 曾子曰："身也者，父母之遗体也。……仁者，仁此者也。礼者，履此者也。"[3]

> 礼者，人之所履也，失所履，必颠蹶陷溺。所失微而其为乱大者，礼也。[4]

> 礼乐者，何谓也？礼之为言履也。可履践而行。乐者，乐也，君子乐得其道，小人乐得其欲。[5]

> 礼者，履也，履道成文也。[6]

---

[1]　钱玄、钱兴奇编著《三礼辞典·自序》，江苏古籍出版社，1998年，第3页。
[2]　孔颖达《礼记正义·仲尼燕居》，上海古籍出版社，2008年，第1937页。
[3]　孔颖达《礼记正义·祭义》，上海古籍出版社，2008年，第1844页。
[4]　梁启雄《荀子简释·大略》，中华书局，1983年，第371页。
[5]　陈立《白虎通疏证·礼乐》，中华书局，1994年，第93页。
[6]　陈立《白虎通疏证·性情》，中华书局，1994年，第382页。

礼，履也，所以事神致福也。[1]

"礼者，体也，履也。"统之于心曰体，践而行之曰履。[2]

在这里，"履"的意思皆指主体人的践行。盖人作为一个生命存在，其活动必有践行轨迹，轨迹也必有主体所乐行而又为对境所能容者，循之则生活顺利，失之则"颠蹶陷溺"，这种特别的轨迹就被称为礼，它也是钱穆先生所说的"生活方式"和"习俗行为的准则"。

那么这种特别的轨迹究竟"特别"在何处呢？从上引文献《白虎通·性情》和《说文解字》可知，当有两个延伸的"参照标准"。

第一个"参照标准"是"履道成文"的"道"。"道"字从首、从行（或从辵），意为人之生命活动所遵行的路，推而广之，则指人及万物生存所赖以从出和遵行的"形而上"之路，现代学术研究中多称之为"终极本体"或"终极实在"。《说文解字》则用"神"字来表达这一概念——"神，天神，引出万物者也"[3]。董仲舒云："道者，所繇适于治之路也，仁义礼乐皆其具也。"[4] 宋代理学家程颢云："所以谓万物一体者，皆有此理，只为从那里来。"[5] 盖终极本体为万物之所从出，弥纶天地，其所运行的轨迹即为宇宙变化的终极法则。人亦终极本体的产物之一，

---

[1] 段玉裁《说文解字注·示部》，上海古籍出版社，1988年第2版，第2页。

[2] 郑玄《礼序》，孔颖达《礼记正义·曲礼上》，上海古籍出版社，2008年，第3页。

[3] 段玉裁《说文解字注·示部》，上海古籍出版社，1988年第2版，第3页。

[4] 班固《汉书·董仲舒传》，中华书局，1962年，第2499页。

[5] 程颢、程颐《二程集·河南程氏遗书》，中华书局，1981年，第33页。

故其生活方式的终极合理性亦必由此而得。所谓"天人合一"，也是指主体感通道体而遵行其序的意思。下辑数例文献所论，可以增进对这个概念的理解。

> 有物混成，先天地生。寂漠！独立不改，周行不殆，可以为天下母。吾不知其名，字之曰道，吾强为之名曰□［大］。[1]

> 凡道无根无茎，无叶无荣，万物以生，万物以成，命之曰道。[2]

> 一阴一阳之谓道，继之者善也，成之者性也。……阴阳不测之谓神。[3]

> 夫道一而已矣。[4]

> 夫昭昭生于冥冥，有伦生于无形，精神生于道，形本生于精，而万物以形相生。[5]

> 大道者，所以变化遂成万物也。[6]

> 故人者，其天地之德，阴阳之交，鬼神之会，五行之秀气也。[7]

> 阳之精气曰神，阴之精气曰灵。神灵者，品物之本也。[8]

> 道也者，至精也，不可为形，不可为名，强为之（名），

[1]　朱谦之《老子校释·老子道经》，中华书局，1984年，第100—101页。
[2]　黎翔凤《管子校注·内业》，中华书局，2004年，第937页。
[3]　于天宝点校《宋本周易注疏·周易系辞上》，中华书局，2018年，第392—397页。
[4]　朱熹《四书章句集注·孟子集注·滕文公章句上》，中华书局，1983年，第251页。
[5]　郭庆藩《庄子集释·知北游》，中华书局，1961年，第741页。
[6]　梁启雄《荀子简释·哀公》，中华书局，1983年，第402页。
[7]　孔颖达《礼记正义·礼运》，上海古籍出版社，2008年，第917页。
[8]　方向东《大戴礼记汇校集解·曾子天圆》，中华书局，2008年，第587页。

谓之太一。[1]

> 神灵者，天地之本，而为万物之始也。[2]

此终极本体散在万物，即为万物运行的依据，其运行的轨迹又被称为神。析言之，则阳动之迹称神，阴静之迹称理[3]，所以理也就成为礼字得名的语源依据，故学人抑或以"理"训礼。具体而言，则可以说礼是理的节文[4]，即人对终极之理的节点性认知与表达，或者说，礼是人通过自己的身体呈现出来的理。文献中对二者的关系论述甚多：

> 礼者，因人之情，缘义之理，而为之节文者也。故礼者，谓有理也。理也者，明分以谕义之意也。故礼出乎义，义出乎理，理因乎宜者也。[5]

> 礼也者，理也。乐也者，节也。君子无理不动，无节不作。[6]

> 视听言动，非理不为，即是礼，礼即是理也。不是天理，

---

[1] 陈奇猷《吕氏春秋新校释·大乐》，上海古籍出版社，2002年，第259页。按，引文中加括号的文字表示脱文补字，后同。
[2] 向宗鲁《说苑校证·修文》，中华书局，1987年，第476页。
[3] 《说文解字·玉部》："理，治玉也。"注："戴先生《孟子字义疏证》曰：'理者，察之而几微，必区以别之名也。是故谓之分理。在物之质曰肌理，曰腠理，曰文理，得其分则有条而不紊，谓之条理。'郑注《乐记》曰：'理者，分也。'许叔重曰：'知分理之可相别异也。'古人之言天理，何谓也？曰理也者，情之不爽失也。未有情不得而理得者也。天理云者，言乎自然之分理也。自然之分理，以我之情絜人之情，而无不得其平是也。"段玉裁《说文解字注》，上海古籍出版社，1988年第2版，第15—16页。
[4] 朱熹："所以礼谓之'天理之节文'者，盖天下皆有当然之理，今复礼，便是天理。"黎靖德编《朱子语类》卷四十二，中华书局，1986年，第1079页。
[5] 黎翔凤《管子校注·心术上》，中华书局，2004年，第770页。
[6] 孔颖达《礼记正义·仲尼燕居》，上海古籍出版社，2008年，第1934—1935页。

便是私欲。人虽有意于为善，亦是非礼。无人欲即皆天理。[1]

万物皆有此理，理皆同出一原。但所居之位不同，则其理之用不一。如为君须仁，为臣须敬，为子须孝，为父须慈。物物各具此理，而物物各异其用，然莫非一理之流行也。[2]

礼者理也，在天曰天理，在地曰地理，在人曰脉理，在人伦曰伦理，在木曰条理。支分节解，脉络贯通，至纤至悉，秩然不淆，此礼之所以严而明、经而等、曲而中也。观于天泽，则天地自然之理了然于卑高上下之陈，圣人制为五礼，岂能于自然之理加减毫末哉？[3]

作为人的生活方式，礼的成立依据是人与万物之间本体互动的义理认同和身体表达，这也是礼之义理与仪式得以生成的认知逻辑。《礼记·礼运》云："是故夫礼，必本于大一[4]，分而为天地，转而为阴阳，变而为四时，列而为鬼神，其降曰命，其官于天也。"[5] 把道、理的源头直接譬喻为"太一"，《说文解字》"礼"字下收有古文形体"𥘆"（礼），从示从乙（太一）会意，其字源理据当取自礼"必本于大一"。

第二个"参照标准"是"事神致福"的"福"。《礼记·祭统》云：

贤者之祭也，必受其福，非世所谓福也。福者，备也。备者，百顺之名也。无所不顺者之谓备，言内尽于己而外顺

---

[1]　程颢、程颐《二程集·河南程氏遗书》，中华书局，1981 年，第 144 页。

[2]　黎靖德编《朱子语类》卷十八，中华书局，1986 年，第 398 页。

[3]　章潢《图书编》卷九十三《礼总序》，《景印文渊阁四库全书》第九百七十一册，台湾商务印书馆，1986 年，第 807 页。

[4]　"大"为"太"的古字。

[5]　孔颖达《礼记正义》，上海古籍出版社，2008 年，第 939 页。

于道也。[1]

这里把"福"字解释为"备"——完美之意。也就是说，礼是"事神致备"即事神而追求生命之完美。但是《祭统》在释"福"为"备"的同时又用到了三个概念，即"百顺"和"内尽于己""外尽于道"。当然，"百顺"我们可以理解为行礼主体要顺从内"己"和外"道"的要求或者说安排，此与许慎定义中的"事神"——事奉、顺从"神"的要求与安排似乎有着一致性。也就是说，"神"与《祭统》所提到的内"己"与外"道"有着某种程度上的一致性，或者可以说，这里的内"己"是就道在己之体内而言，而外"道"则就道在外物而言。当然，深入讨论这个问题涉及中国传统道德概念的场域理解[2]，为免枝蔓烦琐，这里不作展开讨论。要之，从宇宙生成论的角度来说，道作为宇宙的终极本体，它生成万物并寓于万物之中。道的运动方式是或静或动，或消或长，其静、消与动、长又称阴阳，阴阳运动时所携带的"道"体"基因"又称"神"，神运行的轨迹从认知的角度又称为理。《周易·系辞上》云："阴阳不测谓之神。"即神是终极本体的运动形态，人们也往往用神来指称终极本体。因此也可以说，神生成万物并寓于万物之中，它是人与天地万物固有的内在支配者（也可称为主宰）和合宜行动的发出者。回到前引"礼"之定

[1]　孔颖达《礼记正义》，上海古籍出版社，2008年，第1866页。
[2]　场域（field）概念借自法国学者布迪厄，他对此的解释是："一个场域可以被定义为在各种位置之间存在的客观关系的一个网络（network），或一个构型（configuration）。"皮埃尔·布迪厄、华康德《实践与反思——反思社会学导引》，李猛、李康译，中央编译出版社，1998年，第133—134页。它也是张岱年所谓的"中国哲学之整个的条理系统"。张岱年《中国哲学大纲·自序》，中国社会科学出版，1982年，第17页。

义的"事神"和内"己"、外"道"的关系，我们就可以说，神是从整体上表达的运动形态的"道"，它存在于人和天地万物之中。故从人与万物对境的角度说，其在人者称为内"己"，因为人之性体或有气质之蔽，故当"尽己"方能体知和顺从道体的意志；而在万物者称为外"道"。要之，二者皆是终极本体的分殊性呈现而已，但作为主体的人因为其能动性的特点而需要主动建立内"己"与外"道"的衔接，才能使终极本体的流行不会因"自我"的存在而出现"栓塞"。

由此，我们可以用现在的语言来转述许慎对礼的定义：

礼是主体具有终极关怀的以成就完美为目的的行为方式。

并不是一个人所有的行为方式都能称为礼，只有那些源出于终极本体且以"成就完美"——"成人"——为目的的践履方式才能称为"礼"。

这也是传统典礼中"冠礼"的礼义所在。《礼记·内则》：

> 子能食食，教以右手。能言，男"唯"女"俞"。男鞶革，女鞶丝。六年，教之数与方名。七年，男女不同席，不共食。八年，出入门户，及即席饮食，必后长者，始教之让。九年，教之数日。十年，出就外傅，居宿于外，学书记。衣不帛襦袴，礼帅初，朝夕学幼仪，请肄简谅。十有三年，学乐诵《诗》，舞《勺》。成童，舞象，学射御。二十而冠，始学礼，可以衣裘帛，舞《大夏》，惇行孝弟，博学不教，内而不出。[1]

也就是说，童子虽也肄习"幼仪""简谅"等曲礼及"小舞"

---

[1] 孔颖达《礼记正义》，上海古籍出版社，2008年，第1168—1170页。

之仪，但直到"冠礼"（女子十五行笄礼）之后才开始有"成人"期许，亦即《礼记·冠义》所谓"成人之者，将责成人礼焉也。责成人礼焉者，将责为人子、为人弟、为人臣、为人少者之礼行焉"[1]。扩而充之，其礼行于天地万物以成就理想人格的努力，也就自在期许之中了。

2. 礼，体也——生命维度的认同

以"体"训礼最早见于《礼记·礼器》[2]，其后汉代文献中也有一些重要的表达：

> 礼也者，犹体也。体不备，君子谓之不成人。设之不当，犹不备也。礼有大有小，有显有微。大者不可损，小者不可益，显者不可掩，微者不可大也。故经礼三百，曲礼三千，其致一也。未有入室而不由户者。[3]

> 礼者，体也，人情有哀乐，五行有兴灭，故立乡饮之礼，终始之哀，婚姻之宜，朝聘之表，尊卑有序，上下有体，王者行礼，得天中和。

> 礼者，体也，礼所以设容明天地之体也。[4]

> 礼者，体情制文者也。……礼者体也。[5]

---

[1] 孔颖达《礼记正义》，上海古籍出版社，2008 年，第 2270 页。
[2] 王锷认为，《礼器》篇"作者可能是齐国人，子路后学，撰写时间在战国中期，《孟子》成书以前"。王锷《〈礼记〉成书考》，中华书局，2007 年，第194 页。
[3] 孔颖达《礼记正义·礼器》，上海古籍出版社，2008 年，第 986 页。
[4] 安居香山、中村璋八《纬书集成》，河北人民出版社，1994 年，第 857 页。
[5] 何宁《淮南子集释·齐俗训》，中华书局，1998 年，第 788 页。

礼，体也。人而无礼，焉以为德？[1]

礼，体也，得事体也。[2]

"礼者，体也，履也。"统之于心曰体，践而行之曰履。[3]

《礼记·礼器》"犹体也"郑玄注云："若人身体。"这里的"犹""若"当取"犹言"义，是表示肯定的判断。《礼记·丧服四制》"凡礼之大体"郑玄注云："礼之言体也。"又前引汉代文献中另外几处的表达也都采用判断句法，皆表示礼就是"体"本身或者是"体"的组成部分。结合以上文献，我们可以从四个方面对这一判断加以观察。

与训"履"为音训一样，礼之训"体"也属音训，而音训的本质乃是揭示训词与被训词间具有同源关系。礼之仪式表达与履的仪式践行之间具有明确的义类相关性，那么礼与体间的关系又是怎样的呢？今天我们使用的简化字"体"在古代是一个晚起俗字，与它相似的还有骵、躰两个字形，其左部的人、骨、身皆与体质有关；它们的古本字也有三个形态"體、膿、軆"，左部骨、月（肉）、身亦与体质有关，但右部的"豊"则与俗字所从的"本"取意不同。

按"豊"为礼的古代常用字形，其构形为从壴、从玨会意，表示以礼物（玉帛）和声乐（钟鼓）感通对境存有，后加"示"旁来强调此种感通是在终极本体的基础上实现的[4]。"豊"的这

---

[1]　汪荣宝《法言义疏·问道》，中华书局，1987年，第112页。

[2]　任继昉、刘江涛译注《释名·释言语》，中华书局，2021年，第224页。

[3]　郑玄《礼序》，孔颖达《礼记正义·曲礼上》，上海古籍出版社，2008年，第3页。

[4]　李学勤主编《字源》，天津古籍出版社、辽宁人民出版社，2012年，第4页。

一核心义在其他以"豊"为声旁的字中也有着若隐若显的表达，如用于通过本体来感通对境的酒即作"醴"形，能够通过本体而感通对境的"肢体"形态和"容色"则作"體"形。至于体的俗字从"本"会意，当亦是强调在根本或本体层面上的感通之义。郑玄《礼序》"统之于心曰体"、刘熙《释名》"得事体也"之说，正分别从主体与对境的内外本体所在处着论。

体字的通用义为身体[1]，"着重指外形体态；引申为形体一部分或四肢"[2]。而体质的"外在形态"又往往是在与对境存有的互动关系中确立的，其能获得人们认同的"外在形态"也就是"礼仪形态"。如《礼记·玉藻》云：

> 君子之容舒迟，见所尊者齐遫。足容重，手容恭，目容端，口容止，声容静，头容直，气容肃，立容德，色容庄，坐如尸。燕居告温温。

> 凡祭，容貌颜色，如见所祭者。

> 丧容累累，色容颠颠，视容瞿瞿梅梅，言容茧茧。

> 戎容暨暨，言容詻詻，色容厉肃，视容清明。立容辨卑，毋诏，头颈必中。山立；时行，盛气颠实扬休，玉色。[3]

至于更为复杂的典礼，也是由这些肢体语言和容礼威仪主导

---

[1] 《字源》云："'体'字本义指身体，是全身的总称。《说文》：'体，总十二属也。'据段玉裁注，十二属者：顶、面、颐，首属三；肩、脊、臀，身属三；肱、臂、手，手属三；股、胫、足，足属三也。故'体'指称的是头部、躯干和四肢的十二个部位（或器官），是身体外部所能看见的各个部位（或器官）的总称，不包括内部脏器。"李学勤主编《字源》，天津古籍出版社、辽宁人民出版社，2012年，第352页。

[2] 黄金贵《古代文化词义集类辨考（新一版）》，商务印书馆，2016年，第318页。

[3] 孔颖达《礼记正义》，上海古籍出版社，2008年，第1246—1248页。

而成的。前引纬书中典礼、设容之说，也正是人体"礼仪形态"的展开。

一个人能具备"礼仪形态"，则可谓之"得体"。如《管子·四称》云"事君有义，使下有礼。贵贱相亲，若兄若弟。忠于国家，上下得体"[1]，《荀子·天论》云"天有常道矣；地有常数矣；君子有常体矣"。[2] 这些"体"字虽然常被解释为"法式""准则""规矩"等义项，其实都是"礼仪形态"的一种随文解读。儒家所谓的"修身"，也正是要对主体的视听言动等表现形态加以训练和规范，以使主体能更好地在本体层面与对境的人及万物实现感通和交流。

"礼者体也"的故训，何建军先生早有专文揭示，称之为"身体的礼仪化"：

> 礼训练身体使其被社会所接受，而社会同时需要规范过的身体来维持尊卑秩序。礼的实践性始终是先秦儒家的重要考虑，因为道德伦理必须体现在日常生活的每一个场合和层面中，因此具有表演性的身体和身体动作被礼赋予象征意义，用来确认和表现礼。身体由此被礼仪化，而礼就实现层面来说无时不有表演性。……礼书试图将身体社会化并且训练成为在任何时间，任何地点礼的要义的物质体现，这就是所谓的"礼者体也"的含义。[3]

在现代身体观研究者那里，礼直接被视为存有的身体组成部

---

[1] 黎翔凤《管子校注》，中华书局，2004年，第619页。
[2] 梁启雄《荀子简释》，中华书局，1983年，第225页。
[3] 何建军《礼者体也：先秦典籍中关于身体与礼的讨论》，《文化与诗学》2013年第2期，第89页。

分，从训诂的角度说，此更切近于"礼者体也"的故训本质。如李建民先生即称之为"礼的身体"：

> 礼的身体在接君臣、上下、父子、兄弟、内外、大小品事之各有容。

> 礼的身体，朝见有固定之席，会见则依次设位。[1]

杨儒宾先生称之为"礼义身体观"：

> 原始儒家的身体观原型有三，一是礼义化的身体观，一是心气化的身体观，一是自然气化的身体观。这三种身体观是历史的现象，但也有类型的意义，秦汉以后儒者对身体的解释大体是此三类的错综结合。[2]

王兴先生在概述德国学者诺贝特·埃利亚斯（Norbert Elias, 1897—1990）《文明的进程》的观点时用到了"文化身体"和"社会身体"的概念，也与中国传统身体观的"礼仪形态"具有很大程度上的一致性：

> 人类对身体的感知和理解并不是完全生理化、天然形成的过程，而是被一个社会群体的文化、社会性所塑造。因此人类虽然都有看上去相似的身体，但是每个人却在完全不同的"文化身体"和"社会身体"中生存。比如，古希腊的希波克拉底医学以体液气质来总结人体内的生理规律，而古印

---

[1] 李建民《发现古脉：中国古典医学与数术身体观》，社会科学文献出版社，2007 年，第 150、151 页。

[2] 杨先生又进一步指出："综合这三种身体观，如果我们再将'身体'一词和生理性的形体分开，把'身体'作为更高一级的共名，它用以综摄上述三种观点以及'形体'此一向度，那么，我们可以说传统儒家理想的身体观应该具备：意识的身体、形躯的身体、自然气化的身体与社会的身体四义。这四体实际上当然不是可以划分开的，而是同一机体的不同指谓。"杨儒宾《儒家身体观》，上海古籍出版社，2019 年，第 2、9—10 页。

度吠陀哲学则以风和脉来形容身体能量流动，二者被当时的社会文化和宇宙论所影响，是一种文化视角下对身体的解读。这些被当时人当作身体客观事实的知识，实际上是"文化构建"的身体。[1]

前引《礼记·礼器》有云："体不备，君子谓之不成人。"这里"备"字的用法与"礼者履也"的"事神致福"之意略同，然其指向则各有选择。此以身体为喻，则非指践行上童子至成年的循而有成，而是指横向比较上的能否具备"礼仪形态"而成为"人体"，是"人禽之辨"意义上的成人问题。二者一起对礼进行了纵向时间与横向物类上的"双照"式周延界定。《诗经·鄘风·相鼠》：

> 相鼠有皮，人而无仪。人而无仪，不死何为！
>
> 相鼠有齿，人而无止。人而无止，不死何俟！
>
> 相鼠有体，人而无礼。人而无礼，胡不遄死！[2]

传世本《晏子春秋·谏上》载晏子解此云："凡人之所以贵于禽兽者，以有礼也；故《诗》曰：'人而无礼，胡不遄死。'礼不可无也。"[3] 正说明鼠亦有体质之体，人如果没有"礼仪之体"而只剩下体质之体，就和老鼠没有什么区别了，对于人类而言，这样的"人"也就不存在了，因为他没有作为人类特质的"礼仪之体"，所以不能称为"人"。

按人禽之辨是儒学传统中一个非常重要的议题：

[1] 王兴《明代相术杂谈》，澎湃新闻，2020 年 10 月 6 日。
[2] 阮元校刻《十三经注疏·毛诗正义》，台湾艺文印书馆，2001 年，第 122—123 页。
[3] 吴则虞《晏子春秋集释》，中华书局，1982 年，第 6 页。

鹦鹉能言，不离飞鸟；猩猩能言，不离禽兽。今人而无礼，虽能言，不亦禽兽之心乎！夫唯禽兽无礼，故父子聚麀。是故圣人作为礼以教人，使人以有礼，知自别于禽兽。[1]

凡人之所以为人者，礼义也。[2]

人之所以异于禽兽者几希，庶民去之，君子存之。舜明于庶物，察于人伦，由仁义行，非行仁义也。[3]

水火有气而无生，草木有生而无知，禽兽有知而无义；人有气有生有知亦且有义，故最为天下贵也。[4]

礼之在天下，不可一日无也。中国所以异于夷狄，人类所以异于禽兽，以其有礼也。礼其可一日无乎！成周以礼持世，上自王朝以至于士庶人之家，莫不有其礼。[5]

"由仁义行"，其呈现于外者即礼仪。孟子用宅、路、门三个象喻来揭示仁、义、礼三者的关系[6]，此与前引《礼记·礼器》"未有入室而不由户者"之意略同，也与孔子"克己复礼为仁"的基本理念一致[7]。

---

[1] 孔颖达《礼记正义·曲礼上》，上海古籍出版社，2008年，第19页。

[2] 孔颖达《礼记正义·冠义》，上海古籍出版社，2008年，第2269页。

[3] 朱熹《四书章句集注·孟子集注·离娄章句下》，中华书局，1983年，第293—294页。

[4] 梁启雄《荀子简释·王制》，中华书局，1983年，第109页。

[5] 丘濬《家礼仪节序》，《文公家礼仪节》，明正德十三年（1518）常州府重刊本，第1页。

[6] 《离娄上》："仁，人之安宅也；义，人之正路也。"又《万章下》："夫义，路也；礼，门也。惟君子能由是路，出入是门也。"朱熹《四书章句集注·孟子集注》，中华书局，1983年，第281、323页。

[7] 朱熹《四书章句集注·论语集注·颜渊》，中华书局，1983年，第131页。

3. 礼义之邦——文明维度的共识

作为最早疏释《春秋》的经传之一，《左传》以叙事完备著称，其中即多用"有礼"与否来评判一个人乃至一个国家的亲和力与兴衰趋势。《礼记·曲礼上》也有总结说：

> 夫礼者，所以定亲疏、决嫌疑、别同异、明是非也。……道德仁义，非礼不成；教训正俗，非礼不备；分争辨讼，非礼不决；君臣上下，父子兄弟，非礼不定；宦学事师，非礼不亲；班朝治军，莅官行法，非礼威严不行；祷祠祭祀，供给鬼神，非礼不诚不庄。是以君子恭敬、撙节、退让以明礼。[1]

至汉代，或用"礼义之国"来称誉"有礼"之域，而"礼义之邦"也至迟见于唐房玄龄等所修《晋书》，其后二语间用[2]，

---

[1] 孔颖达《礼记正义》，上海古籍出版社，2008年，第13—19页。

[2] 按"国"字作为国家的通称，其产生要晚于"邦"字，故在汉以后，用"邦"字称国家，"有古雅、庄重的色彩。此分明是'邦'所涵分封古仪的折光"。黄金贵《古代文化词义集类辨考（新一版）》，商务印书馆，2016年，第5页。又"礼义之国""礼义之邦"中的"礼义"在文献中偶有写作"礼仪"者，从礼学角度看，以作"礼义"为允。因为狭义的"礼仪"是"礼义"的表现形态，而礼义是主体与对境间基于终极本体的感通策略，其仪式表达因随时而中而合于礼"时为大"的根本要求。也就是说，礼义是礼仪之所本，故有礼义必有礼仪副之，而有礼仪却未必能尽合礼义，是以孔子曾有慨叹："礼云礼云，玉帛云乎哉？乐云乐云，钟鼓云乎哉？"朱熹《四书章句集注·论语集注·阳货》，中华书局，1983年，第178页。又《左传·昭公五年》记载鲁公访问晋国，"自郊劳至于赠贿，无失礼"，而晋国上卿女叔齐却认为他的表现"是仪也，不可谓礼，礼所以守其国行其政令无失其民者也"。阮元校刻《十三经注疏·春秋左传正义》，台湾艺文印书馆，2001年，第744—745页。此皆指行于形式上的"礼仪"，而未能在内心与对境形成本体感通的"礼义"安顿。

其不仅用于外国及藩邦称道中原王朝，也用于中原王朝称道文明升华了的外国和藩邦（古代主要指高丽、日本和越南），以及学人对中原王朝某地文明悠久或有所进步后的赞美。按日本和高丽文化曾因徐福东渡、箕子赴朝的传说很早就与中国文化建立了族群联系，但真正与中国建立起文明共识似乎还是在中古以后。由此可知，"礼义"是起源于中原而为中国内部以及邻域诸国所认同的文明共识。或者也可以说，"礼义之邦"的称呼是在文化比较视域中所形成的文明共识。也正因此，传统意义上的"中国"或"中华"并不限于指代一个区域国家，而更应视为人类"礼义文明"的区域象征，所谓"华夷之辨"的实质是"礼义之辨"——现代也称为"文明之辨"[1]。唐代经学家孔颖达在《左传·定公十年》疏中说："中国有礼仪之大，故称夏；有服章之美，谓之华。"[2] 韩愈在《原道》中云："孔子之作《春秋》也，诸侯用夷礼则夷之，进于中国则中国之。"[3] 陈来先生更总结说：

> 在古代，中华作为一个观念，不是一个国家或一个地域的名称，也不是就族裔血缘而言。中华之名指向一文化的集团，因此中国可以退化为夷狄，夷狄可以进化为

---

[1] 李安宅指出："中国的'礼'既包括日常所需要的物件（人与物、人与人、人与超自然等关系的节文），又包括制度与态度。那么，虽然以前没人说过，我们也可以说，'礼'就是人类学上的'文化'，包括物质与精神两方面。"李安宅《〈仪礼〉与〈礼记〉之社会学的研究》，上海人民出版社，2005年，第5页。按文化是人类的一种自发的"文饰化"活动，故其内容利害相参、良莠不齐，而文明则是一个族群在成长过程中对其文化加以筛选、打磨而结成的具有"经学"意义的"光明"结构。所以中华礼义传统虽然可以说是文化，但如果在文化与文明对举时，它更准确的归类应该是文明。

[2] 阮元校刻《十三经注疏·春秋左传正义》，台湾艺文印书馆，2001年，第976页。

[3] 屈守元、常思春《韩愈全集校注》，四川大学出版社，1996年，第2664页。

中国。[1]

当然，在社会学研究领域也有一种共识，即每一个独立发展起来的文明都认为自己是唯一的最高文明。李安宅先生即指出：

> 据社会学的研究，特别是人类学的研究，我们知道每种民族都是以他们自己的礼教为最高的（ethnocentric）。不管旁人以为是非怎样，在某民族之内，是非的标准都是要以该族的礼教（民仪）为标准的。合者为是，不合者为非，为外道，为异端，在迷信巫术的社会里，更是这样；谁要犯禁忌（taboo），则恐殃及全群，而加犯人以极酷重的刑罚；因为对于外族，对于神灵，都是集合责任（collective responsibility），不是个人责任（individual responsibility）。[2]

亨廷顿（Samuel P. Huntington，1927—2008）先生在《文明的冲突》中提到，未来的世界秩序必然是相同文明的国家相互靠近，结为同盟，以对抗不同文明国家的力量。其实文明与文化不同，文化在构词义上是"向文饰的转化"，可以有不同；但文明则是"以明觉来文饰"，其基本结构必然有其作为人类和人性的共识与认同。正如《孟子·告子上》所谓：

> 口之于味也，有同者焉；耳之于声也，有同听焉；目之于色也，有同美焉。至于心，独无所同然乎？心之所同然者何也？谓理也，义也。圣人先得我心之所同然耳。[3]

---

[1]　陈来《仁学本体论》，生活·读书·新知三联书店，2014年，第479页。

[2]　李安宅《〈仪礼〉与〈礼记〉之社会学的研究》，上海人民出版社，2005年，第4页。

[3]　朱熹《四书章句集注·孟子集注》，中华书局，1983年，第330页。

　　故作为有本有末的原生文明结构，正可以分层比较而求其共识。如终极本体（the One）的认知维度，神圣仪式（divine models of rituals）的选择策略，生活方式的规范理解，等等。

　　近代以来，随着全球化进程的加快，整合了古埃及和古巴比伦文明的西方文明呈现出强劲的势头，已经与南亚的印度文明（印欧语系，上层讲英语）有所融合，但与更远的东亚文明则仍有不少亟待沟通和理解的地方。自 1993 年瑞士汉学家孔汉思（Hans Küng，1928—2021）先生在芝加哥世界宗教大会中倡导全球伦理对话，并首次肯认了全球伦理的金法则后，杜维明先生也积极推动基于"儒学宗教性"的文明对话，并揭出新轴心时代自我（包括身体、心知、灵觉与神明四个层次）、社群、自然及天道十字打开的文明结构论[1]，冀以整合全球文明的伦理智慧，凡此皆对人类文明的伦理共识做出了积极的贡献。

　　多数学者都会承认，人类的全球化是一个不可逆的进程，这个进程有点像重建新时代的"巴别塔"（Babel Tower，上帝之门），当人类文明整合完成之后，人类也将进入新的"乐园"（Paradise）时代。现在看来，似乎这一进程的关键环节仍在于东亚文明转型的完成，而东亚文明转型的完成又必然有待于其主体力量——中华文明的发力。

　　在现代文化交流领域中流传有这样一段话：

　　　　唐朝看日本，明朝看韩国，清朝看香港，民国看台湾。

　　这里"看"的对象通常被理解为建筑、衣冠以及作为生活方

---

[1]　杜维明《自序：新轴心时代的文明对话》，《杜维明文集》第一卷，武汉出版社，2002 年，第 11 页。

式的礼仪，而追究其内在的本质根基，则当是积淀在儒家特别是宋代新儒家之中的信仰和礼义认同，只要看看儒学、孔庙尤其是程朱理学、《朱子家礼》等在日本、韩国和中国港台地区的影响就可以理解了。

与上述地区相对，中国大陆的情况就有些不容乐观，在经历了西学东渐和"文革""破四旧"之后，传统文化几乎被摧毁殆尽。但是从文明的源流接驳来说，没有中国大陆的源头活水，整个东亚文明的现代转型是困难的。比如关于终极关怀的认知与理解，没有儒学"天神地祇人鬼"系统的贯通，自然神信仰就容易流入散漫和迷信；比如生活方式的认知与理解，没有礼义传统的贯通，个性的选择与张扬就容易流于无所适从；又比如宇宙时空的认知与理解，没有传统阴阳意识的贯通，历法选择和使用就容易失去对宇宙的完整体认；如此等等。

东亚、东南亚各国在文明探索与成长的历程中曾经形成了"礼义之邦"的共识与认同，但在近代以后却渐行渐远，其中主要的原因是作为其文明发祥地的中国大陆走了"弯路"。近年来，中国政府对此有所反省，开始重视优秀传统文化的复兴，并以此整合和推动人类命运共同体的建设，这无疑对东亚文明乃至世界文明的重建与新常态的形成具有重要的积极意义。

《礼记·大学》提出了一个后者兼括前者的成人修证八目系统：格物、致知、诚意、正心、修身、齐家、治国、平天下，并强调说："自天子以至于庶人，壹是皆以修身为本。"[1] 盖修身为成人的基本境界，其有力者则相继有齐家、治国、平天下之任，虽

---

[1]   孔颖达《礼记正义》，上海古籍出版社，2008年，第2237页。

成人未必皆有家国天下之位，但有其位者必有相应的担当才能允符"成人"之义。

要之，礼义文明是中华民族为人类个体的"成人"体证出来的生活方式，它的建立不是基于一个族群的生存理念，而是基于人类种群的概念。它的当代转化与重建也必然要在人类文明的视野中才能完成。

二　礼学是什么

顾名思义，礼学就是研究礼的学问，而礼又是主体在生存状态中时时践行的"文化身体"，所谓"治身者斯须忘礼，则暴嫚入之矣；为国者一朝失礼，则荒乱及之矣"[1]。所以礼学研究的大体就应该是对礼之践行的生态系统加以解析和建构，这与非物质文化遗产研究所提倡的"活鱼要在水中看"的理路也基本一致，所不同者在于，非物质文化遗产研究是以解读既有的结构模式为目的，而礼学研究则是以建构可行的结构范式为旨归。

1. 礼的结构

从主体的生态系统来说，人应该有三个层次的"身体系统"：由脏腑器官和骨肉皮毛组成的体质系统，由神经、血液、微量元

---

[1]　班固《汉书·礼乐志》，中华书局，1962年，第1027页。

素等组成的生理系统[1]，以及上节提到的由身体行为组成的"文化系统"——其理想形态即为礼仪系统。三个层次间构成后者包括前者的递进式生态组织系统。那么"礼仪系统"本身的生态结构又是怎样的呢？

在早期的礼学文献中即有对礼义生态的专论。《礼记·乐记》云：

> 故钟鼓管磬、羽籥干戚，乐之器也；屈伸俯仰、缀兆舒疾，乐之文也。
>
> 簠簋俎豆、制度文章，礼之器也；升降上下、周还裼袭，礼之文也。
>
> 故知礼乐之情者能作，识礼乐之文者能述。作者之谓圣，述者之谓明。明圣者，述作之谓也。[2]

这里提到乐、礼两个概念，及其各自下位系统所包含的三个概念：乐器、乐文、乐情和礼器、礼文、礼情。

乐与礼作为一组相对的概念，其关系在《乐记》中有明确的表达："乐由中出，礼自外作。乐由中出，故静；礼自外作，故文。大乐必易，大礼必简。乐至则无怨，礼至则不争。……乐者，天地之和也。礼者，天地之序也。和，故百物皆化；序，故群物皆别。"[3] 这里的"静"当与《易》教"絜静精微"之用字同，皆为"净"之借字，表示纯净之义。也就是说，乐是由主体发出的中和快乐的"纯净"呈现，礼是由外物引发的秩序得宜的"文

---

[1] 现代生理系统的结构一般分为九个子系统：神经、运动、呼吸、循环、内分泌、消化、泌尿、生殖、免疫。

[2] 孔颖达《礼记正义》，上海古籍出版社，2008年，第1476—1477页。

[3] 孔颖达《礼记正义》，上海古籍出版社，2008年，第1472—1477页。

明"表达。从生活方式的践行角度来说，前者是主体的主动意愿，后者是主体的被动认同；从呈现形态的阴阳归属来说，前者动而无形属阳，后者定而有形属阴，二者共同成就主体行为的基本范式。故通常所说的非对举性的礼，皆兼乐而言。作为主体礼仪践行之组成部分的乐称为**礼乐**，其余的表演性乐则属于礼器乐[1]。如此，则乐之下位系统包含的乐器、乐文、乐情三个概念也可以一一对应而归附于礼器、礼文、礼情。

礼情（包括乐情）、礼文（包括乐文）、礼器（包括乐器）三个概念，近代以来的礼学家或改用更易理解的名词来加以表达。如，黄侃先生在《礼学略说》中云："有礼之意，有礼之具，有礼之文。"[2] 沈文倬先生在《略论礼典的实行和〈仪礼〉书本的撰作》中云："（礼书）是记录'礼物'、'礼仪'和它所表达的礼意的文字书本。"[3] 按《礼记·三年问》云："称情而立文。"[4] 又《礼记·乐记》云："大乐与天地同和，大礼与天地同节。和，故百物不失；节，故祀天祭地。明则有礼乐，幽则有鬼神。如此，则四海之内合敬同爱矣。礼者，殊事合敬者也。乐者，异文合爱者也。礼乐之情同，故明王以相沿也。"[5] 又《礼记·礼器》云："先王之立礼也，有本有文。忠信，礼之本也。义理，礼之文

---

[1] 此即《论语·阳货》载孔子所云："礼云礼云，玉帛云乎哉？乐云乐云，钟鼓云乎哉？"朱熹《四书章句集注·论语集注》，中华书局，1983年，第178页。又《礼记·乐记》亦有相同的表达："干戚之舞，非备乐也。孰亨而祀，非达礼也。"孔颖达《礼记正义》，上海古籍出版社，2008年，第1479页。

[2] 黄侃《黄侃论学杂著》，中华书局，1964年，第463页。

[3] 沈文倬《菿闇文存》，商务印书馆，2006年，第7页。

[4] 孔颖达《礼记正义》，上海古籍出版社，2008年，第2185页。

[5] 孔颖达《礼记正义》，上海古籍出版社，2008年，第1474页。

也。"[1] 则礼情是源自终极本体的真实呈现，它需要主体的忠信感通，故为礼之根本，今则称作**礼意**。钱穆先生云："《论》、《孟》言'礼'，皆明礼意，著于行事，不在简策。"[2]

礼文（包括乐文）有两层意思，一是"升降上下、周还裼袭"层次的**礼仪**，二是"义理"层次的**礼义**，这两个意思在早期都用"礼义"来表达，《说文解字》谓"义，己之威义也"[3]，即是"义"的引申义（后来写作"仪"），其本义当指主体与对境应和的"义理"而言。可以说，礼义与礼仪是主体"礼仪之体"的表里二相，其决于内者为义理，显于外者为仪式[4]。

礼器（包括乐器）指主体践礼活动中所用到的存在资源。此与"礼具""礼物"指行礼所用的器具、器物之义略同而稍宽，即除器物外，还包括作为主体践礼活动中所涉及的时空、人员等资源。如前引《乐记》对礼器的界定即提到"簠簋俎豆、制度文章"，这里的"簠簋俎豆"是实物性的有形资源，可称为物器；而"制度"是具有等差规定的名号资源，可称为"名器"；至于"文章"，则是具有隐喻或义理的符号资源，可称为文器；后二者通常要依附于前者或主体才能得到呈现和利用，这与非物质文化遗产

---

[1] 孔颖达《礼记正义》，上海古籍出版社，2008年，第957页。

[2] 参钱穆《国学概论》第一章"孔子与六经"，《钱宾四先生全集》，联经出版事业股份有限公司，1998年，第19页。

[3] 段玉裁《说文解字注·我部》，上海古籍出版社，1988年第2版，第633页。

[4] 《礼运》："故礼也者，义之实也。协诸义而协，则礼虽先王未之有，可以义起也。"又《郊特牲》："礼之所尊，尊其义也。失其义，陈其数，祝、史之事也。"孔颖达《礼记正义》，上海古籍出版社，2008年，第943、1087页。

要依附于物质文化遗产方得以呈现的道理略同[1]。

此外，主体在礼义策略的选择中遇到困惑、犹豫的情形时，还有征询终极本体示意的需求。《礼记·曲礼上》："卜筮者，先圣王之所以使民信时日，敬鬼神，畏法令也，所以使民决嫌疑，定犹与也。故曰：疑而筮之，则弗非也；日而行事，则必践［善］之。"[2] 又《白虎通·蓍龟》："天子下至士，皆有蓍龟者，重事决疑，亦［示］不自专。"[3] 卜筮指龟卜、《易》筮而言，多用于礼仪活动中对时间、空间以及器物、人物等的选择与确认。礼仪的这种需求在秦汉以后发展出了多种专业技术，《汉书·艺文志》通称为"数术"。此在礼学内容要素中可以通称为**礼术**。

最后，礼仪的流行还需要一个保障体系，即传统所谓的**礼法**系统，它在礼仪生态中的作用犹如个体健康生态中的免疫系统，或如计算机操作系统中的杀毒软件。《汉书·刑法志》云："先王立礼，'则天之明，因地之性'也。刑罚威狱，以类天之震曜杀戮也；温慈惠和，以效天之生殖长育也。《书》云：'天秩有礼'，'天讨有罪'。故圣人因天秩而制五礼，因天讨而作五刑。"[4] 也就是说，传统的礼法及其相伴生的刑法不是与礼并立的规则系统，

[1] 据联合国教科文组织《保护非物质文化遗产公约》定义：非物质文化遗产是指被各社区、群体，有时是个人，视其为文化遗产组成部分的各种社会实践、观念表述、表现形式、知识、技能以及相关的工具、实物、手工艺品和文化场所。这种非物质文化遗产世代相传，在各社区和群体适应周围环境以及与自然和历史的互动中，被不断地再创造，为这些社区和群体提供认同感和持续感，从而增强对文化多样性和人类创造力的尊重。参百度百科"人类非物质文化遗产"条。按器物本身的生命力及其被赋予的意义，也属于礼器中的文器范畴。
[2] 孔颖达《礼记正义》，上海古籍出版社，2008年，第118页。
[3] 陈立《白虎通疏证》，中华书局，1994年，第327—328页。
[4] 班固《汉书》，中华书局，1962年，第1079页。

而是礼的一个组成部分，它通过对失礼行为加以惩罚性剥离来保障礼仪系统的正常运行。

如此就形成了礼生态的七个基本构成要素：礼乐、礼意、礼义、礼仪、礼器、礼术与礼法。主体通过身体的表达，形成以礼仪为显像的生命行为方式。

《礼记·礼器》有云："礼器，是故大备。"[1] 礼作为人类生命活动中的"工具"性表达，与人类使用的其他工具一样，其生态整体皆由诸多要素组成，共同发挥作用，但在表达时往往只用一个通名——如"礼仪"——来称呼。如汽车作为一个完整的工具产品，即由发动机、底盘、车身、电气设备、轮胎五种硬件和汽油能源组成，人们通常仅据其功能和所用能源而命之为"汽车"。对于汽车的设计制造者而言，固当对其组件及各组件的内部配件和运行系统有所认知和了解；至于汽车的使用者，就未必需要了解所有的组件，但对其使用年限及部分耗材组件有所了解以便及时保养和更换，却也是必要的。

2. 礼的制作

礼的制作特指作为践行依据的礼仪规则而言，此又有两个层次的表达：一是实然规则层次，即如何根据礼学七要素来制作一部具体的礼仪文本规则。二是应然理念层次，即对礼仪制作及践行的主体形态给出应然的建议和要求。前者的形态呈现即是"礼

---

[1] 孔颖达《礼记正义》，上海古籍出版社，2008年，第955页。按此句中的"礼器"是一个短语，意为"以礼为器"，与礼学七要素中作为概念的礼器一词不同。

义践行中的礼仪文献"（参第四讲），而后者则是我们在这里要讨论的内容，其形态呈现往往是笼统而概括的。

《礼记·中庸》载孔子语云：

> 非天子不议礼，不制度，不考文。今天下车同轨，书同文，行同伦。虽有其位，苟无其德，不敢作礼乐焉；虽有其德，苟无其位，亦不敢作礼乐焉。[1]

这段文字是基于"成人"之天子的德位而发的议论，然而事实上，作为践礼主体的社会位序却有身、家、国、天下四种德位差异。不在其位，不谋其政，即居天子德位，则制作天下礼乐。依序推之：居诸侯德位，则制作一国礼乐；居家长德位，则制作一家礼乐；居一身德位，则制作一身礼乐。

礼作为主体"事神致福"的践行规则，其旨在为制作主体的"成人"服务，并没有强调是专为天子或某一位阶的人服务的。故天子之礼是为天子的"成人"服务的，或者说是和天子的德位匹配的；其他位阶的国、家、身同。那么如此理解的分别制作，是否会出现四种形态冲突或不相调和的礼仪规则呢？从礼乐制作的基本理念而言是不会出现这种情况的。《礼记·礼运》云：

> 是故夫礼，必本于大一，分而为天地，转而为阴阳，变而为四时，列而为鬼神，其降曰命，其官于天也。

> 夫礼，必本于天，动而之地，列而之事，变而从时，协于分艺。其居人也曰养［义］，其行之以货力、辞让、饮食、冠昏、丧祭、射御［乡］、朝聘。

---

[1] 孔颖达《礼记正义》，上海古籍出版社，2008 年，第 2038—2039 页。

故礼义也者，人之大端也。所以讲信修睦而固人之肌肤之会、筋骸之束也，所以养生、送死、事鬼神之大端也，所以达天道、顺人情之大窦也。……

故圣王修义之柄，礼之序，以治人情。故人情者，圣王之田也，修礼以耕之，陈义以种之，讲学以耨之，本仁以聚之，播乐以安之。故礼也者，义之实也。协诸义而协，则礼虽先王未之有，可以义起也。义者，艺之分，仁之节也。协于艺，讲于仁，得之者强。仁者，义之本也，顺之体也，得之者尊。[1]

这里提到礼乐制作有两个基本原则——达天道与顺人情。如何达天道，即是礼学七要素中的"礼意"关怀；至于顺人情，则是礼学七要素中的"礼义"关怀；而天道与人情的接驳转化又是通过主体的身体来实现的。因此可以说，每一个源于终极本体的主体，其行为方式的规范皆当以终极本体秩序的安排为合礼，故得之者为成人，失之者未成人。从制作的角度说，要有德位者才能制作，即修身而未臻成人（即成圣）境界者是不能制作礼乐的，因为纵有制作，也必不能合于礼乐的应然形态。这在《礼记·乐记》中也有明确的说明：

故知礼乐之情者能作，识礼乐之文者能述。作者之谓圣，述者之谓明。明圣者，述作之谓也。[2]

虽然如此，也并不需要每一个臻于成人（成圣）境界的主体都要制作出礼乐的文本规则以为践行之用。但从践行落实来说，又是每一个主体无论成人（成圣）与否，都会依据自己的"虚拟

---

[1]　孔颖达《礼记正义》，上海古籍出版社，2008年，第939—943页。
[2]　孔颖达《礼记正义》，上海古籍出版社，2008年，第1476—1477页。

制作"做出行为的选择。如此，若有已臻成人（成圣）境界者能够怀有"先知觉后知""先觉觉后觉"的淑世情怀，为己制作礼乐的同时又推而广之以为他人"师范"，则无疑当大有益于其所处群体的秩序生成和文明进步。当然，这个前提原则在具体落实时会受到制作主体"成人"层次的限制（如圣、贤、君子及俗人等），故数千年来形诸文献的礼乐规则颇有参差阙略之憾，但作为仍对生存秩序有所追求的每一代"今人"而言，其踵事增华以成就自我理想生活秩序的礼乐期待却是永恒的。

另外，在前引《礼运》文字中提到"礼虽先王未之有，可以义起"的原则，可视为对主体缘情对境以顺应终极本体运行秩序的动态说明。其具体落实，在《礼记·礼器》篇中已有细致的分疏：

> 礼，时为大，顺次之，体次之，宜次之，称次之。
>
> 尧授舜，舜授禹，汤放桀，武王伐纣，时也。
>
> 《诗》云："匪革其犹，聿追来孝。"天地之祭，宗庙之事，父子之道，君臣之义，伦也。
>
> 社稷山川之事，鬼神之祭，体也。
>
> 丧祭之用，宾客之交，义也。
>
> 羔豚而祭，百官皆足，大牢而祭，不必有余，此之谓称也。诸侯以龟为宝，以圭为瑞。家不宝龟，不藏圭，不台门，言有称也。[1]

这里提到了礼义对境的五个等差层次。首先是古今、少长的时空变化，因时易境迁、物器的变化等引起诸多生活方式的改变，如礼制所依存的国体由封建制转为帝国制再转为民主制，见面礼

---

[1] 孔颖达《礼记正义》，上海古籍出版社，2008年，第960页。

由跪拜转为揖礼再转为握手为主，出行方式由乘畜车转为坐轿子再转为乘机动车为主，等等，生今之世，就要行今之礼，否则或将"灾及其身"[1]。少长也是如此，年龄到了成人，但心智、文化皆没有成人，那人生也就可能不完整了。顺是指因天道变化而形成的自然秩序。体是主体及其所对境的万物之体。时、顺、体一起构成礼义流行的三个存有要素，即本体流行的时空之变，阴阳变化的春华秋实以及品物流行的万物存有。宜是主体对礼器的认知。称是主体对受方的理解，如赠送朋友礼物，主体只能根据自己的认知来加以选择，至于能否让朋友喜欢称意则只能"估计"，故"称"在礼器的五个层次等差中排在最后。这些层次等差应该也是主体践礼时对境权变的参照标准。

当然，主体对待这些变化的原则是前代可用者用之，其不得已者则因时为变，所谓"五帝不相袭礼，三王不相复乐，非故相反也，各因世宜也"[2]。从作为礼义呈现要素的礼仪生态流变史中可知，礼仪和礼器两大显性要素在经权之变中的表现是不同的，大致说来，礼仪是不变或渐变的[3]，而礼器是常变的，至于礼

---

[1] 《礼记·中庸》载孔子曰："愚而好自用，贱而好自专，生乎今之世，反古之道。如此者，灾及其身者也。"孔颖达《礼记正义》，上海古籍出版社，2008年，第2038页。

[2] 班固《汉书·窦田灌韩传》，中华书局，1962年，第2400页。类似说词，尚见于《武帝纪》《匡衡传》及王符《潜夫论·断讼》等。

[3] 此从历代礼制对《仪礼》礼仪的沿承即可知之。又"天下之人，唯各特意哉，然而有所共予也。言味者予易牙，言音者予师旷，言治者予三王。三王既已定法度，制礼乐而传之，有不用而改自作，何以异于变易牙之和，更师旷之律"。梁启雄《荀子简释》，中华书局，1983年，第385页。又"仪式将行为模式进行编码并加以强化，并将人们社会化从而使之文化地适应存在及各种关系，仪式作为表达和维护宇宙论的方式，具有核心的作用"。菲奥纳·鲍伊《宗教人类学导论》，金泽、何其敏译，中国人民大学出版社，2004年，第146页。因此它也具有一定的连续性和稳定性。

仪的等差，一般都是通过礼器的变化来体现的。礼仪与礼器的这种"经权"之变也是我们考察礼仪流行和制定时礼的重要原则之一。

由此我们便可以了解，传统的礼与现代人所理解的文明一样，是在人们的践行中不断得到丰富和完善的。若孔子云："殷因于夏礼，所损益，可知也；周因于殷礼，所损益，可知也；其或继周者，虽百世可知也。"[1] 就是说，礼的传统流变中兼具不变的"基因"（太一秩序及行为表达）和常变的"因子"（义理对境与礼器选择），这也正是礼学所要辨析的核心内容所在。

3. 礼的践行

孔子曾说："制度在礼，文为在礼，行之，其在人乎！"[2] 礼作为"主体具有终极关怀的以成就完美为目的的行为方式"，其主体践行固然是礼生态不可或缺的核心所在，所谓礼学七要素的认知以及礼的制作，仅是礼生态呈现的开始和准备，其根本目的皆在于形塑和成就践礼主体"身体系统"中的"礼仪之体"，所谓"礼器，是故大备。大备，盛德也"[3]。这里的"礼器"即把礼当作工具，来实现"成就完美"的"礼仪之体"的目的，也就是说，礼本身不是目的，使主体"大备"才是目的。孔子说"克己复礼为仁"，孟子论仁宅礼门义路，皆以仁为成人境界的基本标

---

[1] 朱熹《四书章句集注·论语集注·为政》，中华书局，1983年，第59页。
[2] 孔颖达《礼记正义·仲尼燕居》，上海古籍出版社，2008年，第1935页。
[3] 孔颖达《礼记正义·礼器》，上海古籍出版社，2008年，第955页。

识,仁、德两个概念的所指略同[1],臻此而后乃可跻于"大备"境界。故于主体而言,礼的践行实是其修身成人过程中的工夫所在。

从践礼主体而言,其生活方式的践行是当下"合宜"的连续进程。无论他是否采纳前人的礼仪制作规范,这个过程都没有中断,只不过理论上,采纳会比不采纳的人生更具"合道"的完备性而已。譬如距离较远的两点之间,若用一把长度有限的尺子来画直线,那么在两点之间预设标识就是最有智慧的选择;当然,如果主体拥有了终极线绳,系于两点之间,那就可以无所不直了。这两点便是主体生命的始终之喻,其预设标识便是礼制、礼俗等前人的礼仪制作规范,而终极线绳则是主体觉仁成道以后直觉"从心所欲不逾矩"之絜矩。对于大多数有待觉仁成道的主体而言,践礼行道就是其生命"成就完美"的不二选择。只不过作为前人"预设标识"的礼仪制作规范较为繁杂,需要主体结合自己的对境随时加以甄别和落实而已。此即《礼记·礼器》所云:

> 礼有大有小,有显有微。大者不可损,小者不可益,显者不可揜,微者不可大也。故经礼三百,曲礼三千,其致一也。未有入室而不由户者。

> 君子之于礼也,有所竭情尽慎,致其敬而诚若,有美而文而诚若。

---

[1] 按"德"指主体能"合外内之道",而"仁"则是贯通心体(阳)与性体(阴)的标识。《礼记·表记》载孔子云:"'君子之所谓仁者,其难乎!'《诗》云:'凯弟君子,民之父母。'凯以强教之,弟以说安之。乐而毋荒,有礼而亲,威庄而安,孝慈而敬,使民有父之尊,有母之亲。如此而后可以为民父母矣,非至德其孰能如此乎?"孔颖达《礼记正义》,上海古籍出版社,2008年,第2077页。

君子之于礼也，有直而行也，有曲而杀也，有经而等也，有顺而讨也，有撙而播也，有推而进也，有放而文也，有放而不致也，有顺而撙也。三代之礼一也，民共由之，或素或青，夏造殷因。[1]

这段话有三层意思。第一层意思是强调"经礼三百、曲礼三千"的目的都是进入道德之室或仁宅的门户。第二层、第三层意思是说欲走进这门户的主体需要心性与形体内外兼修，此二层次也正是礼仪践行的基本方法。

首先是"致其敬而诚若"的"神圣"体证。践礼的最高境界是主体能冥契于道体并通过身体来呈现其流行秩序，这由两个要素决定，一是所行之礼的制作契合于道体秩序，二是践礼主体能体证到"礼乐和合"的生命境界。

从礼的制作要素可知，礼意是主体心灵本体的发动，是"礼生态"的主导要素，只有保障它的流行无碍，主体才能做到契合于道体而发用，所谓"喜怒哀乐之未发，谓之中；发而皆中节，谓之和"[2]。礼意在制作者那里是由体知转化而来的一个理念，在践行者这里又是通过"诚""敬"而完成其由理念转化为活态的生命呈现。

对于主体而言，体证礼意、践行礼仪是需要一个熟悉过程的，此与学习游泳、开车等技术的过程略同。这也正是孔子所说的"克己复礼为仁"的过程。这句话在哲学史上有一些不同的解读[3]，但在礼学视野中却应该有固定的认同，那就是孟子"仁宅

[1] 孔颖达《礼记正义》，上海古籍出版社，2008年，第986—987页。
[2] 孔颖达《礼记正义·中庸》，上海古籍出版社，2008年，第1987页。
[3] 参向世陵主编《"克己复礼为仁"研究与争鸣》，新星出版社，2018年。

礼门义路"的场域理解，即主体的生命境界要通过义路、礼门和
仁宅呈现出来，这里的义路与仁宅在礼学的生态体系中略同于礼
义和礼意。但"仁"字说为主体之性体激活礼意以贯通礼义提供
了一个更加明确的体证路径，因为仁字的本义是"人能沟通阴
阳"[1]，即主体之性体（阴魄）贯通心体（阳魂）的工夫，此与
佛教"转识成智"[2]、道教"炼气化神"的工夫略同。

其次是主体"优入仁宅"后对境应变的义理选择。这段文字
比较难懂，我们参考郑注孔疏试为转述如下：

> 君子对于礼，有率性而行的，有委曲减煞的，有仪式共
> 识的，有等差认同的，有即事分利的，有因义推恩的，有法
> 象增华的，有法象递减的，有循序致用的。三代之礼目的一
> 样，民众皆遵而行之，或尚白或尚黑，夏代制作礼仪，商代
> 因袭为用。

由此可知，纵有礼仪制作的标准存在，但因对境千差万别，
仍须主体对自己与对境的关系作"时位"认同，再选择践礼的策
略和仪式。这里的"时"指时间，宇宙时间（包括历史）与生命
时间（包括季节）；位指空间，宇宙空间（包括地理）与社会空间
（包括家、国、天下）。

由此以渐，主体才能"即凡俗而神圣"，从而成就其人生的天
赋使命——超越礼学所设定的"工具性"义理节奏，贯通经权之
变，"无入而不自得"[3]，从而达到"发而皆中节"的"天人合

---

[1] 参拙文《孟子仁宅礼门义路说发微》，陈来主编《儒学第三期的人文精神——
杜维明先生八十寿庆文集》，人民出版社，2019年。
[2] 这里的"智"指如来智，即性体通过种子识而与终极本体之智贯通一如的终
极觉知境界。
[3] 孔颖达《礼记正义·中庸》，上海古籍出版社，2008年，第2000页。

一"至境，所谓"成人""成圣"是也[1]。

礼仪的每一次践行都是主体一次生命节点过渡的完成，此从一餐一饮、一举一动的曲礼到冠婚丧祭的典礼无不如此，不至不举，"过时弗举"[2]。法国人类学家范热内普（Arnold van Gennep，1873—1957）先生在其名著《过渡礼仪》中指出：每个人的一生都是由一系列阶段所组成，出生、成人、结婚、死亡等等，"其中每一事件都伴有仪式，其根本目标相同：使个体能够从一确定的境地过渡到另一同样确定的境地"[3]"从而既保证社会秩序的自然延续及其约束力，又帮助个人顺利实现该阶段的人格转变与精神转变。人生的旅程是不连贯的，它有一个又一个的中断点。在这些中断点上，人们告别了旧有的'自我'，嬗变为新的'自我'"[4]。在此过渡意识下，主体结合自己所处的年龄阶段、身体状态、生活条件、身份地位、社会关系、宇宙意识、终极关怀等，再参考族群的礼仪认同和礼器选择，来实现自己生命的当下过渡和成长，并体会到"礼主别异"的秩序认同和"乐主和同"的生命快乐。

至于礼仪践行中"位"的认同，可以参考《礼记·大学》"八目"的学术进境来加以理解，即一个人可以从童蒙开始学习格物、

---

[1] 儒家并不以"礼"为主体生命的最高境界表达，此可参《礼记·礼运》的大同、小康之辨。大同时代，人人皆能自觉于道体，故生活方式无不合道体秩序；小康之世，人有"私心"，故须以礼节制情欲，以使人们的生活方式能"按时"回归道体秩序。故若想真正实现生命的圆成，则必须通过礼门义路而入于仁宅，最后成就生命的本真具足境界，即通常所谓的成人、成圣境界。

[2] 《礼记·曾子问》载孔子曰："过时弗举，礼也。"孔颖达《礼记正义》，上海古籍出版社，2008年，第793页。

[3] 阿诺尔德·范热内普《过渡礼仪》，张举文译，商务印书馆，2010年，第3—4页。

[4] 金泽《宗教禁忌》，社会科学文献出版社，1998年，第164页。

致知，至成童乃学习体证诚意明体、正心达用，到成人后则以礼修身（包括不同的职业之位），如此，在成家后则任齐家之位，在治国时则有君王之位，在平天下时即行天子之位。不同的身份地位自有不同的"礼仪之体"呈现，"不在其位，不谋其政"[1]，不在其位，不行其礼。所谓国家典礼，亦皆是君王或天子主体的生命过渡与成长。

由此可知，践礼主体即是该礼仪活动中的"主角儿"，在主体没有自主权时则由主人（如儿童及老人的监护人、死者的子女等）代替选择，但不可因此"喧宾夺主"，以主人代替主体而作为某一礼仪的核心（此在丧礼和祭礼中常有误解）。

三　礼学文献的类型

礼学文献即关乎礼学的文献资源，是有关礼学之结构要素以及制作、践行等方面的著述和记录。由于礼学的内容涉及广泛，故其文献资源几乎涉及传统文献以至人类文化遗产的所有方面。清代经学家皮锡瑞即指出："六经之文，皆有礼在其中。六经之义，亦以礼为尤重。"[2] 马一浮先生谓"六艺该摄一切

---

[1]　朱熹《四书章句集注·论语集注·泰伯》，中华书局，1983 年，第 106 页。
[2]　参皮锡瑞《经学通论》"论六经之义礼为尤重，其所关系为尤切要"篇，中华书局，2017 年，第 356 页。又参丁鼎、马金亮《"六经皆礼"说申论》，《孔子研究》2021 年第 4 期，第 45 页。

学术"[1]，此虽不专论礼，但知礼亦该摄多矣。礼学家沈文倬先生更明确地说："经史子集，无一不可证礼。"[2] 另外，在形制上，礼学文献也当是文字、影像、实物、口传等等俱在，也就是叶舒宪先生论治学时所谓的"四重证据"[3]。

譬如制作一事之礼，其结构要素甚多，若以最为寻常的饮食为例，则礼器有食材、盛具、烹饪之选择，礼仪（包括礼乐）有取用策略、方法与程序等等之共识，以及常礼的主体自用与典礼的待客差异，皆要在当下的时位中综取可知的人类经验、智慧和环境条件等等加以制作和食用，如仅限于传统料理与食礼之旧式而不能吐故纳新，则岂能重建新的适宜于生命活动的饮食之礼？

推而言之，主体对境诸物之制礼、践礼亦莫不然，凡此皆必稽考各种文献，乃至考古学成果，社会学、民俗学、人类学、宗教学的田野研究，综取人类既有的经验积累，才能获得合宜的礼学认同和践行体验。若仅仅局限于古典礼学文献比附视野下的礼学研究，是不可能完成当代礼仪重建与复兴任务的。当然，这样说并不是否认古典礼学研究的重要性，而且，现代礼仪的制作与践行也必然是古典礼学传统的延伸性发展，故古典礼学的义理认知与结构共识也必然要成为现代礼仪不可回避的经典

---

[1] 马一浮《泰和宜山会语·论六艺该摄一切学术》，《马一浮全集》第一册，浙江古籍出版社、浙江教育出版社，2013年，第12页。又《汉书·礼乐志》曰："《六经》之道同归，而《礼》《乐》之用为急。"班固《汉书》，中华书局，1962年，第1027页。盖云六经之道同归于礼乐为用也。

[2] 陈戍国《中国礼制史·总序》，湖南教育出版社，2001年，第2页。

[3] 即传世文献、出土文献、口碑材料、文物和图像。参叶舒宪《四重证据法：符号学视野重建中国文化观》，《光明日报》，2010年7月17日。

资源。

中国传统文献分类法采取的是"经纬法",即以轴心时代（前800—前200）的经典及其解读文献为经，以史学认知、义理思考、情感表达为纬，建构起经史子集四部法。此与西方以学科统系知识的分类法不同[1]。但在专科研究的资源利用时却各有便利，前者利于礼学的宏观体系经权之变的把握与分疏，后者利于礼学之结构要素具体内容的对应检索与稽考。

从《汉志》到《四库全书总目》皆有"礼""乐"子目的设立，然因传统文献非学科性对应的分类特点，礼学结构要素的相关文献分散为诸多子目的下位内容。以《汉书·艺文志》为例，其六艺略礼目收有专书十五部，乐目收有专书六部，可依礼学结构要素分类如下。

礼意：《中庸说》2 篇。

礼义：《记》131 篇、《王史氏》21 篇、《明堂阴阳说》5篇、《封禅议对》19 篇、《议奏》38 篇。

礼仪：《礼古经》56 卷、《经》17 篇、《明堂阴阳》33篇、《曲台后仓》9 篇、《古封禅群祀》22 篇、《汉封禅群祀》36 篇、《军礼司马法》155 篇。

礼器：《周官经》6 篇、《周官传》4 篇。

礼乐之乐论：《乐记》23 篇、《王禹记》24 篇。

礼乐之乐歌：《雅歌诗》4 篇。

---

[1] 古希腊时代即有七学科分类：逻辑、文法、修辞、算数、几何、音乐和天文。现代图书馆通用的杜威图书分类法（Dewey Decimal Classification，DDC）则有十类，初版于 1876 年，至 2011 年修订的第 23 版，分别为：000—计算机科学、资讯与总类，100—哲学与心理学，200—宗教，300—社会科学，400—语言，500—科学，600—技术，700—艺术与休闲，800—文学，900—历史与地理。

礼乐之乐音：《雅琴赵氏》7 篇、《雅琴师氏》8 篇、《雅琴龙氏》99 篇。

然而，作为礼学要素的礼乐又兼乐歌舞三个下位要素，故六艺略之《诗》无疑可归入"礼乐之乐歌"中，而《书》作为礼辞可归入"礼器之文器"中，《易》可归入"礼术"中，《春秋》为"礼义之大宗"[1]。《左传·昭公二年》载晋国韩宣子出使鲁国："观书于大史氏，见《易象》与《鲁春秋》，曰：'周礼尽在鲁矣。吾乃今知周公之德与周之所以王也。'"[2] 也正明示了《易》《春秋》类内容与礼的相关性。另有《孝经》可入于礼仪之曲礼类。

此外，《论语》类之《孔子三朝记》七篇，后因《大戴礼记》收录而转入礼类。《孔子家语》二十七卷固多述孔子家礼，《孔子徒人图法》二卷亦可明确为礼器类文献。至于诸子略中如阴阳类之《五曹官制》当为礼器之"名器"文献，《杂阴阳》当为"礼术"类文献。诗赋略中的"歌诗"疑多为礼乐之"乐歌"文献。兵书略中的部分数术著作以及数术略的全部著作，皆当为"礼术"类文献。至于方技略中的多数著作，皆与个人的生活方式息息相关，亦多为曲礼、礼器、礼术方面的具体内容。

其后目录著作渐多，如魏郑默著《中经》、西晋荀勖著《中经新簿》、南朝梁阮孝绪著《七录》等，诸本皆佚，唯《中经新簿》初载四部分类法，《隋书·经籍志》录其目云："一曰甲部，纪六艺及小学等书；二曰乙部，有古诸子家、近世子家、兵书、兵

---

[1] 司马迁《史记·太史公自序》，中华书局，2013 年，第 3976 页。

[2] 阮元校刻《十三经注疏·春秋左传正义》，台湾艺文印书馆，2001 年，第 718 页。

［医］家、术数；三曰丙部，有史记、旧事、皇览簿、杂事；四曰丁部，有诗赋、图赞、汲冢书。"[1] 至东晋李充作《晋元帝四部书目》，用荀氏分类而更易"乙""丙"二目内容，遂奠后世经史子集四部之法，隋以后公私目录多用之，至清修《四库全书总目》集其大成，分为四部四十四类六十六属。

经部：**易类、书类、诗类、礼类**（周礼之属、仪礼之属、礼记之属、三礼总义之属、通礼之属、杂礼书之属）、春秋类、**孝经类**、五经总义类、四书类、**乐类**、小学类（训诂之属、字书之属、韵书之属）。

史部：正史类、编年类、纪事本末类、别史类、杂史类、**诏令奏议类**（诏令之属、奏议之属）、传记类（圣贤之属、名人之属、总录之属、杂录之属、别录之属）、史钞类、载记类、**时令类**、目录类（经籍之属、金石之属）、史评类、地理类（官殿簿之属、总志之属、都会郡县之属、河渠之属、边防之属、山水之属、古迹之属、杂记之属、游记之属、外记之属）、**职官类**（官制之属、官箴之属）、**政书类**（通制之属、仪制之属、邦计之属、军政之属、法令之属、考工之属）。

子部：儒家类、兵家类、法家类、农家类、医家类、**天文算法类**（推步之属、算书之属）、**术数类**（数学之属、占候之属、相宅相墓之属、占卜之属、命书相书之属、阴阳五行之属、杂技术之属）、释家类、道家类、**艺术类**（书画之属、琴谱之属、篆刻之属、杂技之属）、谱录类（器物之属、饮馔之属、草木禽鱼之属）、杂家类（杂学之属、杂考之属、杂说之属、杂品之属、杂

---

［1］ 魏征《隋书》，中华书局，2019年，第1026页。

纂之属、杂编之属）、类书类、小说家类（杂事之属、异闻之属、琐记之属）。

集部：**楚辞类**、别集类（汉至五代、北宋建隆至靖康、南宋建炎至德佑、金至元、明洪武至崇祯、清代）、总集类、诗文评类、**词曲类**（词集之属、词选之属、词话之属、词谱词韵之属、南北曲之属）。

其中加粗的十五目，皆与礼学结构要素有直接的对应类型。

礼术：易类、术数类。

礼仪：礼类、孝经类、时令类、政书类（通制之属、仪制之属、军政之属）。

礼乐：诗类、乐类、楚辞类、词曲类。

礼器：书类、诏令奏议类、政书类（邦计之属、考工之属）、职官类、天文算法类、艺术类。

礼法：政书类（法令之属）。

至于礼意、礼义二要素，因其关涉义理较为深广，故散在四部著述中，而无专目集类对应。另有五经总义类、四书类、儒家类、兵家类、农家类、医家类、释家类、道家类、谱录类、杂家类、类书类等中，皆有专书专论及于礼学的结构要素，并当留意稽考。

朱熹在《仪礼经传通解》中按照礼仪践行的群体类型设立家礼、乡礼、学礼、邦国礼、王朝礼五目，以统摄传统按照礼仪践行的事项类型所划分的吉凶宾军嘉五礼，这正是考虑到了礼仪践行中主体当因其时位等差而各安其所。《朱子语类》卷八十四"论考礼纲领"：

礼乐废坏二千余年，若以大数观之，亦未为远，然已都无稽考处。后来须有一个大大底人出来，尽数拆洗一番，但未知远近在几时。[1]

其意当有"予天民之先觉者也"的期许。钱穆先生云："朱子意，其要不在考《礼》，而在能制礼。"[2] 尤为知言。我们这里讨论礼学文献，其目的也正是立足于文化传统，以明确根基，了解自己，从而整合人类礼学资源，为建构主体生命的最佳生活方式提供资粮。

本书对异族"礼学文献"虽持开放态度，但限于著者学识和古典文献的课程旨趣而未能兼及，故所论仍以中国传统礼学文献资源为对象，而略依礼学之结构要素及各要素相关文献数量酌分七个专题：终极关怀中的礼学文献（礼意、礼义、礼术）、礼义觉醒中的礼经文献、礼义践行中的礼仪文献（礼制、礼俗、家礼、教礼）、礼学反思中的礼论文献、礼意冥契中的礼乐文献、礼仪表达中的礼器文献、礼仪流行中的礼法文献。

◇ 文献示目

《礼经学》，曹元弼。北京大学出版社，2012 年。

《三礼通论》，钱玄。南京师范大学出版社，1996 年。

《中国礼制史》，陈成国。湖南教育出版社，2001 年（先秦卷于 1991 年初版）。

《中国礼仪制度研究》，杨志刚。华东师范大学出版社，2001 年。

《中国古代礼仪文明》，彭林。中华书局，2004 年。

《中国礼学研究概览》，杨华等。武汉大学出版社，2021 年。

《中华礼制变迁史》，汤勤福总主编。中华书局，2022 年。

---

[1] 黎靖德编《朱子语类》，中华书局，1986 年，第 2177 页。

[2] 钱穆《朱子学提纲》，生活·读书·新知三联书店，2002 年，第 177 页。

◇**思考题**

1. 礼和礼仪的关系是怎样的？
2. 我们今天是否还需要重建新的礼仪规范？
3. 怎样理解"礼，时为大"的基本原则？

第二讲　终极关怀中的礼学文献

《礼记·乐记》云："人心之动，物使之然也。"[1] 主体在面对一个事物时，从第一反应到采取行动，这中间是有一段心路历程的，其行为符合"具有终极关怀的以成就完美为目的的行为方式"的就是礼仪。唯此行为策略的选择依据是什么，需要给出一个最大可能的合理说法，或者说要给出一个合法性来源的解释，才能有助于人们形成礼仪制作与践行的共识。

在主体的身体中，起主宰功能的存在当为性体（其发动介质为"意"）。从性体的发动到身体的行动，合于礼生态的"意识"形成要经过两个"信息处理中心"——心体（本体）和脑体（精体）。"意"内观并触发前者而形成情意，然后情意外转再经由脑体加持而形成意志和意识。

叶舒宪先生指出："人类学家的经验告诉我们，文化是一个系统，是蕴含着意义、象征、价值和观念的系统，只有找到了凝聚着该系统的生成及转化规则的内在模式，这个系统才能得到理性的把握。"[2] 礼仪作为中国人的生活行为方式，正具有主体内外要素生成转化的系统性特征。在礼学结构的七要素中，礼的终极关怀要素有三：主体对自我作终极体证的礼意、对对境作终极体知的礼义，以及对主体与对境神圣关联加以认知的礼术。其中礼

[1]　孔颖达《礼记正义》，上海古籍出版社，2008 年，第 1455 页。
[2]　叶舒宪《中国神话哲学·导言》，中国社会科学出版社，1992 年，第 5—6 页。

意诉诸心体，礼义指向物体，礼术取决意识。这是我们讨论礼学文献首先要涉及的三个要素。

一　主体内省的终极体认——礼意文献

"礼意"一词是黄侃与沈文倬二先生对《礼记》"礼情"的一个话语转换。检先秦两汉的文献用例，其"礼情"连用皆是表达礼仪与情谊两个词的，未见作为一个独立的语词使用；而"礼意"作为一个独立的语词则或有之，其意或与表义理之"礼义"不分，今则辨而明之。

按"情"与"意"虽皆从"心"旁，却有生命功能的差异，前者为主体对境时心体感动而发出的介质形态，而后者是主体对境时性体感动而发出的介质形态。《说文解字》云：

> 意，志也。从心音。察言而知意也。[1]

> 音，声生于心，有节于外，谓之音。宫商角徵羽，声也；丝竹金石匏土革木，音也。从言含一。[2]

主体"生于心，有节于外"的声响为音、生命信息为"意"，反而言之，蕴含"生命信息"的心之标识为"意"。譬之于现代科学的物理认知，"意"是生命体中基因所发出的密码标识，是主体的生命主宰，意在感物而动时经由脑体（精）的"能量"加持而成为意识。意通过内省的"诚意"工夫则可以感通心体而形成情

---

[1]　段玉裁《说文解字注·心部》，上海古籍出版社，1988年第2版，第502页。按说形以为"察言而知意"不确。

[2]　段玉裁《说文解字注·音部》，上海古籍出版社，1988年第2版，第102页。

意互动，再经由脑体（精）的能量加持而成为意志和意识，意志和意识的对境决断是为"义"。

以上各概念所指现象间的关系，均须在传统生命理解的场域结构中才能有所落实。《礼记·礼运》云：

> 故人者，其天地之德，阴阳之交，鬼神之会，五行之秀气也。[1]

这里涉及四组重要的概念：天地、阴阳、鬼神、五行。

其中天地是从既有的现象界发论，是人之存有的时空世界，也是终极本体变化生人的"熵情"环境。

阴阳是终极本体自在形态的运动方式，动为阳，静为阴；其寓于万物中则阳动称神，阴静称鬼或明。《礼运》中与阴阳相并的"鬼神"特指人体内终极本体的存在方式，此在文献中亦多以魂魄称之：

> 人生始化曰魄，既生魄，阳曰魂。用物精多则魂魄强，是以有精爽，至于神明。[2]

> 魂魄者，何谓也？魂犹伝伝也，行不休也，少阳之气，故动不息，于人为外，主于情也。魄者，犹迫然著人也，此少阴之气，象金石著人不移，主于性也。魂者，芸也，情以除秽；魄者，白[泊]也。性以治内。[3]

> 子曰："气也者，神之盛也。魄也者，鬼之盛也。合鬼与神，教之至也。众生必死，死必归土，此之谓鬼。骨肉毙于

---

[1]　孔颖达《礼记正义》，上海古籍出版社，2008年，第917页。

[2]　阮元校刻《十三经注疏·春秋左传正义·昭公七年》，台湾艺文印书馆，2001年，第764页。

[3]　陈立《白虎通疏证·性情》，中华书局，1994年，第389—390页。

下，阴为野土。其气发扬于上为昭明，焄蒿凄怆，此百物之精也，神之著也。"[1]

魂气归于天，形魄归于地。[2]

骨肉归复于土，命也。若魂气则无不之也，无不之也。[3]

就是说，终极本体阳动阴静，其在人体的阴静则"白[泊]"凝成具有"基因"功能的自性种子，此为形下之气，又称魄；自性种子又因天地"熵情"聚精生生并显现为形质。

《黄帝内经》云："人始生，先成精，精成而脑髓生。"[4] 这个说法比《左传》"人生始化曰魄"说更贴近现象界。就是说，人之始生，先有精质而成形，察之而后可知有形下之气的魄与魂。魂魄精质的关系略如河水与由此河水所结成的冰块，从现象界观察，冰块自有冰块之性，而与河水之性不同。细而论之，则魂为冰块中的水，其本质与所从来之河水中的水同，而魄则为冰块中的"冰"。其精质则为可见的冰块，乃因缘环境"熵情"而成，冰魄是形成冰块的根本要素，它处在有无之际，却可以外浸河水而内通冰水。融冰块而为水，则精灭而性魄化而为水，倾此冰水于河水中，则性魄之水亦渐散于河水。故人死而魄遂名为鬼，《说文解字》释云："鬼，人所归为鬼。"[5] 鬼字的本义正是人向象征宇宙中心的"田"形符号回归。

[1]　孔颖达《礼记正义·祭义》，上海古籍出版社，2008年，第1832—1834页。

[2]　孔颖达《礼记正义·郊特牲》，上海古籍出版社，2008年，第1096页。

[3]　参孔颖达《礼记正义·檀弓下》"吴之习于礼者"延陵季子语，上海古籍出版社，2008年，第423—424页。

[4]　姚春鹏译注《黄帝内经·灵枢·经脉》，中华书局，2010年，第222页。

[5]　段玉裁《说文解字注·鬼部》，上海古籍出版社，1988年第2版，第434页。

《庄子·大宗师》中记载的孔子与颜回讨论"坐忘"的故事，可以说是一个极具操作性的探索主体生命"主宰"的觉知实验。

> 颜回曰："回益矣。"仲尼曰："何谓也?"曰："回忘仁义矣。"曰："可矣，犹未也。"

> 他日，复见，曰："回益矣。"曰："何谓也?"曰："回忘礼乐矣。"曰："可矣，犹未也。"

> 他日，复见，曰："回益矣。"曰："何谓也?"曰："回坐忘矣。"仲尼蹴然曰："何谓坐忘?"颜回曰："堕肢体，黜聪明，离形去知，同于大通，此谓坐忘。"

> 仲尼曰："同则无好也。化则无常也。而果其贤乎! 丘也请从而后也。"[1]

当主体把自我的一切——以仁义为代表的内在生命觉受、以礼乐为代表的外在生命体知、以肢体为代表的生命本身——都忘掉（空掉）以后，剩下的是一个处于"有无之际"的主宰性存在，因为此时虽然近乎于无，但当这个主宰性存在发动后，又可以重新聚回自我的生命本身、生命体知和生命觉受，从而恢复自我生命的全体生态，所以它又应该是一个有。这个具有主宰性的能够收放生命本身的存在就是性体，它的发动介质则被称为"意"。万物有了性体才具有自性，没有了性体也就没有了自性。性字从心从生构形，固亦寓意其当由来自:

> 天命之谓性，率性之谓道，修道之谓教。[2]

> 分于道谓之命，形于一谓之性。[3]

---

［1］　郭庆藩《庄子集释》，中华书局，1961 年，第 282—285 页。

［2］　孔颖达《礼记正义·中庸》，上海古籍出版社，2008 年，第 1987 页。

［3］　方向东《大戴礼记汇校集解·本命》，中华书局，2008 年，第 1283 页。

性自命出，命自天降。[1]

"天命"即终极本体之赋予，而终极本体无所不在、生生不已，其在人者实为一体二相，其阴静而凝者为性体，而阳动纭纭者为心体，从生成论角度推究二者之先后，则当先有魂而后有魄（此与从现象界角度观察的先后正相反）。

心者，君主之官也，神明出焉。[2]

心之在体，君之位也。九窍之有职，官之分也。心处其道，九窍循理。[3]

心者，形之君也而神明之主也；出令而无所受令。[4]

至此，我们大致可以总结心体、性体与脑体三者的关系，即性体是主体之心体与脑体接驳的"主宰"，它以意为表达介质，当其接驳脑体的能量加持后遂得以发动，表现为对境生情，因情传意，由意生识，由识明理，因理断义，因义设仪，是为礼仪之体。意蕴含了道体生生之初的预设"程序"，此如今之单机导航仪，在接驳能量（电源）后即可以发动，从而对境显现其内置的程序中的相应路况。虽然如此，如果此导航仪能接驳网络，从而形成在线导航状态，就可以应对更新的对境情形，也就是说，如果主体之性体能自我返本开新，通过诚敬、虚"心"（己）、坐忘（忘我）、睡眠等等方式来接驳道体，时时让心体"在线"主宰，则主体之行为将"发而皆中节"，乃可以成人矣。《周易·系辞上》云：

[1]　李零《郭店楚简校读记》，北京大学出版社，2002 年，第 105 页。
[2]　姚春鹏译注《黄帝内经·素问·灵兰秘典论》，中华书局，2010 年，第 50 页。
[3]　黎翔凤《管子校注·心术上》，中华书局，2004 年，第 759 页。
[4]　梁启雄《荀子简释·解蔽》，中华书局，1983 年，第 296 页。

"神以知来，知以藏往。"[1] 也正可与心体、性体的功能相对应。所谓礼意，也正是性体"诚意"后的"在线"主宰形态。

从天地生生变化的无机物、植物、动物三重境界而言，也可以看出人之心体、性体与脑体功能的结构关系。荀子曾揭示："水火有气而无生，草木有生而无知，禽兽有知而无义；人有气有生有知亦且有义，故最为天下贵也。"[2] 其意略可用生命结构的精气神概念转述如下：

> 水火（无机物）——形质与神接化，无精为能量，故不能生长。

> 草木（植物）——形质之精与神接化，无气为自性主宰，故能生长而不能活动。

> 禽兽（动物）——自性主宰之气与神接化，唯气不该备，故能移动而不能反思。

> 人——自性主宰之气与神接化，精备气充，故能反思而异于其他动物。

从本体生生的线性进程而言，固当本体阳动阴静而化性气，性气生生而化精质，精质再生生而成形质，形质灭尽则还归于本体，这是本体流行显微变化的一个循环。作为生生显现之最后境界的形质，如果只有神体、形质二种要素，则为无机物；仅有神

---

[1]　于天宝点校《宋本周易注疏》，中华书局，2018 年，第 419 页。

[2]　梁启雄《荀子简释·王制》，中华书局，1983 年，第 109 页。此生化进程的理解在宋代理学家中也颇有讨论，如作为理学开端的北宋五子之张载《正蒙·乾称》即云："乾称父，坤称母，予兹藐焉，乃混然中处。故天地之塞，吾其体；天地之帅，吾其性。"张载《张载集》，中华书局，1978 年，第 62 页。其"体"即指充塞天地的终极本体，而"性"则是顺应天地变化之意而生成的具有自性的形下之气。又周敦颐《太极图说》演其进程最明，其后南宋朱熹集其大成，也有细致的分疏。

体、精质和形质三种要素，则为植物；神气精质四者兼备而不能反思本体者，则为动物。故人之为人，必能因性气主宰而反思本体秩序，才能成就其生命的应然形态，所谓"事神致福"是也。

主体"感物而动""物至知知"的认知进程是性体通过脑体加持而"格物"（来物）成知、"致知"成识。性体通过"诚意"而接驳心体，使心体之神得以发动流行而应物，是为"正心"（以心为正），即性体通过诚敬"让位"以使心体流行而为主宰，从而应物成务，完成与对境的互动行为。主体的行为随其生命成长又或有身、家、国、天下四个层次的展开。此在《礼记·大学》中交代最明：

> 古之欲明明德于天下者，先治其国。欲治其国者，先齐其家。欲齐其家者，先修其身。欲修其身者，先正其心。欲正其心者，先诚其意。欲诚其意者，先致其知。致知在格物。物格而后知至，知至而后意诚，意诚而后心正，心正而后身修，身修而后家齐，家齐而后国治，国治而后天下平。[1]

至人类理性启蒙以后，理智的增长"冷落"了心体的感通，遂有"绝地天通"与"失乐园"故事的发生[2]。故三代巫史通

---

[1]　孔颖达《礼记正义》，上海古籍出版社，2008年，第2237页。

[2]　荣格在《心理学的现代意义》中指出："圣经故事把以乐园为象征的植物、动物、人与上帝之间的未曾破裂的和谐置于一切精神发展的开端，并把意识的最初的曙光——'你们将像神一样知道善恶'——宣布为致命的罪孽，这一点绝不是没有所指。意识的神圣统一支配着原始之夜，对天真素朴的头脑来说，打破这种统一的确是一桩罪孽。这是个体反对太一（the One）的魔鬼般的反叛，是不和谐反对和谐的具有敌意的行动，是要从一切与一切混融在一起中脱离和分裂出去。"荣格《荣格文集》，冯川译，改革出版社，1997年，第133页。

天，已多有因"术"而"触动"本体的做法。至春秋战国的轴心时代，孔子创体仁工夫，东汉时期形成的道教持逆修工夫（炼精化气，炼气化神，炼神还虚），稍后传入中国的佛教则倡"转识成智"（这里的识是主体的"八识"，智是如来藏智，即终极本体的智）工夫，皆欲因性体而接驳本体，以实现"与天地万物为一体"的成人超越境界。今仅就儒家的为仁、诚意、用敬三种主要修证工夫略作绍述。

为仁是孔子提出的修证工夫，并强调当与"克己复礼"相接驳，且须在"志于道，据于德，依于仁，游于艺"的场域中体悟觉证[1]。孟子则以宅门路的关系来解读仁礼义三者的场域，尤为形象。

> 吾身不能居仁由义，谓之自弃也。仁，人之安宅也；义，人之正路也。旷安宅而弗居，舍正路而不由，哀哉！[2]
>
> 夫义，路也；礼，门也。惟君子能由是路，出入是门也。[3]
>
> 居恶在？仁是也；路恶在？义是也。居仁由义，大人之事备矣。[4]

《说文解字》云："仁，亲也，从人，二。𣥏，古文仁，从千心作。尸，古文仁，或从尸。"[5] 从"千心"之仁的造字义旧多曲解，自郭店楚简从"身心"的"㤅"字之出，则可知所谓"千

[1] 朱熹《四书章句集注·论语集注·述而》，中华书局，1983年，第94页。
[2] 朱熹《四书章句集注·孟子集注·离娄章句上》，中华书局，1983年，第281页。
[3] 朱熹《四书章句集注·孟子集注·万章章句下》，中华书局，1983年，第323页。
[4] 朱熹《四书章句集注·孟子集注·尽心章句上》，中华书局，1983年，第359页。
[5] 段玉裁《说文解字注·人部》，上海古籍出版社，1988年第2版，第365页。

心"即"身心"字之讹变，杜维明先生指出"身心合一说明中国
传统里面没有唯心唯物严格的二分。《大学》里讲先后上下左右深
浅，都是对应关系。一般来说，其中最重要的就是阴阳……"[1]。
由此启发我们对另外两个仁字造字义的理解，即"人能沟通阴阳"
为"仁"，以及能如祭祀中代祖神受享的"尸"一样沟通阴阳为
"尸"。作为儒学中的一个重要概念，它与"通天、地、人曰儒"
的造字义亦能呼应契合[2]。

　　诚意首见于《礼记·大学》，为大学八目之一，朱熹注云：

　　　　诚，实也。意者，心之所发也。实其心之所发，欲其一
　　　于善而无自欺也。[3]

　　"诚意"为使动用法短语，其意为"使意诚"，如何"使意
诚"，即要性体主宰发动其介质"意"来施其专一的"感通"工
夫。《礼记·中庸》云："至诚之道，可以前知。国家将兴，必有
祯祥；国家将亡，必有妖孽。见乎蓍龟，动乎四体。祸福将至，
善，必先知之；不善，必先知之。故至诚如神。"[4]

　　用敬见于《礼记·曲礼上》："毋不敬，俨若思，安定辞。安
民哉！"郑玄注："礼主于敬。"[5] 经宋代新儒家发扬光大，遂为
儒家修身进德的双翼之一。朱熹云：

　　　　"大凡学者须先理会'敬'字，敬是立脚去处。程子谓：
　　　'涵养须用敬，进学则在致知。'此语最妙。"或问："持敬易
　　　间断，如何？"曰："常要自省得。才省得，便在此。"或以为

---

［1］　杜维明《"仁"的民族认同和世界意义》,《文汇报》, 2012 年 12 月 3 日。
［2］　汪荣宝《法言义疏·君子》, 中华书局, 1987 年, 第 514 页。
［3］　朱熹《四书章句集注·大学章句》, 中华书局, 1983 年, 第 3—4 页。
［4］　孔颖达《礼记正义》, 上海古籍出版社, 2008 年, 第 2025 页。
［5］　孔颖达《礼记正义》, 上海古籍出版社, 2008 年, 第 6 页。

此事最难。曰："患不省察尔。觉得间断，便已接续，何难之有！'操则存，舍则亡'，只在操舍两字之间。要之，只消一个'操'字。到紧要处，全不消许多文字言语。若此意成熟，虽'操'字亦不须用。'习矣不察'，人多错看此一语。人固有事亲孝，事兄弟、交朋友亦有信，而终不识其所以然者，'习矣，而不察也'。……故夫子教人，只说习。如'克己复礼'，是说习也；视听言动，亦是习；'请事斯语'，亦是习。孟子恐人不识，方说出'察'字。而'察'字最轻，'习'字最重也。"[1]

涵养是向内用力的工夫，其最广泛的体知场景当在生活对境的践礼之际，此在祭礼中表现得最为突出。《礼记·祭义》云：

> 孝子之祭可知也：其立之也，敬以诎；其进之也，敬以愉；其荐之也，敬以欲；退而立，如将受命；已彻而退，敬齐之色不绝于面。……严威俨恪，非所以事亲也，成人之道也。[2]

《周易》坤卦文言云："君子敬以直内，义以方外，敬义立而德不孤。"[3] 这句话简明扼要地概括了用敬以明礼意、用义以应外务的道理。与释、道偏重出世的静养工夫相比，儒家则强调兼容动静的入世用敬工夫，于主体生命的成人进程而言，此更贴近本体生生或"道成肉身"的应然生态[4]。

对终极本体的存在与运动形态的追问与认知，是轴心时代诸

---

[1] 黎靖德编《朱子语类》卷十二，中华书局，1986年，第215页。
[2] 孔颖达《礼记正义》，上海古籍出版社，2008年，第1817—1818页。
[3] 于天宝点校《宋本周易注疏·坤》，中华书局，2018年，第49页。
[4] 朱熹云："道便是无躯壳底圣人，圣人便是有躯壳底道。"朱熹《朱子语类》卷一百三十，中华书局，1986年，第3117页。

多先知的共同选择。《史记·太史公自序》论六家要指云："《易大传》：'天下一致而百虑，同归而殊途。'夫阴阳、儒、墨、名、法、道德，此务为治者也，直所从言之异路，有省不省耳。"[1]陈启云先生更明确指出：

> "道"是天下所共有，百家所共称道的，老子、庄子不过是百家中的两家（不是合为一"道家"）而已。……晚至汉代，老、庄合道的"道家"，尚未成为当时的通识。
>
> 我们也可以说：古代本没有什么"道家"。无论那一个思想家，他都继承了前人对"道"的关注和共识，而注入了自己的关注、体认和知识，成为自己的"道论"。[2]

《尚书·大禹谟》提出的"人心惟危，道心惟微，惟精惟一，允执厥中"的总结[3]，更是被宋代新儒家视为儒学传统中的"十六字心传"。

《圣经》以"巴别塔"比喻人类的通天之路，而被"离散到各地"的人们对终极本体的追问和思考即是对往日初心的坚守。因此，就关乎礼意的道德体证而言，也是传统学人的工夫共识。有鉴于此，我们也可以说，每一位学人关乎终极本体的研究与阐释，都是礼意研究的资源。关乎礼意的研究不是指向分殊的认知，而是指向一本的感通。

有关礼意的思考在"礼经"文献中已颇有载录，如《礼记》之《中庸》《大学》《缁衣》《仲尼燕居》《孔子闲居》

---

[1]　司马迁《史记》，中华书局，2013年，第3965页。
[2]　陈启云《中国古代思想文化的历史论析》，北京大学出版社，2001年，第114、123页。
[3]　阮元校刻《十三经注疏·尚书正义》，台湾艺文印书馆，2001年，第55页。

《学记》《儒行》诸篇；《大戴礼记》之《曾子立事》《曾子制言》《曾子疾病》《劝学》《千乘》《四代》《虞戴德》《诰志》《小辨》《用兵》《少间》；等等。后世礼论文献于此有更进一步的展开。

此外，在先秦诸子文献（如《管子·枢言》《韩非子·大体》《庄子》《吕氏春秋》《鹖冠子》《关尹子》等），汉以后诸子作品（如《新书》之《道术》《六术》《道德说》，《春秋繁露》《论衡》《潜夫论》《刘子》《文中子》等），以及宋明以来新儒家和诸宗教著作中，也都有不少集中的专论。

在现代学科体系中，与礼意相关的意识问题是哲学、宗教及心理学、神经学、脑科学、量子力学诸领域的重要议题。虽然各学科尚未达成共识，但其各自所取得的前沿进展，对坚振礼意的理解无疑具有重要的促进意义。

二　主体对境的终极关怀——礼义文献

主体面对一个事物或事件时，在第一反应之后，就要判断并选择所要采取的互动行为策略，这个行为策略如果合于礼意或者说是在礼意主导下做出的，那就可以称为礼义。礼意是具有终极关怀的"善意"，但不等于有了"善意"就能做好与对境的合宜互动，也就是传统所说的有了善心未必就能把事情做好，在善心引导下经过智性的格致经验而做出的策略，才是主体采取行动的适宜理据。《礼记·郊特牲》：

礼之所尊，尊其义也。失其义，陈其数，祝、史之事也。

故其数可陈也，其义难知也。知其义而敬守之，天子之所以治天下也。[1]

"义"字《说文解字》释作"己之威义也。"[2] 这个意义后来写作"仪"。许氏这个解读也许是受了董仲舒"义者，谓宜在我者"的影响[3]，二者皆照顾到了"義"字从"我"之义，但皆对并非声旁的"羊"形构件未加说明。《说文解字》在"善"字下释："吉也。从誩、羊，此与义、美同意。"[4] 又于"美"字下云："甘也。从羊、大。羊在六畜主给膳也。美与善同意。"[5] 按义、美、善三字皆为关乎义理性的汉字，其造字义固较指称实物性的汉字更难辨识。考羊字在甲骨文、金文中多用作"祥"义，是为"祥"之古字，而"祥"之本义当为"吉凶的征兆"。《说文解字系传》云："祥之言详也。天欲降以祸福，先以吉凶之兆详审告悟之也。"[6] 又"义"所从之"我"在甲骨文、金文中皆为斧钺类武器之形，合"羊"旁则可会意为"源自上天的关乎吉凶征兆的决断"[7]。《礼记·礼运》云："义者，艺之分，仁之节也。"可与此解相参证。

如果说礼意是主体心性一如的本体感通状态，即心体可以通过性体之"意"而参与对境应物的状态，譬如行车导航之连通网

［1］　孔颖达《礼记正义》，上海古籍出版社，2008 年，第 1087 页。
［2］　段玉裁《说文解字注·我部》，上海古籍出版社，1988 年第 2 版，第 633 页。
［3］　苏舆《春秋繁露义证·仁义法》，中华书局，1992 年，第 253 页。
［4］　段玉裁《说文解字注·誩部》，上海古籍出版社，1988 年第 2 版，第 102 页。
［5］　段玉裁《说文解字注·羊部》，上海古籍出版社，1988 年第 2 版，第 146 页。
［6］　徐锴《说文解字系传·示部》，中华书局，1987 年，第 3 页。
［7］　与"义"同理，"美"的造字义当为"能与上天之吉凶征兆保持一致的人"（"大"为人的正面形象），"善"的造字义当为"遵从上天之吉凶征兆而给出的言说、建议"。

络的在线导航状态。而礼义则是主体之心性对境"万殊"时的情理裁断结果，即性体在感通心体后形成礼意，再对物我相关的情理加以裁断而为身体的行为指令。

前人于生活对境总结了许多经典的礼义策略。《礼记·仲尼燕居》：

> 郊社之义，所以仁鬼神也。尝禘之礼，所以仁昭穆也。馈奠之礼，所以仁死丧也。射乡之礼，所以仁乡党也。食飨之礼，所以仁宾客也。[1]

在前面有关礼意一节中提到，"仁"是心体与性体贯通后的终极安顿形态，与普通表眷恋之意的"爱"不同，后者是前者的引申义。这段话中的仁字虽都可以用"爱"义来理解，但其真正的义理境界则要通过本义的会通才能把握。

《礼记》载有七篇典礼的礼义专论，即《冠义》《婚义》《祭义》《乡饮酒义》《射义》《燕义》《聘义》。又《仪礼》各篇后亦附有一些相关典礼的礼义文字，还有《礼记》其余篇章及《大戴礼记》等经书诸子中也偶有论及。下辑《仪礼》冠礼仪节及《礼记》所载《冠义》，试为表解以明其例。

表 1

		《士冠礼》	《冠义》【《仪礼·士冠礼》义】
			冠而后服备，服备而后容体正，颜色齐，辞令顺。故曰：冠者，礼之始也。是故古者圣王重冠。成人之者，将责成人礼焉也。责成人礼焉者，将责为人子、为人弟、为人臣、为人少者之礼行焉。

---

[1]　孔颖达《礼记正义》，上海古籍出版社，2008年，第1927页。

		《士冠礼》	《冠义》【《仪礼·士冠礼》义】
分隔	家室家庙		重冠故行之于庙。行之于庙者，所以尊重事……所以自卑而尊先祖也。
	庙门	筮日（前月），戒宾（前期十日）筮宾（前期三日），乃宿宾	筮日、筮宾，所以敬冠事。
阈限	庙房	采衣、髺，待冠	冠于阼，以著代也。【适子冠于阼，以著代也。】
	庙堂	初加缁布冠、祝、服玄端爵韠	
		再加皮弁、祝、服素积素韠	【委貌，周道也；章甫，殷道也；毋追，夏后氏之道也。周弁，殷冔，夏收。三王共皮弁素积。】
		三加爵弁、服纁裳韎韐	三加弥尊，加有成也。【三加弥尊，谕其志也。】
	筵西	醴/醮	醮于客位。【醮于客位，加有成也。】
聚合	东壁	见母（用脯，拜送）	见于母，母拜之。
	西阶	取字	已冠而字之，成人之道也。【冠而字之，敬其名也。】
	堂、室外事	见于兄弟、赞者，入见姑、姊易服（玄冠、玄端、爵韠），见君、乡［卿］大夫、乡先生	见于兄弟，兄弟拜之，成人而与为礼也。玄冠玄端奠挚于君，遂以挚见于乡［卿］大夫、乡先生，以成人见也。

从表1可以看出，理论上每一个仪式的确定、每一个礼器的选择都应该有礼义的对应，没有礼义的仪式与礼器，就失去了存在的合法性。另外，礼义有总义和分义之别，总义是对主体所践行的某个曲礼或典礼的总说明，以揭示其践行的意义；分义是对曲礼或典礼内部仪节、礼器的意义加以说明的。此与《周易》象辞的情况有些相似，即象辞有卦象和爻象之别，前者称为大象，后者则称为小象。

此外，由这个表格的粗略结构可知，《仪礼》《礼记》有关冠礼礼义的记载皆有缺略，并且典礼的仪式结构也多不该备，其对应的礼义诠释就更无所附着。相关文献虽或有散见记载，但从礼学的系统结构和当代重建的践行需要来看，仍有许多理论思考和具体工作需要进一步研究、总结和完善。

三 主客因缘的终极提撕——礼术文献

礼仪作为具有终极关怀的行为方式，其呈现过程的基本情景是，主体在一定的时间、空间中与对境实现最合宜的沟通、融合与"过渡"。这期间的时间与空间被称为"神圣时空"，其所用到的器物（包括礼辞、音乐等）属于神圣礼器，参与人员则属于神圣人物。此自日用常行的衣食住行之微至于冠婚丧祭之重，皆同此理。其有"协诸义而协"的礼仪可守者，只要遵行就可以"成礼"了；但是如果没有既定的礼仪可用，则"可以义起"，然若于"礼意"乃至"礼义"还有"嫌疑""犹与"之惑，则可以用巫祝、数术之法决之。

> 卜筮者，先圣王之所以使民信时日，敬鬼神，畏法令也，所以使民决嫌疑，定犹与也。故曰：疑而筮之，则弗非也；日而行事，则必践［善］之。[1]

> 天子下至士，皆有著龟者，重事决疑，亦［示］不自专。《尚书》曰："汝则有大疑，谋及卿士，谋及庶人，谋及卜筮。"

---

［1］ 孔颖达《礼记正义·曲礼上》，上海古籍出版社，2008 年，第 118 页。

……所以先谋及卿士何? 先尽人事,念而不能得,思而不能知,然后问于蓍龟。圣人独见先睹,必问蓍龟何? 示不自专也。[1]

此中提及运用蓍龟的两个规定:一是尽人事后"不能得""不能知"的事情,才要通过蓍龟以卜问终极鬼神之意来加以确定,所谓"尽人事,然后听天命",非事事皆取决于蓍龟。二是圣人既然无所不知,何以有时也要凭借蓍龟来进行占问? 这是因为其所面对的事情是"重事",须向民众展示其是听命于终极本体的启迪做事而不是独断专行。

李安宅先生曾指出:

卜筮的应用,几于个个礼节上都有地位,如冠礼之"筮日","筮宾";婚礼之卜而"纳吉",卜而"请期";丧礼之筮葬地,筮葬日,筮尸;特牲馈食礼之筮日,筮尸;少牢馈食礼之诹日而筮与筮尸等,载于《仪礼》者甚多。只有因着节气而行的定礼,用不着这一层,如"大享(冬至祀天,夏至祭地)不问卜"(《曲礼下》)是。[2]

沈文倬先生在《〈周代城市生活图〉编绘计划》中列十二门类,其最后一门即是卜筮,他还特别强调说:

关于卜筮的仪节,《仪礼》的《士冠》、《士丧》,记载得很详尽。其实十七篇都应有卜筮,不过《仪礼》的体例,用"互文见义"之法,所以在其他各篇都略去了。[3]

按"数术"一词源于《汉书·艺文志》,为班固所首创,这里

---

[1] 陈立《白虎通疏证·蓍龟》,中华书局,1994年,第327—328页。
[2] 李安宅《〈仪礼〉与〈礼记〉之社会学的研究》,上海人民出版社,2005年,第51—52页。
[3] 沈文倬《菿闇文存》,商务印书馆,2006年,第1028页。

的"数"当指道体流行的节度，后世多以天数、气数、理数等称之，"数术"即是推占此节度的技法。前文提及的卜筮，为数术在先秦时期最具影响的两种形态。《周礼·春官宗伯》记载作为"卜筮官之长"的太卜一职，其下辖官吏即有卜师、卜人、龟人、菙氏、占人、筮人、占梦、视祲等等。从他们使用的决疑方法来说，则有龟卜、筮占、梦兆、望气等等。此外还有掌辨公墓兆域而为之图的冢人、掌邦墓地域而为之图的墓大夫、"掌天星"吉凶的保章氏、"土地相宅"的土方氏等等，以及宗、祝、史、巫诸官的职责，都具有一定程度的沟通天人以"决嫌疑，定犹与"的职能。《汉书·艺文志》把数术分为六种，李零先生对其细目有所考论，今转述如下：

（一）天文凡二十二种，可分四组：1. 年代不详的占星候气书九种。2. 汉代的占星候气书六种。3. 海中星占验书六种。4. 图谶书一种。

（二）历谱凡十八种，可分五组：1. 历书七种。2. 历术五种。3. 谱牒三种。4. 计时书一种。5. 汉代算术书两种。

（三）五行凡三十一种，可分八组：1. 阴阳书六种。2. 五行书四种。3. 堪舆书一种。4. 灾异书两种。5. 钟律书四种。6. 式法或与式法有关的书九种。7. 文解书两种。8. 五音书三种。

（四）蓍龟凡十五种，可分两组：1. 龟卜书五种。2. 筮占或与筮占有关的书十种。

（五）杂占凡十八种，可分六组：1. 占梦书两种。2. 相衣器书一种。3. 占嚏、占耳鸣书一种。4. 解除书五种。5. 祷祠书三种。6. 农事占六种。

（六）形法凡六种，可分五组：1. 相地形书一种。2. 相宅书两种。3. 相人书一种。4. 相刀剑书一种。5. 相六畜书一种。[1]

不过，数术作为一门应用学科，它的发展变化也必然是与时俱进的，我们把《汉志》和唐代官方所用的数术种类比较一下就可见一斑了：

《唐六典》卷十"秘书省之太史局"

> 令二人，从五品下；丞二人，从七品下；令史二人，书令史四人。太史令掌观察天文，稽定历数。凡日月星辰之变，风云气色之异，率其属而占候焉。其属有司历、灵台郎、挈壶正。凡玄象器物，天文图书，苟非其任，不得与焉。每季录所见灾祥送门下、中书省入起居注，岁终总录，封送史馆。每年预造来岁历，颁于天下。[2]

《唐六典》卷十四"太常寺之太卜署"

> 令一人，正八品下；丞二人，正九品下；卜正二人，从九品下；卜师二十人；巫师十五人；卜博士二人，从九品下；助教二人；卜筮生四十五人。

> 太卜令掌卜筮之法，以占邦家动用之事；丞为之贰。一曰龟，二曰兆，三曰《易》，四曰式。

> 凡龟占辨龟之九类、五色，依四时而用之。凡兆以千里径为母，两翼为外；正立为木，正横为土，内高为金，外高为火，细长芒动为水，兆有俯仰、伏倚、着落、起发、摧折、断动之状，而知其吉凶。又视五行十二气。

> 凡五兆之策三十有六。

---

[1]　李零《兰台万卷：读〈汉书・艺文志〉》，生活・读书・新知三联书店，2011年，第173—200页。

[2]　李林甫等《唐六典》，中华书局，1992年，第302—303页。

凡《易》之策四十有九。

凡式占辨三式之同异。凡用式之法。

凡历注之用六。

凡禄命之义六。

皆辨其象数，通其消息，所以定吉凶焉。[1]

这里提到的五兆、禄命二类即为《汉志》所不载。它们的形成和发展应该就在汉魏六朝之际。

至于民间的"图宅术"、星命术、阴阳术、拟易术、杂占术等等，不仅在内容和数量上都有快速的增长，而且在类别上也突破了《汉志》的六分法，所以远承《汉志》的《隋志》就取消"数术"大类，而在子部中分设"天文、历数、五行"三目，把数术文献中天文、历数以外的内容统统归入"五行"类，这个做法也为后来的史志目录所继承。然而，这样混录是有违于目录学"欲人即类求书，因书究学"之宗旨的[2]，所以后世公私目录对此颇有分合，表2择列六种目录文献的分类，可以更直观地看到其间的异同。

从这些分类标准中可以看出，《汉志》的分类有的是以客观现象判定的，如天文、形法、杂占；有的是用工具材料判定的，如蓍、龟；有的是用记录形态判定的，如历谱；有的是用概念术语判定的，如五行云云。与《隋志》以来史志目录分类过简的情况相对，郑樵《通志》分为三十二类，又失之过细，并且其中有些细目之间的界分也不够明晰，如"筮占"与"易占"，"式经"与

[1]　李林甫等《唐六典》，中华书局，1992年，第411—413页。
[2]　章学诚《校雠通义·互著第三》，古籍出版社，1956年，第5页。

表2

	天文	历算	阴阳	易占	易图轨革	筮占	龟卜	射覆	登坛	遁甲	太乙	九宫	六壬	式经	元辰	三命	行年	婚嫁	产乳	风角	逆刺	鸟情	占梦	杂占	葬书	堪舆	相笏	相印	相字	相法
七略	天文	历谱		蓍龟						五行													杂占		形法					
隋志	天文	历数		五行																				杂占	形法					
通志	天文	算术 历数	阴阳	易占	易图轨革	筮占	龟卜	射覆	登坛	遁甲	太乙	九宫	六壬	式经	元辰	三命	行年	婚嫁	产乳	风角	逆刺	鸟情	占梦	杂占	葬书	堪舆	相笏	相印	相字	相法
通考	天文	历算		占筮						五行															形法					
宋志	天文	律历		蓍龟						五行															形法					
四库	占候	阴阳		占卜						（阴阳）五行							命书（相书）						杂技术（存目）		相宅相墓		相书			

三式，"三命"与"行年""元辰"等等，至《四库全书》又把命书与相书、阴阳与五行、天文与历算糅合在一起，这些都不利于"辨章学术，考镜源流"。

因此，我们参考儒家因巫史以入德的学术传统，把个体生命觉证宇宙本体的数术理路分为巫史二目，其中后者又可以具分为四大类：

1. 拟象卜：指采用模拟天地结构之象的运转变化来占卜的方法，主要有龟卜和栻卜。

2. 拟数占：指采用模拟宇宙生成之象的数理变化来占卜的方法，主要有易占。至于汉以后仿拟《周易》而成的作品，如汉扬雄《太玄》（拟《易》），北朝卫元嵩《元苞经》（拟《太玄》），《五兆卜法》《灵棋经》、宋陈抟（托）《范围数》（拟《易》），宋司马光《潜虚》（拟《太玄》），等等，皆以其蔽于本体的生成之理而成为少数人自娱自乐的游戏，盖不足论也。

3. 本象卜：此类是对天文、地理、人文、物理各种自然存在的现象加以观察归纳，从而得出与个人和社会吉凶相关的特征，如占星、占候、风水、相术、诸杂占等。

4. 本数占：此类是对客观存在的时间数序加以观察、分析和吉凶系联，主要指历日选择和禄命术等。

表3

巫	史								
巫祝	拟象卜		拟数占		本象卜				本数占	
	龟卜	栻卜	易占	拟易	占候	堪舆	相术	杂占	阴阳	禄命

如果用现代科学术语来说，**拟象卜、拟数占**二者有点像数学

建模（mathematical modeling），即通过建构"法象时空"的模型来解释和推测未来时空中万物的存在和变化情况；**本象卜、本数占**就与现代科学的气象分析、情报推理、医疗诊断比较相似，只不过分析推理的结果准确率如何，就要靠历代学人的补充修正和调校完善了。

当然，以占验与否为"终极取向"的数术之发展，也必然会出现整合参用多种术法的情况，如果能够循名责实，大致也是可以理解的。

李亦园先生从人类学的视野，对当代数术活动的文化意义给予了整体评议：

> 算命卜卦千百年来都是中国人精神生活中重要的一环，但是在现代社会变迁极为快速的情况下，这种传统时间和谐观念的追求，似有更流行的趋势。从台湾的例子看，不仅是一般民众如此，知识分子也不例外，有时且有更热衷的现象。而实际上自古以来，这种追求时间和谐的行为，无论贩夫走卒或士绅官宦均十分热衷，民间社会也许用较粗糙的方式，如摸骨、安太岁等表现出来；士绅知识分子则以较精致的方式，如占卦、紫微斗数等来表达，但是其基本理念却是完全相同的，这就相当清楚地说明全世界华人社会的共同文化特征之一是爱算命卜卦的真正原因。……

> 风水地理可说是民间信仰空间观念的核心，尤其是表现在祖先墓地的寻定上，其传说更是不胜枚举，而现代的居屋风水、室内陈设风水，也是大家耳熟能详的事。室内风水的流行，不但反映现代社会急功近利的心理，而且更明白地显示这种追求空间和谐的文化传统不仅在民间风行，即如知识

分子间也趋之若鹜，尤其达官巨贾更是不敢疏忽，甚至于大学校长也不能免俗，这就可以看出这一观念的深厚基础性了。……由此可见空间和谐的风水观念实为文化最基层的宇宙信念，它不但连结大小传统于其间，也自然成为华人文化的一个共同特征。[1]

数术在发展过程中当然也不免泥沙俱下，其基于格致传统而触动心灵者自可因以提撕自我的终极关怀，其游戏而为的仿拟之作固亦当抉而弃之，使不入大雅之堂。

◇文献示目

《周易正义》，（唐）孔颖达。载《宋本周易注疏》，中华书局，2018 年。

《四书章句集注》，（宋）朱熹。中华书局，1983 年。

《老子校释》，朱谦之。中华书局，1984 年。

《庄子集释》，（清）郭庆藩。中华书局，1961 年。

《童蒙止观校释》，李安。中华书局，1988 年。

《黄帝内经》，（汉）佚名。中华书局，2010 年（全本全注全译丛书本）。

《淮南子集释》，何宁。中华书局，1998 年。

《近思录集解》，（宋）叶采。中华书局，2017 年。

《太平御览》，（宋）李昉等编。中华书局，2000 年（影印本）。

《五行大义》，（隋）萧吉。上海书店出版社，2001 年。

《周易集解纂疏》，（清）李道平。中华书局，1994 年。

《开元占经》，（唐）瞿昙悉达。中央编译出版社，2006 年。

《地理新书》，（宋）王洙等。载《中华礼藏·礼术卷·堪舆之属》，浙江大学出版社，2016 年。

《协纪辨方书》，（清）允禄等。载《中国方术概观·选择卷》，人民中国出版社，1993 年。

---

[1]　李亦园《文化与修养》，九州出版社，2013 年，第 110、111 页。

◇**思考题**

1. 如何理解生命的由来与结构？
2. 选择一个自己所经验的生活事例，尝试分析其所以如此处理的内在理由。
3. 从心理分析的角度谈谈你对占卜事项的看法。

第三讲　礼义觉醒中的礼经文献

自轴心时代的理性崛起突破了巫史时代的"天赋"专擅之后[1]，人类文明就完成了全新范式的建构，"直至今日，人类一直靠轴心期所产生、思考和创造的一切而生存。每一次新的飞跃都回顾这一时期，并被它重燃火焰"[2]。

经文作为最早的教学读本，传之者多有解说注释，这些解说注释的文字，从传述的角度则称为"传"，从解说的角度则称为"说"，从记录的角度则称为"记"。后世或以传记屡入经文，此在今传本《仪礼》中多可见之，而《礼记》《大戴礼记》《周礼》皆因传述而起，至唐以后或以《礼记》代《仪礼》而僭厕五经之目，甚违经旨，故宋代朱熹特别指出，"《仪礼》，礼之根本，而《礼记》乃其枝叶"。[3] 清代经学家皮锡瑞在《经学历史》之"经学流传时代"中说：

> 孔子所定谓之经；弟子所释谓之传，或谓之记；弟子展转相授谓之说。惟《诗》、《书》、《礼》、《乐》、《易》、《春

---

[1] 张光直指出："（三代）统治阶级也可以叫做通天阶级，包括有通天本事的巫觋与拥有巫觋亦即拥有通天手段的王帝。事实上，王本身即常是巫。"张光直《考古学专题六讲（增订本）》，生活·读书·新知三联书店，2010年，第104页。又人类学家马林诺夫斯基亦曾指出："宗教里唯一专门的地方，乃是原始的灵媒；然而这不是专业，而是个人底天赋。"马林诺夫斯基《巫术科学宗教与神话》，李安宅译，中国民间文艺出版社，1986年，第76页。

[2] 卡尔·雅斯贝斯《历史的起源与目标》，魏楚雄、俞新天译，华夏出版社，1989年，第14页。

[3] 黎靖德编《朱子语类》卷八十四，中华书局，1986年，第2186页。

秋》六艺乃孔子所手定，得称为经。……汉人以《乐经》亡，但立《诗》、《书》、《易》、《礼》、《春秋》五经博士。后增《论语》为六，又增《孝经》为七。唐分三《礼》、三《传》，合《易》、《书》、《诗》为九。宋又增《论语》、《孝经》、《孟子》、《尔雅》为十三经。皆不知经传当分别，不得以传记概称为经也。[1]

又刘师培《经学教科书》第一课"经学综述"亦云：

三代之时，只有六经。六经者，一曰《易经》，二曰《书经》，三曰《诗经》，四曰《礼经》，五曰《乐经》，六曰《春秋经》。……流俗相沿，习焉不察，以传为经，以记为经，以群书为经，以释经之书为经，此则不知正名之故也。[2]

作为"该摄一切学术"的六艺经学，其内部有着严谨的系统结构，这些结构并不是随意地在事物之间建立关系。法国人类学家列维-斯特劳斯（Claude Lévi-Strauss，1908—2009）先生也曾指出："没有一门科学会把自己的领域内的结构简单地视为随便一些部件的任意配置。一种配置只有在下述两个条件下才会结构化：本身是一个受内聚力支配的系统；这种内聚力在对孤立系统的观察中难以看到，但对于转换的研究却可以揭示它；转换可以让我们从表面上殊异的系统中看到相似的特征。"[3] 这对我们讨论礼经的仪式结构是很有启发意义的。

---

[1] 皮锡瑞《经学历史》，中华书局，2004年，第39页。
[2] 刘师培《刘申叔遗书》，江苏古籍出版社，1997年，第2074页。
[3] 克洛德·列维-斯特劳斯《结构人类学》，张祖建译，中国人民大学出版社，2006年，第483—484页。

一 六经之礼——《仪礼》

1.《仪礼》的产生与传承

作为关乎人类文明行为方式的理想范式，礼仪表达的经典建构正是在轴心时代完成的。清江藩《经解入门》云："上古无经名，《礼记》以'经解'名篇，实为'经'名所自始。"[1] 按《礼记·经解》云：

> 入其国，其教可知也。其为人也，温柔敦厚，《诗》教也；疏通知远，《书》教也；广博易良，《乐》教也；絜静精微，《易》教也；**恭俭庄敬，《礼》教也**；属辞比事，《春秋》教也。[2]

这里的《礼》即指以记录仪式为主的《仪礼》。法国社会学家爱弥尔·涂尔干（Émile Durkheim，1858—1917）先生指出：

> 仪式是各种行为准则，它们规定了人们在神圣对象面前应该具有怎样的行为举止。[3]

英国当代人类学家菲奥纳·鲍伊（Fiona Bowie）先生也曾指出：

> 仪式力图将人类存在之最核心的和最基本的窘境付诸行

---

[1] 江藩《经解入门》，华东师范大学出版社，2010年，第5页。
[2] 孔颖达《礼记正义》，上海古籍出版社，2008年，第1903页。
[3] 爱弥尔·涂尔干《宗教生活的基本形式》，渠东、汲喆译，上海人民出版社，1999年，第48页。

动并加以处理——连续性与稳定性，成长与生育力，死亡与
不朽或超越。这是仪式转变人与地位（赋予人们以力量）的潜
能。……象征和神圣的物体，在仪式中不仅通过操作增强了表
演，而且传达了有关个人、社会和宇宙之本性的信息。仪式绝
非宗教行为的附带现象，而是人类文化必不可少的内容。[1]

叶舒宪先生也总结说：

用现代人类学的眼光来看，所谓"礼"，乃是自史前社会
的部落宗教仪式发展而来的礼仪———种象征性的符号行为；
而所谓"乐"，最初也不过是配合宗教仪式行为而进行的另一
种象征性的符号行为。[2]

作为六经的践行落实，礼经的重要性也一直受到学人的强调。
《汉书·礼乐志》云：

六经之道同归，而《礼》《乐》之用为急。治身者斯须忘
礼，则暴嫚入之矣；为国者一朝失礼，则荒乱及之矣。人函
天地阴阳之气，有喜怒哀乐之情。天禀其性而不能节也，圣
人能为之节而不能绝也，故象天地而制礼乐，所以通神明、
立人伦、正情性、节万事者也。[3]

正因为礼乐（通常以乐附礼）是"象天地而制"，故孔子有

[1] 菲奥纳·鲍伊《宗教人类学导论》，金泽、何其敏译，中国人民大学出版社，
2004年，第184页。
[2] 叶舒宪《中国神话哲学》，中国社会科学出版社，1992年，第3页。
[3] 班固《汉书》，中华书局，1962年，第1027页。李亦园在《说仪式》中认为，
现代研究者把仪式分为两类，"一类称为'世俗的仪式'（secular ritual），另一
类则是'神圣的仪式'（sacred ritual）；前者即指与人的沟通，后者则是与神
的沟通"。李亦园《文化与修养》，九州出版社，2013年，第176—177页。其
实在礼学仪式中，世俗与神圣二者并没有本质的区别，二者都是关乎终极本体
的信仰在身体行为上的呈现。

"百世可知"之论。也就是说，《仪礼》作为经书，奠定了中华文明中"礼仪之帛"的"经轴筘齿"，其后历代"穿经打纬"的时变展开，其正者皆必因此而增广延续。

在先秦文献中，《礼记》《大戴礼记》《左传》《国语》《逸周书》《战国策》《荀子》《商君书》《吕氏春秋》等多载有先王、圣人"制礼"之说，审其具论，则多为三代（或加虞舜为四代）开国君王[1]，唯《礼记·明堂位》特揭周公制礼之迹：

> 昔殷纣乱天下，脯鬼侯以飨诸侯，是以周公相武王以伐纣。武王崩，成王幼弱，周公践天子之位，以治天下。六年，朝诸侯于明堂，制礼作乐，颁度量而天下大服。七年，致政于成王。[2]

礼作为个体的生活体知与群体的行为共识，当遍布共同体所有的个体及群体生活，而寻绎其荦荦大者，固当以开国君王的规制为一代礼典。《礼记·乐记》云："王者功成作乐，治定制礼。"[3] 这也是孔子提及的夏礼、殷礼及周礼传承之缘起[4]，而周礼作为以

---

[1]《大戴礼记·少间》："昔虞舜以天德嗣尧，布功散德制礼。"方向东《大戴礼记汇校集解》，中华书局，2008年，第1158页。《左传·哀公七年》："周之王也，制礼。"阮元校刻《十三经注疏·春秋左传正义》，台湾艺文印书馆，2001年，第1009页。《战国策·赵二》："及至三王，观时而制法，因事而制礼。"张清常、王延栋《战国策笺注》，南开大学出版社，1993年，第474页。《荀子·大略》："三王既已定法度，制礼乐而传之。"梁启雄《荀子简释》，中华书局，1983年，第385页。

[2] 孔颖达《礼记正义》，上海古籍出版社，2008年，第1261页。又《左传·文公十八年》亦提及"先君周公制周礼"。阮元校刻《十三经注疏·春秋左传正义》，台湾艺文印书馆，2001年，第352页。

[3] 孔颖达《礼记正义》，上海古籍出版社，2008年，第1479页。

[4]《礼记·中庸》载孔子曰："吾说夏礼，杞不足征也。吾学殷礼，有宋存焉。吾学周礼，今用之，吾从周。"孔颖达《礼记正义》，上海古籍出版社，2008年，第2039页。

东周（前 770—前 256）为代表的轴心时代所承用的礼典，为诸书所共尊，盖亦情理与事实中皆所当有之义。唯东周以降，"礼乐征伐自诸侯出"，中国历史上"封土建国"的大一统"封建"体制开始瓦解，至秦始皇重新统一天下（前 221），遂开启了长达二千多年的以垂直管理为特征的"帝国"体制。作为中国文化史上的第一部礼制文献——《仪礼》，就是在东周这一背景下成书的。

鲁襄公二十九年（前 544）吴公子季札观乐于鲁，叹为观止。鲁昭公二年（前 540）晋大夫韩宣子访鲁观书，亦赞叹"周礼尽在鲁矣!"。但至鲁哀公（前 494—前 468 在位）时已不知丧礼矣。《礼记·杂记下》：

> 恤由之丧，哀公使孺悲之孔子学士丧礼，《士丧礼》于是乎书。[1]

这里的《士丧礼》，后世学者皆以为即今传世的《仪礼·士丧礼》，盖孔子"以诗书礼乐教"[2]，传述六艺，而礼经在焉。按先秦时期《仪礼》仅称《礼》《士礼》《礼经》《礼记》，《仪礼》一名最早见于《论衡·谢短》，《后汉书·儒林传》所载传主亦用之，至汉末郑玄注三礼，乃得行世。学人多以为其书裁成于孔子，盖因其早厕经目且为世所重。然推其渊源所自，则或当如朱熹所论："《仪礼》，不是古人预作一书如此。初间只是以义起，渐渐相袭，行得好，只管巧，至于情文极细密、极周经处，圣人见此意思好，故录成书。"[3] 沈文倬先生亦指出："如果认识到有了事实才有可

---

[1]　孔颖达《礼记正义》，上海古籍出版社，2008 年，第 1674 页。
[2]　司马迁《史记·孔子世家》，中华书局，2013 年，第 2335 页。
[3]　黎靖德编《朱子语类》卷八十五，中华书局，1986 年，第 2194 页。

能对事实进行记录，那么，上文所论证的由礼物、礼仪构成的各种礼典早已存在于殷和西周时代，而‘礼书’则撰作于春秋之后，就没有什么可以怀疑的了。"[1]

《汉书·艺文志》云：

> 汉兴，鲁高堂生传《士礼》十七篇。讫孝宣世，后仓最明，戴德、戴圣、庆普皆其弟子，三家立于学官。[2]

按汉初鲁国高堂生传《士礼》十七篇于萧奋，奋传孟卿，卿传后仓、闾丘卿，仓传戴德、戴圣、庆普等，其中二戴、庆普三家在西汉宣帝（前74—前49在位）时皆立于学官。

又鲁恭王（？—前128）坏孔子宅而得古文礼五十六篇，其中有十七篇与传本相似，另有逸礼三十九篇[3]，此古文《礼》虽经刘歆倡议而于汉平帝（前1—6在位）时立于学官，然其后盖因师说式微而亡佚，故汉末郑玄整合今古文之注，尤为世所重。曹魏时期，《周礼》《礼记》与《仪礼》并立学官，《仪礼》盖因仪式近古而远于时用，渐不为世重，如唐代韩愈即云："余尝苦《仪礼》难读，又其行于今者盖寡，沿袭不同，复之无由。考于今诚

---

[1] 沈先生在其《〈周代城市生活图〉编绘计划》中亦云："《礼记·郊特牲》上说：'孺悲学士丧于孔子，《士丧礼》于是乎书。'可见孔子以前是'不书'的。从这一点上推论，《仪礼》是成于孔子的弟子或再传弟子之手。制作年代大约在春秋战国间；但是因为它是贵族相沿演习的、相承不替的仪节，仍可信为是西周初年的一种制度和仪节。"沈文倬《菿闇文存》，商务印书馆，2006年，第8、1011页。

[2] 班固《汉书》，中华书局，1962年，第1710页。

[3] 清邵懿辰认为："夫'经礼三百，曲礼三千'。《仪礼》所谓经礼也，周公所制，本有三百之多，至孔子时，即礼文废阙，必不止此十七篇，亦必不止如《汉志》所云五十六篇而已也，而孔子所为定《礼》《乐》者，独取此十七篇以为教，配六艺而垂万世，则正与冠、昏、丧、祭、射、乡、朝、聘八者为天下之达礼耳。"皮锡瑞深表赞同。参皮锡瑞《经学通论·三礼》，中华书局，2017年，第266页。

无所用之。"[1] 故唐初孔颖达奉敕修"五经正义",即以《礼记》取代了《仪礼》的地位,宋以后官学略相沿承,而《仪礼》之学亦渐趋式微。

唐贾公彦撰《仪礼疏》十七卷,南宋时与郑注合刊为《仪礼注疏》,其后大行,至今仍为最权威的《仪礼》注本。

《仪礼》十七篇排序,大小戴及庆普所传不同,其中前二者见载于贾公彦《仪礼疏》所引之郑玄《三礼目录》,郑玄以刘向所定者"皆尊卑吉凶次第伦叙",故用之,是即今传本目序。

大戴:士冠第一、士昏第二、士相见第三、士丧第四、既夕第五、士虞第六、特牲第七、少牢第八、有司彻第九、乡饮酒第十、乡射第十一、燕礼第十二、大射第十三、聘礼第十四、公食第十五、觐礼第十六、丧服第十七。

小戴:士冠第一、士昏第二、士相见第三、乡饮酒第四、乡射第五、燕礼第六、大射第七、士虞第八、丧服第九、特牲第十、少牢第十一、有司彻第十二、士丧第十三、既夕第十四、聘礼第十五、公食第十六、觐礼第十七。

别录:士冠第一、士昏第二、士相见第三、乡饮酒第四、乡射第五、燕礼第六、大射第七、聘礼第八、公食第九、觐礼第十、丧服第十一、士丧第十二、既夕第十三、士虞第十四、特牲第十五、少牢第十六、有司彻第十七。

1959 年出土的武威汉简《仪礼》残本存《士相见》《特牲》《少牢》《有司》《燕礼》《泰射》《丧服》七种,其序与三者又不

---

[1] 屈守元、常思春《韩愈全集校注·读〈仪礼〉》,四川大学出版社,1996 年,第 2724 页。

同，陈梦家先生以为当是西汉末年至新莽之际所传的庆氏《礼》[1]。从主体的冠婚丧祭及修齐治平的人生历程而言，则当以大戴所传目序最有理致，且合于《礼记·礼运》所载"冠、昏、丧、祭、射、御［乡］、朝、聘"之序。又《论衡·谢短》谓："宣帝时，河内女子坏老屋，得佚《礼》一篇。"又云《仪礼》"见在十六篇"[2]，则四家传礼盖皆为十七篇，而明显在体例上非"经礼"的《丧服》屡入其中，疑即王充所谓的"佚《礼》一篇"，以宣帝尤重经学而为诸博士引入"礼经"。盖东汉初年学人犹明其本末，然至郑玄注《仪礼》后遂"往而不返"矣。

2.《仪礼》所载典礼结构说

金泽先生曾总结云：

> 出生、成年、婚姻、死亡作为人生重要关节点……本质上是个体生物学运动的不同阶段。然而它们在人类文化中早已被"社会化"了。人们生而有之的权利或说随生理转变而具备的能力，不等于社会承认的权利。一个人即使在生理上已经成熟，但若不经过成年礼，他或她就没有权利结交异性朋友。两个人即使有了性生活，但若不举行婚礼，人们也不称之为夫妻。当一个人瞑目身亡之际，他的生命之钟已经停

---

[1] 中国科学院考古研究所、甘肃省博物馆编《武威汉简》，文物出版社，1964年，第14页。

[2] 黄晖《论衡校释》，中华书局，1990年，第560页。

摆，可是只有经过一系列繁复的仪式，他才"正式"离开亲友。通过仪式总是伴随着相应的生理转变，并以之为前提，但其真正的意义却在于社会方面。只有通过一定的仪式，一个人才能完成某种社会角色的转变，或说这种转变最终得到了社会的确认。由此一个人才能以一种新的社会角色行使其权利并履行义务。[1]

对于人生而言，除了出生、成年、婚姻、死亡，还有因修齐治平而延伸出来的重要节点，如成为宾客、家长、国君、天子等等所带来的系于群体性的重要节点，这些节点的主体"过渡仪式"皆是由诸多礼学要素构成的复杂行为过程。

对过渡礼仪结构模式的理解，以现代人类学家的"阈限"解读最为明了（参第一讲"礼的践行"节）。下引《仪礼·士冠礼》文本（为免烦琐，仅依原文之序而略取其核心仪式和说明）为例，酌加"【】"文字和"★"以作为结构及变礼的提示。

【阈限前礼仪】

【礼术】筮于庙门。……旅占，卒，进，告吉。★若不吉，则筮远日，如初仪。……前期三日，筮宾，如求日之仪。

【礼器】主人戒宾……乃宿宾。……宿赞冠者一人，亦如之。

厥明夕，为期于庙门之外。……告事毕。摈者告期于宾之家。夙兴，设洗……陈服于房中西墉下。

【阈限礼仪】

将冠者采衣，紒，在房中，南面。

---

[1] 金泽《宗教禁忌》，社会科学文献出版社，1998年，第163—164页。

将冠者出房，南面。……将冠者即筵坐。……栉，设缅。……乃祝……冠者兴，宾揖之，适房，服玄端，爵韠，出房，南面。

宾揖之，即筵坐，栉，设笄。……祝、加之，如初。……兴，宾揖之，适房，服素积、素韠，容，出房，南面。

宾降三等，受爵弁，加之。服纁裳、韎韐，其他如加皮弁之仪。

冠者就筵，筵西，南面。……受醴。……冠者即筵坐，左执觯，右祭脯醢，以柶祭醴三；兴；筵末坐，啐醴，建柶，兴；降筵。坐奠觯拜，执觯兴……冠者奠觯于荐东，降筵。

【阈限后礼仪】

北面坐取脯，降自西阶，适东壁，北面见于母。母拜，受。子拜，送。母又拜。

宾字之，冠者对。

冠者见于兄弟，兄弟再拜，冠者答拜。见赞者，西面拜，亦如之。入见姑、姊，如见母。

乃易服，服玄冠、玄端、爵韠。奠挚，见于君。遂以挚见于乡大夫、乡先生。

【变礼】

★若不醴，则醮用酒。……★若杀，则特豚，载合升，离肺实于鼎，设扃鼏。……

★若孤子，则父兄、戒宿。冠之日，主人纷而迎宾。拜，揖，让，立于序端。皆如冠主……★若杀，则举鼎陈于门外，直东塾，北面。

★若庶子，则冠于房外，南面，遂醮焉。

★冠者母不在，则使人受脯于西阶下。

【礼器之文器】戒宾曰："某有子某，将加布于其首，愿吾子之教之也。"……

【礼器之物器】屦，夏用葛。……★冬皮屦可也。不屦繐屦。

记——冠义：

【礼器之物器礼义】始冠，缁布之冠也。大古冠布，齐则缁之。

适子冠于阼，以著代也。醮于客位，加有成也。三加弥尊，谕其志也。

【礼器之文器礼义】冠而字之，敬其名也。

委貌，周道也；章甫，殷道也；毋追，夏后氏之道也。周弁，殷冔，夏收。三王共皮弁素积。

【礼器之名器礼义】无大夫冠礼，而有其昏礼。古者五十而后爵，何大夫冠礼之有？公侯之有冠礼也，夏之末造也。天子之元子犹士也，天下无生而贵者也。继世以立诸侯，象贤也。以官爵人，德之杀也。[1]

由这段经文可以看出，其文本载述虽涉及礼学诸要素（礼乐[2]、礼法可视为因共识而省略），但明显是以礼仪为主、礼器次之的，因为此二者是礼生态中最突出的显性要素，故文献中的

---

[1] 贾公彦《仪礼注疏》，上海古籍出版社，2008年，第4—81页。

[2] 《孔子家语·冠颂》曰："行冠事必于祖庙，以祼享之礼以将之，以金石之乐节之。"杨朝阳、宋立林主编《孔子家语通解》，齐鲁书社，2009年，第385页。

"礼"与"礼仪"二词不对举时往往可以互换理解。另外，"记"中所谓"德之杀也"，则明示儒家不赞成公侯世袭而别置冠礼，即认为"夏之末造"的"公侯冠礼"是非礼的，以"天子之元子犹士也，天下无生而贵者也"。这可以理解为在冠礼上，只有一种仪式结构类型，而没有尊卑等差之别，公侯冠礼虽然出现于三代封建之际，但在儒家天经地义的道德《仪礼》中已因其不合礼而弃之。

从《士冠礼》的文本结构中还可以看出，这里有些不尽合理的穿插表达，也有一些省略甚至遗漏的内容。如《礼记·冠义》即有补充总义和部分分义：

> 凡人之所以为人者，礼义也。礼义之始，在于正容体，齐颜色，顺辞令。容体正，颜色齐，辞令顺，而后礼义备，以正君臣，亲父子，和长幼。君臣正，父子亲，长幼和，而后礼义立。故冠而后服备，服备而后容体正，颜色齐，辞令顺。故曰：冠者，礼之始也。是故古者圣王重冠。
>
> 古者冠礼：筮日、筮宾，所以敬冠事。敬冠事所以重礼，重礼所以为国本也。
>
> 故冠于阼，以著代也。醮于客位，三加弥尊，加有成也。
>
> 已冠而字之，成人之道也。
>
> 见于母，母拜之；见于兄弟，兄弟拜之，成人而与为礼也。
>
> 玄冠玄端，奠挚于君，遂以挚见于乡［卿］大夫、乡先生，以成人见也。[1]

---

[1] 孔颖达《礼记正义》，上海古籍出版社，2008 年，第 2269—2270 页。

是知士冠礼之总义在于"人之所以为人"的主体"成人",故其具目的设计皆与此相关。然观《冠义》所载,其于晬醴、拜母、易服诸义,仍有未及;其于礼器中的用醴用酒之义亦未有揭示。又据礼意要求,主人、嘉宾皆有斋戒要求,而未及冠礼主体,盖此仪节显然是因共识而被省略或遗漏了。当然,这些在礼例学研究中也多有揭示,如清中叶礼学家凌廷堪即撰有《礼经释例》,设通例及饮食、宾客、射例、变例、祭例、器服、杂例等八目,对《仪礼》中的礼例加以总结,以补各典礼中的缺省仪物。礼学家曹元弼先生(1867—1953)著《礼经学》一书,亦从经例的角度对此加以总结,皆大有功于对《仪礼》所载礼典的理解。但这并不妨碍处于当代的我们回到主体的视角去思考如何更好地表达和记录人类的这些典礼仪式。

礼仪虽"可以义起",但作为人类生存共性的礼义呈现,其在礼生态中属于比较稳定的"经线"存在,而礼器则因主体生存条件的变化而有随时随地变化的特点,故在礼生态中属于随时变化的"纬线"存在。《礼记·乐记》云:"故知礼乐之情者能作,识礼乐之文者能述。"这里所谓的"礼乐之情"即礼意,"礼乐之文"即礼义与礼仪,明此结构则可以复原一些早期的典礼仪式。唐启翠先生曾总结云:

> 早在 20 世纪初,法国学者葛兰言和中国学者闻一多不约而同用神话仪式理论研究《诗经》,强调乡村仪式活动的社会生命力,在"礼""野"双向互动中,从乡野生灵看礼仪之根,重新勾勒上古节庆礼仪衍变。郑振铎运用弗雷泽《金枝》所揭示的巫师五祭祀原理研究与复原《汤祷篇》中的神圣仪式场景。20 世纪 40 年代,葛兰言的弟子凌纯声用比较神话学

和考古人类学视野研究，还原《国殇》《礼魂》与馘首祭枭仪式的关系。文学典籍的神话仪式研究思路已经彰显出独特魅力。到 20 世纪 80 年代，随着神话–原型理论引入与研究热潮的兴起，以《中国神话哲学》对中国文化系统生成转换规则的内在模式和神话原型的构拟为先声，萧兵、叶舒宪、王子今、臧克和诸先生对中国上古典籍如《中庸》《楚辞》《诗经》《老子》《庄子》《山海经》《史记》《说文解字》进行的人类学的跨文化阐释实践，在学界影响甚大，泽被后学，对认识和发掘潜藏在中国早期经典文本叙事深层的文化编码，具有示范意义。[1]

现代人类学对仪式原型（略同礼义）的追问创获甚多，这对传统礼仪重建具有重要的参考意义。

3.《仪礼》全貌蠡测

《礼记·礼运》云：

> 夫礼必本于天，动而之地，列而之事，变而从时，协于分艺。其居人也曰养［义］，其行之以货力、辞让、饮食、冠昏、丧祭、射御［乡］、朝聘。[2]

面向丰富多彩的生活对境，礼义目次也必然要覆盖周延，才能允符其作为主体行为方式的典范之实，先秦礼书于此亦颇有概括：

---

[1] 唐启翠《礼制文明与神话编码——〈礼记〉的文化阐释》，南方日报出版社，2010 年，第 19 页。
[2] 孔颖达《礼记正义》，上海古籍出版社，2008 年，第 940 页。

　　　　故经礼三百，曲礼三千，其致一也。未有入室而不由
　　户者。[1]

　　　　礼仪三百，威仪三千，待其人然后行。[2]

　　　　礼经三百，威仪三千。机其文之变也。[3]

　　这里的"三百"是指在人生重要节点举行的组合性礼仪表达，也称典礼（如冠、昏、丧、祭、射、乡、朝、聘等），而"三千"则是指礼仪活动发出的具体动作，也称容礼（如行之以货力、辞让、饮食等），其数虽未必尽为实指，其量却略合人心感受。然自汉以来所传的《仪礼》仅有十七篇，究其对应典礼，则仅足成十三种而已[4]，此固非轴心时代的礼仪全貌。《周礼·春官宗伯》大宗伯职载有五礼下的二级目次二十九类，这是先秦文献中唯一载述的二级分目层次上的典礼全貌。至于五礼分部，又自有其宇宙论依据，《大戴礼记·本命》云："礼之象五行也，其义四时也。"[5]

　　表 4 为《仪礼》十三目在《周礼》五礼目次中的对应情况。

───────────────

[1]　孔颖达《礼记正义·礼器》，上海古籍出版社，2008 年，第 986 页。

[2]　孔颖达《礼记正义·中庸》，上海古籍出版社，2008 年，第 2032 页。

[3]　方向东《大戴礼记汇校集解·本命》，中华书局，2008 年，第 1292 页。

[4]　《仪礼》中《士丧礼》《既夕礼》《士虞礼》三篇为同一典礼"丧礼"的三段分篇。《少牢馈食礼》与《有司彻》是同一典礼"祭礼"的两段分篇，而《丧服》则是传述名器而羼入正文的篇章。又《大射仪》为《燕礼》之延伸，《乡射礼》为《乡饮酒礼》之延伸，《公食大夫礼》为《聘礼》之延伸，三者似为同一典礼的两段，于礼似亦可合而论之。沈文倬据出土文献及传世文献证佚礼篇目多种，如郊礼、社礼、殷礼、烝礼、朝礼、飨礼等。参沈文倬《菿闇文存》，商务印书馆，2006 年，第 9—20 页。然以此加上《仪礼》所载十三种，亦不足二十目而已。

[5]　方向东《大戴礼记汇校集解》，中华书局，2008 年，第 1292 页。

表 4

五礼	《周礼·春官宗伯》具目	《仪礼》目
吉礼	禋祀：祀昊天上帝 实柴：祀日、月、星、辰 槱燎：祀司中、司命、飌师、雨师	
	血祭：祭社稷、五祀、五岳 貍沉：祭山林川泽 疈辜：祭四方百物	
	肆献祼享：享先王 馈食：享先王 祠礿尝烝：春夏秋冬享先王	少牢馈食礼第十六+有司彻第十七 特牲馈食礼第十五
凶礼	丧礼：哀死亡	士丧礼第十二+既夕礼第十三+士虞 礼第十四［丧服第十一］
	荒礼：哀凶札	
	吊礼：哀祸灾	
	禬礼：哀围败	
	恤礼：哀寇乱	
宾礼	朝宗觐遇：春夏秋冬见天子	觐礼第十
	会同：时见、殷见	士相见礼第三
	聘眺：时问、殷覜	聘礼第八
军礼	大师：用众	
	大均：恤众	
	大田：简众	
	大役：任众	
	大封：合众	
嘉礼	饮食：亲宗族兄弟	
	冠礼：成男女	士冠礼第一
	昏礼：亲男女	士昏礼第二
	宾射：亲故旧朋友	大射仪第七 乡射礼第五

续表

五礼	《周礼·春官宗伯》具目	《仪礼》目
嘉礼	飨燕：亲四方之宾客	燕礼第六 公食大夫礼第九 乡饮酒礼第四
	脤膰：亲兄弟之国	
	贺庆：亲异姓之国	

按《仪礼》所载多为以士为主体的礼[1]，《周礼》所述五礼则是以天子为主体的礼，而轴心时代的完整典礼形态仅存《仪礼》诸目，故后世学人颇欲"推士礼而致于天子"[2]，此在历代礼制文献中皆有落实。然若透过《周礼》的文本表象而对境其现实世界，则知其细目仍有未安者，这首先表现在其分目层级不一上：

吉礼以存有对象分为天地人三目，前二目中又以对象轻重分为大中小三级，至于"人鬼"因对象确定不可再分，遂因主人的时空异变来区分三级（献、荐、告）。

凶礼、军礼以对象各分五目，最为简要，但没有明确其践行中的大中小之级差。

宾礼以对象分三等，每等又因时空异变而分四或二级。

嘉礼标准最乱：脤膰是吉礼之阈后延伸。飨燕是宾礼的阈限呈现，宾射是飨燕的阈后延伸。贺庆有二义，即为他人与为自己，前者当是宾礼的一种，为自己才是主体的礼仪展开，而相应的饮食典礼则是贺庆的阈限呈现。除冠婚外皆非孤立举行的典礼，当各归其类，似不宜混置于一目中。

礼仪作为主体"事神致福"的践行方式，其对境展开固当随

---

[1] 分别是《士冠礼》《士昏礼》《士丧礼》《既夕礼》《士虞礼》《特牲馈食礼》《士相见礼》《乡射礼》。这里"士"的初义当指春秋以前宗法时代已无再行分封权力的"最低级的王族"，东周时期，儒家思想中的士则指道德上能自行修身之人。

[2] 班固《汉书·艺文志》，中华书局，1962年，第1710页。

主体生命的时空展开而展开，即以人生重要节点的典礼而言，其经线展开当以生、成、婚、丧、祭为闭环，而穿插具有重要意义的宾接、事功等行为；其展开细目则当以儒家修齐治平的生命进境为依据，而穿插相关的重要活动行为。表5略示五级等差制度（天子、公卿、大夫、士、庶）中的天子与士二级典礼的简易构拟。

表5

	天子	士
嘉	生：（同士） 成：（同士） 婚：六礼 贺庆 事功：登基、顾命、册命、册封（后）、籍田、亲桑（后）、颁朔、奠基、落成、大傩	生：男、女 成：男冠、女笄 婚：六礼 贺庆 事功：册命（任职）、受徒（拜师）、出行（饯行）、归家（接风）、奠基、落成、搬迁、开墓
军	大师：命将、誓师、祃祭、决战*、受降、献捷（归至［亲征］） 大均 大田 大役 大封	［决斗］ 诉讼 调解
宾	巡狩**：宾见＋飨燕＋大射（游戏） 会同（时见、殷见）：宾见＋飨燕＋大射（游戏） 聘眺（时问、殷视）：宾见＋飨燕＋大射（游戏）	拜访：宾见＋宴饮＋文射、送行、接风 结拜：盟誓等 寄赠
凶	丧：己薨 灾荒：凶札（荒）、祸灾（吊）、围败（禬）、寇乱（恤）	丧：己死 患难相恤 守望相助
吉	天神：昊天上帝（禋祀）、日月星辰（实柴）、司中司命风师雨师（槱燎）、年节、高禖 地祇：社稷五祀五狱（血祭）、山林川泽（貍沉）、四方百物（疈辜） 人鬼：祖祢（肆献祼享、馈食、祠礿尝烝）	天神：年节、高禖 地祇：五祀、杂祀 人鬼：祖祢（献、奠、告）

    * 军礼的核心阈限当为"决战"，若"两军交战，不斩来使""不鼓不成列""不伤二毛""不重伤"等等，皆军中之曲礼也。

    ** 《周礼》五礼之宾礼原收有"朝宗觐遇"一目，指诸侯春夏秋冬四季朝拜天子之礼，然从礼的主体性论之，宾礼以客为主体，故其当属诸侯礼。今所拟宾礼三目，巡狩为显主（主体参与），后二目为隐主（主体不参与）。

据此五级等差典礼的可能节目，则或及于三百之数，此于后世的礼论著作中也颇有论及。

另外，作为常礼的曲礼也当纳入《仪礼》之目。《礼记·曲礼上》孔颖达疏云："以其屈曲行事则曰曲礼，见于威仪则曰仪礼。"并引陆德明《经典释文·礼记音义》云："曲礼者，是仪礼之旧名，委曲说礼之事。"[1] 又因为曲礼是"依据自己的等级身份在每个仪节上表演最适当的仪容动作"[2]，或称容礼。《汉书·儒林传》："汉兴，鲁高堂生传《士礼》十七篇，而鲁徐生善为颂。孝文时，徐生以颂为礼官大夫。"[3] 又《周礼·地官司徒》保氏职：

> 保氏，掌谏王恶。而养国子以道……乃教之六仪，一曰祭祀之容，二曰宾客之容，三曰朝廷之容，四曰丧纪之容，五曰军旅之容，六曰车马之容。[4]

此中所谓容礼主要是指参加典礼时主体的行为细节，汉代贾谊《新书·容经》对此有更为具体的分疏。其实容礼不仅用于典礼，也用于主体日常生活的非典礼对境，此在《礼记》之《曲礼上》《曲礼下》《内则》《玉藻》《少仪》，《管子》之《弟子职》，及上博简《内礼》《君子为礼》等文献中皆有集中的载录。《礼记·礼运》用"行之以货力、辞让、饮食"概之，亦不能备；民国初年以后，学人多以衣食住行为"民生四要"，略为殊胜。审衣食住行之词义，盖可以广狭二义来加以理解，狭义指衣服、食物、

---

[1] 孔颖达《礼记正义》，上海古籍出版社，2008 年，第 5 页。

[2] 沈文倬《菿闇文存》，商务印书馆，2006 年，第 24 页。

[3] 颜师古注："颂读与容同。"又引苏林曰："《汉旧仪》有二郎为此颂貌威仪事。有徐氏，徐氏后有张氏，不知经，但能盘辟为礼容。天下郡国有容史，皆诣鲁学之。"班固《汉书》，中华书局，1962 年，第 3615 页。

[4] 贾公彦《周礼注疏》，上海古籍出版社，2010 年，第 499 页。

住宅和出行交通工具，广义则指穿衣、饮食以及夜息居住和昼行劳作四目，即涵概民众的基本生活需求和生存状况。费孝通在《乡土中国》"礼制秩序"一节中说：

> 文化本来就是传统，不论那一个社会，绝不会没有传统的。衣食住行种种最基本的事务，我们并不要事事费心思，那是因为我们托祖宗之福，——有着可以遵守的成法。[1]

"衣食住行"之具有终极关怀的相关活动即与传统礼仪分类中的曲礼（今称常礼）内容略相一致，这一概括也与《荀子·修身》所提到的"食饮、衣服、居处、动静，由礼则和节，不由礼则触陷生疾"四目一致[2]，盖亦渊源有自。

二 礼器专释——《周礼》

《周礼》为西汉时期河间献王刘德（？—前130）所得先秦古文旧书之一[3]，本名《周官》。唐陆德明《经典释文》序录述此稍详：

> 景帝时，河间献王好古，得古礼献之。或曰：河间献王开献书之路，时有李氏上《周官》五篇，失事官一篇，乃购千金，不得，取《考工记》以补之。[4]

---

[1] 费孝通《乡土中国》，人民出版社，2008年，第61—62页。
[2] 梁启雄《荀子简释》，中华书局，1983年，第15页。
[3] 《汉书·景十三王传》："献王所得书皆古文先秦旧书，《周官》、《尚书》、《礼》、《礼记》、《孟子》、《老子》之属，皆经传说记，七十子之徒所论。"班固《汉书》，中华书局，1962年，第2410页。
[4] 陆德明《经典释文》，中华书局，1983年，第11页。又《后汉书·儒林传》谓孔安国所献古文经中有《周官经》，盖不足据，孙诒让谓之"并误会郑恉，妄滋异论"。孙诒让《周礼正义》，中华书局，1987年，第5页。

《汉志》收有《周官经》六篇，《周官传》四篇。至王莽新朝（9—23）时，刘歆奏置博士，乃有《周礼》之名[1]。贾公彦《周礼注疏》"序周礼废兴"引马融《周官传》云：

> 秦自孝公已下，用商君之法，其政酷烈，与《周官》相反。故始皇禁挟书，特疾恶，欲绝灭之，搜求焚烧之独悉，是以隐藏百年。孝武［惠］帝始除挟书之律，开献书之路，既出于山岩屋壁，复入于秘府，五家之儒莫得见焉。至孝成皇帝，达才通人刘向子歆，校理秘书，始得列序，著于《录》、《略》，然亡其《冬官》一篇，以《考工记》足之。时众儒并出共排，以为非是。[2]

知"考工记"入于《周礼》，初即有争议，且既名为"记"，亦与五官之制不同，后世亦颇疑之。至郑玄注"三礼"亦用《周礼》之名，后世行之。

关于《周礼》的成书，历来众说纷纭。检最早载录其书者当为《史记·周本纪》，而《史记·鲁周公世家》同载而叙事最简：

> 成王在丰，天下已安，周之官政未次序，于是周公作《周官》，官别其宜。[3]

南朝宋裴骃集解注此为《尚书·周官》篇，文献多称为成王《周官》，以区别于《周礼》本名的《周官》。审二者似当有些必然的关联，以成王时周公制礼是有周八百年间学人的基本共识。

---

[1] 荀悦《汉纪·孝成皇帝纪》："歆以《周官》十六篇为《周礼》，王莽时，歆奏以为《礼经》。置博士。"荀悦、袁宏《两汉纪》，中华书局，2017年，第435页。按"十六"之"十"字衍。

[2] 贾公彦《周礼注疏》，上海古籍出版社，2010年，第5页。

[3] 司马迁《史记》，中华书局，2013年，第1833页。

故首次重视《周官》并引以为"周礼"的刘歆在晚年更提出"周公致大平之迹，迹具在斯"[1]，而郑玄则误以此为"经礼"本身[2]。

按今存《周礼》内容，以天地四时统系一级官职目次，具有明确的"本于大一，分而为天地，转而为阴阳，变而为四时"的"官制象天"特征，依此设置二级官职三百六十员，各载其具体职守。《周礼·天官冢宰》小宰之职云："以官府之六属举邦治。一曰天官，其属六十，掌邦治，大事则从其长，小事则专达；二曰地官，其属六十，掌邦教，大事则从其长，小事则专达；三曰春官，其属六十，掌邦礼，大事则从其长，小事则专达；四曰夏官，其属六十，掌邦政，大事则从其长，小事则专达；五曰秋官，其属六十，掌邦刑，大事则从其长，小事则专达；六曰冬官，其属六十，掌邦事，大事则从其长，小事则专达。"[1] 下辑今存《周礼》六官内容概略，可相比证：

---

[1] 贾公彦《周礼注疏》，上海古籍出版社，2010年，第5—6页。

[2] 《礼记·礼器》"经礼三百，曲礼三千"郑玄注："经礼，谓《周礼》也。《周礼》六篇，其官有三百六十。曲，犹事也。事礼，谓今礼也。"孔颖达《礼记正义》，上海古籍出版社，2008年，第986页。朱熹云："郑康成注'经礼三百'，云是《周礼》；'曲礼三千'，云是《仪礼》。某尝疑之。近看臣瓒注《汉书》云，'经礼三百'，乃冠、昏、丧、祭，《周官》只是官名云云。乃知臣瓒之说，已非康成之说矣。盖'经礼三百'，只是冠、昏、丧、祭之类，如冠礼之中，便有天子冠、士冠礼，他类皆然，岂无三百事？但《仪礼》五十六篇今皆亡阙，只存十七篇，故不全尔。'曲礼三千'，乃其中之小目。如冠礼中筮日、筮宾、三加之类，又如'上于东阶，则先右足；上于西阶，则先左足'，皆是也。"黎靖德编《朱子语类》卷八十七，中华书局，1986年，第2243—2244页。《周礼正义》题疏亦辨之甚力，以为"《周礼》乃官政之法，仪礼乃礼之正经"。孙诒让《周礼正义》，中华书局，1987年，第4页。

[1] 贾公彦《周礼注疏》，上海古籍出版社，2010年，第77页。

天官（63 员）

主管官：掌国家典制制定[1]、考核及宫廷事务，如大宰、小宰、宰夫等。

事务官：如宫正、宫伯、医官、财税官等。

地官（78 员）

主管官：掌地方典制教化与考核，如司徒（舆图、户籍、赋税、物产等）、六乡（三公分治，乡下设州党族间比等行政单位）、六遂（遂下设县鄙酂里邻）、都邑（郊外旅稍委县等）。

事务官：如土地、物产、市易、粮食、畜牧、教化（如师氏、保氏、媒氏等）。

春官（70 员）

主管官：掌礼仪制度的践行，如大宗伯、小宗伯。

事务官：祭祀、丧葬、卜筮、星历、巫祝、音乐、车旗等七类。

夏官（70 员）

主管官：掌政治制度的践行，如大司马、小司马、军司马等。

事务官：赏罚、朝觐、兵戎、警卫、疆界、车马、兵器、救灾等。

---

[1] 《礼记·曲礼下》："天子建天官，先六大，曰大宰、大宗、大史、大祝、大士、大卜，典司六典。天子之五官，曰司徒、司马、司空、司士、司寇，典司五众。"孔颖达《礼记正义》，上海古籍出版社，2008 年，第 170—171 页。明六典的制定"团队"是由诸方面专家组成的。

秋官（66 员）

主管官：掌刑法制度的践行，如大司寇、小司寇、士师、乡士、遂士等。

事务官：民法、刑罚、人口、诉讼、罪犯、禁令执行。

冬官（《考工记》30 员）

主管官：掌器物工程的制作，当有大司空、小司空等职，今本无此。

事务官：《考工记》载有木工、金工、皮工、色工、艺工、泥工等。

此与小宰之职中设计的六官员数不同，盖或因古文简编错乱散佚而传者补录所致，然其大体则存而未紊，且因所存六官员数除《考工记》外仍有三百四十七员之多，故《冬官》员数亦有两种可能：一是因散佚错简而孱入其余五官中，二是因"冬闭藏万物"而隐于另五官中，盖有职无位之义。要之，天地四时的六官系统为王国运行的枢纽职能机构，其天官对内朝王宫负责，并制定规则；地官对外朝地方负责，并负责教化监督；四时官负责礼乐制度及相关礼器、礼法的执行、监督与维护。

《周礼》所存五官之序官皆首载导语："惟王建国，辨方正位，体国经野，设官分职，以为民极。"按三代之际，王有王城[1]，

---

[1] 《周礼·冬官考工记·匠人》："匠人营国，方九里，旁三门。国中九经九纬，经涂九轨。左祖右社，面朝后市，市朝一夫。"贾公彦《周礼注疏》，上海古籍出版社，2010 年，第 1663—1664 页。又《左传·隐公元年》"都城过百雉，国之害也"孔疏："《周礼·冬官考工记》'匠人营国，方九里，旁三门'，谓天子之城。天子之城方九里，诸侯礼当降杀，则知公七里，侯伯五里，子男三里。"阮元校刻《十三经注疏·春秋左传正义》，台湾艺文印书馆，2001 年，第 35—36 页。

王城"方九里"，即城墙边长为九里的正方形。由王城延伸，"方千里"内为王国[1]，王国内的居民为国人。王城外的王国以空间和人口设有乡遂两重各六级的垂直管理机构，分领兵役、人文教化与稼穑赋税。

> 遂人，掌邦之野。以土地之图经田野，造县鄙形体之法。五家为邻，五邻为里，四里为酇，五酇为鄙，五鄙为县，五县为遂，皆有地域，沟树之。使各掌其政令刑禁，以岁时稽其人民，而授之田野，简其兵器，教之稼穑。[2]

> 令五家为比，使之相保；五比为闾，使之相受；四闾为族，使之相葬；五族为党，使之相救；五党为州，使之相赒；五州为乡，使之相宾。[3]

> 军将皆命卿。二千有五百人为师，帅皆中大夫。五百人为旅，旅帅皆下大夫。百人为卒，卒长皆上士。二十五人为两，两司马皆中士。五人为伍，伍皆有长。[4]

这三个系统间可以一一对应。

> 遂 * 乡/军：12500 家/人
> 县 * 州/师：2500 家/人
> 鄙 * 党/旅：500 家/人

---

[1] 《孟子·万章下》："天子之制，地方千里，公侯皆方百里，伯七十里，子、男五十里，凡四等。不能五十里，不达于天子，附于诸侯，曰附庸。天子之卿受地视侯，大夫受地视伯，元士受地视子、男。"朱熹《四书章句集注·孟子集注》，中华书局，1983年，第316页。

[2] 贾公彦《周礼注疏·地官司徒下·遂人》，上海古籍出版社，2010年，第551—552页。

[3] 贾公彦《周礼注疏·地官司徒·大司徒》，上海古籍出版社，2010年，第367页。

[4] 贾公彦《周礼注疏·夏官司马》，上海古籍出版社，2010年，第1074页。

鄽＊族/卒：100 家/人

里＊闾/两：25 家/人

邻＊比/伍：5 家/人

此为王国之外的地方职能运行机构，是王国六官枢纽职能运行机构的地方展开。

从区域上看，在王国之外，又有九层畿服的地理延伸。《周礼·夏官司马》：

> 乃以九畿之籍，施邦国之政职。方千里曰国畿，其外方五百里曰侯畿，又其外方五百里曰甸畿，又其外方五百里曰男畿，又其外方五百里曰采畿，又其外方五百里曰卫畿，又其外方五百里曰蛮畿，又其外方五百里曰夷畿，又其外方五百里曰镇畿，又其外方五百里曰蕃畿。[1]

> 乃辨九服之邦国，方千里曰王畿，其外方五百里曰侯服，又其外方五百里曰甸服，又其外方五百里曰男服，又其外方五百里曰采服，又其外方五百里曰卫服，又其外方五百里曰蛮服，又其外方五百里曰夷服，又其外方五百里曰镇服，又其外方五百里曰藩服。[2]

"从田，幾省声"为畿，取意于近"田"（象征中心）之地义；服者用也，乃取意于可用之人义[3]。以其数计之，则王国由

---

[1] 贾公彦《周礼注疏》，上海古籍出版社，2010 年，第 1104—1105 页。

[2] 贾公彦《周礼注疏》，上海古籍出版社，2010 年，第 1279 页。

[3] 《周礼·夏官司马·大司马》"乃以九畿之籍"郑玄注："畿犹限也，自王城以外五千里为界，有分限者九。"又《夏官司马下·职方氏》"乃辨九服之邦国"郑玄注："服事天子也。"贾公彦《周礼注疏》，上海古籍出版社，2010 年，第 1105、1279 页。

"方千里"之中心辐射各五百里的九层畿服[1]，计有五千里之远，而成"方万里"的疆域。在此万里江山中辨方正位（封爵建国）、设官分职，即为《周礼》一书的根本用意与职能所在。如果对应天（空间）、地（万物）、时（时间）三分之意，则可以理解为天爵、地官、时职。爵以系土，明封建等差；官以系人，明俸禄等差；职以系物，明事务等差。《礼记·礼运》云："是故夫礼，必本于天，殽于地，列于鬼神，达于丧、祭、射、御［乡］、冠、昏、朝、聘。""是故夫礼，必本于大一，分而为天地，转而为阴阳，变而为四时，列而为鬼神，其降曰命，其官于天也。"[2]

　　乡老，二乡则公一人。乡大夫，每乡卿一人。州长，每州中大夫一人。党正，每党下大夫一人。族师，每族上士一人。闾胥，每闾中士一人。比长，五家下士一人。

　　遂人，中大夫二人。遂师，下大夫四人，上士八人，中士十有六人，旅下士三十有二人，府四人，史十有二人，胥十有二人，徒百有二十人。[3]

　　凡邦国千里，封公以方五百里则四公，方四百里则六侯，方三百里则七［十一］伯，方二百里则二十五子，方百里则百男，以周知天下。凡邦国，小大相维。王设其牧，制其职，各以其所能。制其贡，各以其所有。[4]

---

[1] 此设计与《礼记·王制》的九州"方三千里"的图式不同。又即王国与侯畿可封建诸侯的数量而言，则王国再分封后剩余空间较多，而侯畿则须再分封（即公下再分封卿，卿下再分封大夫）完毕。

[2] 孔颖达《礼记正义》，上海古籍出版社，2008 年，第 882、939 页。

[3] 贾公彦《周礼注疏·地官司徒·大司徒》，上海古籍出版社，2010 年，第 307、320 页。

[4] 贾公彦《周礼注疏·夏官司马下·职方氏》，上海古籍出版社，2010 年，第 1280—1283 页。

此谓官有公、卿、大夫、士之别，其中大夫和士又有上、中、下三等之分，计四阶八等，是为王官。爵有公、侯、伯、子、男五等之别。内朝官员数量与外朝官员数量对应兼容，可以理解为有官必有爵。《周礼·春官宗伯》典命之职：

> 掌诸侯之五仪、诸臣之五等之命。上公九命为伯[1]，其国家、宫室、车旗、衣服、礼仪，皆以九为节。侯伯七命，其国家、宫室、车旗、衣服、礼仪，皆以七为节。子男五命，其国家、宫室、车旗、衣服、礼仪，皆以五为节。王之三公八命，其卿六命，其大夫四命，及其出封，皆加一等。其国家、宫室、车旗、衣服、礼仪亦如之。[2]

由此知王之三公对应公爵，六卿对应侯、伯二爵，大夫对应子、男二爵，即官阶中的公、卿、大夫三种皆有封国（或称卿、大夫采邑为家）[3]，士采邑小于五十里则为"附庸"，或无采邑，诸官子弟袭爵就国者较立朝之父兄各加一命。

由外朝官员数量可以推知，内朝于六官之外，当有三公、三孤，此在天地六官中未加揭出。孤与卿官相应，此公、卿员数则与《礼记·王制》"天子三公、九卿、二十七大夫、八十一元士"相合。今传本伪古文《尚书·周官》云：

> 立太师、太傅、太保，兹惟三公。论道经邦，燮理阴阳。官不必备，惟其人。
>
> 少师、少傅、少保，曰三孤。贰公弘化，寅亮天地，弼予一人。
>
> 冢宰掌邦治，统百官，均四海；司徒掌邦教，敷五典，

---

[1]　"为伯"郑玄注"加命为二伯"，指上公在朝，其子弟在国则为九命之伯。
[2]　贾公彦《周礼注疏》，上海古籍出版社，2010年，第784—786页。
[3]　公、卿、大夫数与乡、遂制下所对应的封国情况当一致。

扰兆民；宗伯掌邦礼，治神人，和上下；司马掌邦政，统六师，平邦国；司寇掌邦禁，诘奸慝，刑暴乱；司空掌邦土，居四民，时地利。

六卿分职，各率其属，以倡九牧，阜成兆民。六年五服一朝。又六年，王乃时巡，考制度于四岳。诸侯各朝于方岳，大明黜陟。[1]

董仲舒《春秋繁露·官制象天》亦析其理云：

王者制官，三公、九卿、二十七大夫、八十一元士，凡百二十人，而列臣备矣。吾闻圣王所取仪，金天之大经，三起而成，四转而终，官制亦然者，此其仪与！三人而为一选，仪于三月而为一时也。四选而止，仪于四时而终也。[2]

此当为王直属的朝官数量，至于公卿及诸侯等各设之卿、大夫云云，则不与于王官"二十七大夫"之数，士官亦然。

《礼记·大学》云："有德此有人，有人此有土，有土此有财，有财此有用。"[3] 此虽以德居位发论，但既有其位，则当以爵系土、以官系人、以职系用。爵、官、职作为国家职官运行系统的三大支柱，其据以成立的对境区域、人口和事务都是变动不居的，特别是在人类由巫史时代向轴心时代转变的过渡期[4]，如此整齐

---

[1] 阮元校刻《十三经注疏·尚书正义》，台湾艺文印书馆，2001年，第270—271页。

[2] 苏舆《春秋繁露义证》，中华书局，1992年，第214页。

[3] 孔颖达《礼记正义》，上海古籍出版社，2008年，第2252页。

[4] 周代（包括西周及东周）特别是其中的东周（春秋、战国）正处在人类史上的轴心时代，是人类文明及群体生存方式最重要的形成期，三代（夏、商、西周）的分封制已现弊端，学人开始探索更合理的社会体制与文明形态，此由春秋时代托之以三王之治而不足，转向战国时代托之以五帝之治又不足，至秦汉之际则托之以三皇之治而未竟，以帝制中国已不容其托古为变矣。

规范的区域划分和职官系统必然是一种理想的设计。彭林先生指出：

> （《周礼》）是作为一种希冀用之万世的政治模式问世的，它不是在某国的地图上，而是在一张白纸上规划未来，因而它具有超越时空的特点，可以毫无顾忌地安排王城、畿服、井田、沟恤等等的位置，设计官制、学制、军制、礼制等等的规模。作者将自己对历史的体验和对未来的憧憬交融在一起，创造了这部气度恢宏、整齐划一的理想国鸿纲大典。[1]

因此，它的成书背景当与《仪礼》略同，皆为轴心时代学人对周初以来的礼乐政刑制度传统的整理与重建。《汉书·艺文志》云："六国之君，魏文侯最为好古，孝文时得其乐人窦公，献其书，乃《周官·大宗伯》之《大司乐》章也。"[2] 郭伟川先生由此引申，旁搜远绍，提出《周礼》为战国时期魏文侯（前472—前396）尊子夏为师而建西河学派的产物，似最有理致[3]。

《周礼》全书以官阶为经，而纬之以职事，从礼生态的全体大用看，其性质实为一部礼器之名器专著，或者说是礼制层面的名器落实，其本名《周官》，亦正示此意。具体而言，官阶"拟五行"而用，故有王、公、卿、大夫、士五阶，而庶人备数之府史胥徒不入官阶，但在礼制中则不能无位，故于礼制"拟五行"之用中则以王、公卿（诸侯）、大夫、士、庶人为五等而行之（参第

［1］　彭林《多元一体的〈周礼〉治国思想》，《文史知识》1991 年第 5 期，第 20 页。
［2］　班固《汉书》，中华书局，1962 年，第 1712 页。
［3］　郭伟川《〈周礼〉制度渊源与成书年代新考》，国家图书馆出版社，2016 年，第 26 页。

七讲"名器的等差依据"节）。另外，《周礼》详载官吏职守，实为传统四民之士的日常行为内容，《礼记·仲尼燕居》"官得其体"孔颖达疏："体，谓容体。谓设官分职，各得其尊卑之体。"[1] 从这个角度说，《周礼》各官职所系的具体内容亦可以归为曲礼（常礼）类。

三　礼经传释——《礼记》与《大戴礼记》

在四部分类法中被归入经部的传释类礼经主要是《礼记》，而与之性质相近的《大戴礼记》也被叙为同类，只不过在影响巨大的《十三经注疏》中只收《礼记》而未收《大戴礼记》罢了。

今传二戴《礼记》所涉内容较杂[2]，其初盖皆为诸儒讲论《仪礼》而形成的单篇文字，且没有辑录成册。《隋书·经籍志》云：

> 汉初，河间献王又得仲尼弟子及后学者所记一百三十一篇献之，时亦无传之者。至刘向考校经籍，检得一百三十篇，向因第而叙之。而又得《明堂阴阳记》三十三篇、《孔子三朝记》七篇、《王氏史记》二十一篇、《乐记》二十三篇，凡五种，合二百十四篇。戴德删其烦重，合而记之，为八十五篇，谓之《大戴记》。而戴圣又删大戴之书，为四十六篇，谓之《小戴记》。汉末马融，遂传小戴之学。融又足《月令》一篇、

---

[1] 孔颖达《礼记正义》，上海古籍出版社，2008年，第1930页。
[2] 《礼记正义·曲礼上》题疏曰："至孔子没后，七十二子之徒共撰所闻以为此记。或录旧礼之义，或录变礼所由，或兼记体、履，或杂序得失，故编而录之，以为记也。"孔颖达《礼记正义》，上海古籍出版社，2008年，第4页。

《明堂位》一篇、《乐记》一篇，合四十九篇。[1]

刘向检到的"一百三十篇"，即《汉书·艺文志》著录的"《记》百三十一篇，七十子后学者所记也"，时盖已佚一篇。其实与《仪礼》有关的"记"在汉以前当有很多[2]，但成批出现的则以此"二百十四篇"最有影响。

按二戴生卒年不详[3]，其中戴德大致生活在汉宣帝（前74—前48在位）及汉元帝（前48—前33在位）时期，戴圣为戴德弟弟戴仁之子，二人皆为后仓的弟子，并先后被立为礼学博士，则知二人所修《礼记》，皆为各自解读《仪礼》之用。《隋志》谓小戴删大戴之作而成书及马融补三篇二事，后世学者或有不同意见[4]。从《礼记》与今传《大戴礼记》相关篇章的比较看，如《祭义》与《曾子大孝》部分文字略同、《哀公问》与《哀公问于孔子》略同、《坊记》与《礼察》首句同、《投壶》与《投壶》略

［1］　魏征《隋书》，中华书局，2019年，第1046—1047页。

［2］　如出土文献《郭店楚墓竹简》除《缁衣》《坊记》等与今本《礼记》相同的篇章外，还有《五行》《鲁穆公问子思》《穷达以时》《唐虞之道》《忠信之道》《尊德义》等等。又上博简除《缁衣》外，还有《性情论》《民之父母》《子羔》《容成氏》《内礼》《相邦之道》《君子为礼》《弟子问》《三德》《武王践阼》《凡物流形》《颜渊问于孔子》等等。

［3］　王锷认为："戴圣约生于汉昭帝始元六年（前81）或更早，汉成帝阳朔三年（前22），他已经是六十岁以上的老人。"王锷《〈礼记〉成书考》，中华书局，2007年，第314页。

［4］　王锷认为："大、小戴《礼记》的关系问题，应该说，他们是戴德、戴圣分别从《记》百三十一篇、《曾子》、《子思子》、《孔子三朝记》、《明堂阴阳记》等文献中删辑而成。戴圣删戴德《大戴礼记》八十五篇，成《礼记》四十九篇之说，肇始于陈邵，戴震、纪昀、洪业等均有辨驳，乃是妄说，已成定论。"王锷《〈礼记〉成书考》，中华书局，2007年，第324页。又"目前学界比较认可的看法是：否定了小戴删大戴之书的说法，今之《礼记》和《大戴礼记》不是大、小戴所辑，而是他们用来教授生员的资料，源自《古文记》一百三十篇的内容"。方向东《大戴礼记汇校集解·前言》，中华书局，2008年，第3页。

同、《丧服四制》与《本命》部分文字略同等，知《礼记》同名
或相似篇章与《大戴礼记》颇有异同。如此则亦可知大小戴之
于旧传"二百十四篇"的使用未必皆存旧貌，而是根据教学需
要加以改编，故其文虽皆存旧篇文字，而段落取舍及排序则各有
选择。

至东汉末年郑玄注三礼，而后小戴《礼记》遂得大行于世。
《大戴礼记》至《隋志》已不载，今存最早的传本为北周卢辩
（519—557）注本，仅有三十九篇，盖与小戴《礼记》重复较多的
篇帙皆被认为没有别传的价值，故散佚殆尽。至唐初孔颖达奉敕
撰修"五经正义"，舍《仪礼》而用小戴《礼记》，遂使其影响益
为深远。

《礼记》标目四十九篇，其中《曲礼》《檀弓》《杂记》六篇
因文字较多而各分上下，故实有四十六篇，其内容大略如下：

1. — 2.《曲礼》上下，记述具体细微的行为仪节及相
关的礼义、礼器等。

3. — 4.《檀弓》上下，记述孔子及其弟子讨论丧礼的
言论。

5.《王制》，记述君王封国、班爵、授禄、职官、祭祀、
养老等方面的制度。

6.《月令》，分一年为十二月，逐月记述其气候特征及应
采取的政令措施等。

7.《曾子问》，记述孔子与弟子曾参有关丧礼的问答。

8.《文王世子》，记述天子教育太子的礼仪及内容等。

9.《礼运》，论述礼的发展演变及其与社会形态的关
系等。

10.《礼器》,记述礼的功能、形态及制礼、行礼的原则等。

11.《郊特牲》,以各种祭祀为主,兼及朝觐、出行、婚礼等相关礼仪与礼义。

12.《内则》,记述家庭中夫妻、父母子女间所应遵循的礼仪。

13.《玉藻》,记述天子、诸侯的服饰、饮食、起居之礼,兼及服制、容礼等。

14.《明堂位》,记述诸侯在明堂朝见周天子时所行礼仪及周公因功获赐礼乐事。

15.《丧服小记》,记述关于丧服的制度,可补充《仪礼·丧服》记。

16.《大传》,记述宗法制度以及祭祀天地山川的礼仪和服制。

17.《少仪》,记述日常生活中卑幼事长的细微礼仪。

18.《学记》,记述教、学活动的基本道理和意义。

19.《乐记》,记述音乐的形式、内容、功能以及礼乐关系等。

20. — 21.《杂记》上下,记述诸侯至士阶层的丧礼及祭祀、婚姻、避讳等规定。

22.《丧大记》,记述国君、大夫、士的丧礼,可补《士丧礼》之未备。

23.《祭法》,记述祭祀群神的类型与依据等。

24.《祭义》,记述斋戒、献祭等过程中的礼义。

25.《祭统》,记述祭祀的礼义。

26.《经解》,记述儒家六经的教化作用。

27.《哀公问》，记述鲁哀公与孔子关于礼乐刑政关系的问答。

28.《仲尼燕居》，记述孔子与弟子对礼的本质、内容、作用、意义及违礼弊害、礼乐刑政关系等问题的讨论。

29.《孔子闲居》，记述孔子与弟子子夏对《诗》、礼关系及王者品德的讨论。

30.《坊记》，记述孔子关于如何防范出现违礼行为的言论。

31.《中庸》，记述关乎礼意的心性、体用关系等问题。

32.《表记》，记述君子的持身之道，虞夏殷周四代之治、侍君之道等。

33.《缁衣》，论述君臣之道及尊师重贤等问题。

34.《奔丧》，记述身在外地闻丧奔归之礼及相关事宜。

35.《问丧》，记述丧主守丧期间的居丧之礼。

36.《服问》，记述有关丧服服制的相关问题。

37.《间传》，记述服丧期间不同等差者在礼容、言行、居仪等方面的规则。

38.《三年问》，记述五服丧制的等差依据与意义。

39.《深衣》，记述深衣（官员私服、庶人祭服）的制度、意义和用途。

40.《投壶》，记述有关宴饮游戏所用的投壶礼仪。

41.《儒行》，记述儒者衣食住行方面的礼仪及德行修养。

42.《大学》，记述个体成长的大学（觉悟）进阶与修证方法。

43.《冠义》，记述士冠礼的礼义。

44.《昏义》，记述士婚礼的礼义。

45.《乡饮酒义》，记述乡饮酒的礼义。

46.《射义》，记述射礼的礼义。

47.《燕义》，记述君臣燕饮的礼义。

48.《聘义》，记述聘问礼的礼义。

49.《丧服四制》，记述丧服制定中"取于仁义礼知"的四个原则。

刘向《别录》析《礼记》四十九篇为十类[1]。

1. 制度：曲礼上下、王制、礼器、少仪、深衣。

2. 通论：檀弓上下、礼运、玉藻、学记、经解、哀公问、仲尼燕居、孔子闲居、坊记、中庸、表记、缁衣、儒行、大学。

3. 明堂阴阳：月令、明堂位。

4. 丧服：曾子问、丧服小记、杂记上下、丧大纪、奔丧、问丧、服问、间传、三年问、丧服四制。

5. 世子法：文王世子。

6. 祭祀：郊特牲、祭法、祭义、祭统。

7. 子法：内则。

8. 通录：大传。

9. 乐记：乐记。

10. 吉事：投壶[2]、冠义、昏义、乡饮酒义、射义、燕义、聘义。

---

[1] 参孔颖达《礼记正义》各篇题解引郑玄《三礼目录》语。
[2]《投壶》孔疏引属"吉礼"，《经典释文》同，并为"吉事"之误。

礼学家曹元弼先生云："二戴《记》之说礼，大类有三：曰礼、曰学、曰政。《曲礼》、《檀弓》、《迁庙》、《衅庙》、《冠义》、《昏义》、《朝事义》等篇，礼类也。《学记》、《中庸》、《儒行》、《大学》、《曾子》十篇之等，学类也。《王制》、《月令》、《夏小正》、《文王官人》之等，政类也。"[1] 梁启超则把《礼记》的内容归纳为十大类[2]，王文锦先生分为八大类[3]。从二戴《礼记》的内容看，其中既有释经之作，亦有宗经之作（在经义基础上对经目内容加以补充）[4]。二戴《礼记》诸篇内容大多较杂，今参礼生态的基本结构，权衡取舍，分疏二戴《礼记》目如表6所示。

---

[1] 曹元弼《礼经学·会通》，北京大学出版社，2012年，第242页。

[2] 即"（甲）记述某项礼节条文之专篇。（乙）记述某项政令之专篇。（丙）解释礼经之专篇。（丁）专记孔子言论。（戊）记孔门及时人杂事。（己）制度之杂记载。（庚）制度礼节之专门的考证及杂考证。（辛）通论礼意或学术。（壬）杂记格言。（癸）某项掌故之专记"。参梁启超《要籍解题及其读法》，《饮冰室合集（第十五册）》，中华书局，2015年，第88—89页（总第8478—8479页）。

[3] 1.专记某项礼节的。2.专说明《仪礼》的。3.杂记丧服丧事的。4.记述各种礼制的。5.侧重记日常生活礼节和守则的。6.记孔子言论的。7.结构比较完整的儒家论文。8.授时颁政的《月令》，意在为王子示范的《文王世子》。参王文锦《礼记》，《文史知识》编辑部编《经书浅谈》，中华书局，2005年第2版，第66—67页。

[4] 马一浮指出："今定经部之书为宗经论、释经论二部，皆统于经，则秩然矣。（宗经、释经区分，本义学家判佛书名目，然此土与彼土著述大体实相通，此亦门庭施设，自然成此二例，非是强为差排，诸生勿疑为创见。孔子晚而系《易》，《十翼》之文，便开此二例，《彖》《象》《文言》《说卦》是释经，《系传》《序卦》《杂卦》是宗经。寻绎可见。）六艺之旨，散在《论语》而总在《孝经》，是为宗经论。《孟子》及二戴所采曾子、子思子、公孙尼子诸篇，同为宗经论。《仪礼·丧服传》子夏所作，是为释经论。三传及《尔雅》亦同为释经论。《礼记》不尽是传，有宗有释。"马一浮《泰和宜山会语·论六艺该摄一切学术》，《马一浮全集（第一册）》，浙江古籍出版社、浙江教育出版社，2013年，第15页。

表 6

类目			小戴目	大戴目
礼意	道德		中庸 31、大学 42、缁衣 33 学记 18、儒行 41 仲尼燕居 28、孔子闲居 29	曾子立事 49、曾子制言 54—56、曾子疾病 57、劝学 64 千乘 68、四代 69、虞戴德 70、诰志 71、小辨 74、用兵 75、少间 76
礼仪	常仪	义	经解 26、曾子问 7、大传 16 礼运 9、礼器 10、表记 32	礼三本 42、子张问入官 65 曾子本孝 50、曾子立孝 51、曾子大孝 52
		仪	曲礼 1—2、玉藻 13 文王世子 8、少仪 17 内则 12	曾子事父母 53
	典仪	吉 义	郊特牲 11、祭义 24、祭统 25	
		吉 仪	祭法 23	诸侯迁庙 73、诸侯衅庙 73
		凶 义	檀弓 3—4、丧大记 22、三年问 38、问丧 35 杂记 20—21、间传 37 服问 36、丧服四制 49	本命 80
		凶 仪	奔丧 34	
		宾 义	聘义 48	
		宾 仪		
		军 义		
		军 仪		
		嘉 义	冠义 43 昏义 44 射义 46 乡饮酒义 45、燕义 47	
		嘉 仪	投壶 40	公符（冠）79 朝事 77 武王践阼 59 投壶 78

类目		小戴目	大戴目
礼器	物器	丧服小记 15 深衣 39	
	文器	月令 6 明堂位 14	夏小正 47 盛德 66、明堂 67、曾子天圆 58 帝系 63 易本命 81
	名器	王制 5、哀公问 27	五帝德 62、主言 39、哀公问五义 40、哀公问于孔子 41、文王官人 72 保傅 48、卫将军文子 60
礼乐		乐记 19	
礼法		坊记 30	礼察 46

　　二戴《礼记》诸篇作者,《汉书·艺文志》注为"七十子后学者所记也",其详盖已不能尽知。后之学者或揭《大学》为曾子所记,《中庸》《缁衣》《坊记》《表记》为子思所作,《乐记》为公孙尼子所作,等等,虽难为定谳,然传之既久,从之可也。至于诸篇的形成时间,则论者尤多,而集大成者可以王锷先生所作《〈礼记〉成书考》最为代表。

　　春秋末期至战国前期的文献:《哀公问》《仲尼燕居》《孔子闲居》《儒行》《曾子问》《大学》《学记》《坊记》《中庸》《表记》《缁衣》《乐记》《曲礼》《少仪》等十四篇。

　　战国中期的文献:《奔丧》《投壶》《丧服小记》《大传》《杂记》《丧大记》《问丧》《服问》《间传》《三年问》《丧服四制》《祭法》《祭义》《祭统》《王制》《礼器》《内则》《玉

藻》《经解》等十九篇。

战国中晚期和晚期的文献：《深衣》《冠义》《昏义》《乡饮酒义》《射义》《燕义》《聘义》《文王世子》《礼运》《郊特牲》《檀弓》《月令》《明堂位》等十三篇。[1]

此虽未必皆为定论，然符合《礼记》作为轴心时代产物的经部文献特征。

◇文献示目

《仪礼注疏》，（唐）贾公彦。上海古籍出版社，2008 年；载《中华礼藏·礼经卷·仪礼之属》，浙江大学出版社，2016 年。

《仪礼集说》，（元）敖继公。上海古籍出版社，2017 年。

《周礼注疏》，（唐）贾公彦。上海古籍出版社，2010 年；载《中华礼藏·礼经卷·周礼之属》，浙江大学出版社，2017 年。

《周礼正义》，（清）孙诒让。中华书局，1987 年；载《孙诒让全集》，中华书局，2015 年。

《礼记正义》，（唐）孔颖达。上海古籍出版社，2008 年；载《中华礼藏·礼经卷·礼记之属》，浙江大学出版社，2019 年。

《礼记集说》，（宋）卫湜。《四库全书》本。

《大戴礼记汇校集解》，方向东。中华书局，2008 年。

◇思考题

1. 为什么"礼经"必须是《仪礼》？

2. "官制"在礼学结构要素中的地位如何？

3. 朱熹说"读《礼记》而不读《仪礼》，许多理皆无安着处"（《朱子语类》卷八十七），如何理解？

---

[1] 王锷《〈礼记〉成书考》，中华书局，2007 年。

第四讲　礼义践行中的礼仪文献

从行为主体的角度说，礼是以成人为目的的具有终极关怀的行为方式。可以说，中华礼仪从一开始就是为人类生存而选择制定的理想规则。然而这种由终极流出的应然规则在人类共同体中的践履却有着种种因缘呈现形态，除了历时的"时中"之变外，还有共时的区域之别。就好像水的流动，其形态除了随时间有涨落荣枯的变化，还要随区域而有江河湖海的不同，但无论如何变化，皆是作为"主体"的水的自在呈现而已。

礼仪的呈现也是这样，作为主体成长于个体、家庭、社群乃至天下之不同"时空"的行为方式，其因时因地的调适也是终极本体流行的自在要求。《史记·礼书》云：

> 人道经纬万端，规矩无所不贯，诱进以仁义，束缚以刑罚，故德厚者位尊，禄重者宠荣，所以总一海内而整齐万民也。人体安驾乘，为之金舆错衡以繁其饰；目好五色，为之黼黻文章以表其能；耳乐钟磬，为之调谐八音以荡其心；口甘五味，为之庶羞酸咸以致其美；情好珍善，为之琢磨圭璧以通其意。故大路越席，皮弁布裳，朱弦洞越，大羹玄酒，所以防其淫侈，救其彫敝。是以君臣朝廷尊卑贵贱之序，下及黎庶车舆衣服宫室饮食嫁娶丧祭之分，事有宜适，物有节文。[1]

---

[1] 司马迁《史记》，中华书局，2013年，第1366页。

人作为一个自然的存在属类，其行为方式当然也需要有源于自然本体的规矩（朱熹称之为"天理之节文"）认同，否则其生活（无论是对境自然还是对境群体）就会出现争斗、混乱，而无法获得生命的快乐和性灵（精神）的安和。然而这种规矩的认同是有两个显现层次的：一个是其等差秩序的显现，这是通过**礼器**的变化来实现的，所谓"德厚者位尊，禄重者宠荣"，即以最高等级的驾乘、五色、钟磬、五味、珍善来尊宠其七情六欲之所需；另一个是生命需求的显现，此是通过**礼仪**的"过渡"来表达的。也就是说，"德薄""禄轻"以及"无禄"的普通士庶，甚至受到惩罚被限制自由的人也有七情六欲之需，这些需求也要通过一定的程序和方法来实现"过渡"。他们也一样要衣食住行、冠婚丧祭，其用以穿衣、饮食、居住、出行活动以及出生、成人、结婚、丧葬、祭祀的基本程序与方法，也和"德厚""禄重"者略同。这也是儒家六经以关乎践履的《仪礼》为礼经（与纬相对）的原因所在。至于《礼记·曲礼上》所载"礼不下庶人，刑不上大夫"之语，其义当是"礼不以庶人为下（而不行），刑不以大夫为上（而不加）"。[1]

作为一种源出终极的秩序规范，礼仪是礼之理想的应然形态，其经由主体而具象为实然形态，流行于"平天下"则为礼制，流行于"治国"则为礼俗，流行于"齐家"则为家礼，流行于"修身"则为教礼。唯前者皆当兼容后者，而后者则各以前者为对境而已。

---

[1] 详参第七讲"名器的等差依据"节。

一 礼制类文献

制度是指一个国家、部门或单位制定的要求其全体成员共同遵守的办事规程或行动准则。故礼制即指作为国家制度的礼仪准则。理论上，制度既为群体的行为准则，也应属于作为人之践履方式的礼的范畴，只是此制度（包括"礼制"本身）既经"团队"制作以为君王"平天下"之用，其是否能不受干扰地由道体流出——所谓"礼本太一"，则不免难以保证，故《中庸》强调非圣天子不能制作礼乐。但于君王而言，其个体与公共行为的规则呈现却是必不可少的生活方式。此即《礼记·礼运》所云：

> 是故礼者，君之大柄也，所以别嫌明微，傧鬼神，考制度，别仁义，所以治政安君也。[1]

也就是说，礼制是以天下（封建时代）或国家（前现代的帝国时代）之君王为最高主体的"命运共同体"之等差制度的礼仪呈现形态。故历朝历代无论社会性质如何改变，作为其行为依据的礼制都是无可回避的存在。

由于礼制是官方自上而下设计、颁行的群体行为规范，其探索、积淀和"时中"转换的基本情况，在传统文献中多有翔实的记录，从而形成了独具特色的中华礼制流变轨迹。孔子曾说：

> 殷因于夏礼，所损益，可知也；周因于殷礼，所损益，

---

[1] 孔颖达《礼记正义》，上海古籍出版社，2008年，第907页。

可知也；其或继周者，虽百世可知也。

　　夏礼吾能言之，杞不足征也；殷礼吾能言之，宋不足征也。文献不足故也，足则吾能征之矣。[1]

中国最早的国家形态夏商周乃至传说中的部落时代，皆各有其礼制形态，此在早期文献中多有载录，如《尚书·舜典》的舜"修五礼"，《尚书·皋陶谟》"天秩有礼，自我五礼有庸哉！"[2]，《礼记·祭法》"有虞氏禘黄帝而郊喾，祖颛顼而宗尧。夏后氏亦禘黄帝而郊鲧，祖颛顼而宗禹。殷人禘喾而郊冥，祖契而宗汤。周人禘喾而郊稷，祖文王而宗武王"[3]，《史记·五帝本纪》"于是帝尧老，命舜摄行天子之政……修五礼"[4]。礼经文献中分述三代或四代礼制异同的内容甚多[5]。这在早期特别是新石器时代的考古研究中也得到了佐证，如良渚、红山、大汶口和龙山等新石器时代的考古发现中，除墓葬中有着不同的随葬品和棺椁形态外，还发现了一些祭坛遗址和祭器。这些礼器的存在表明了其丧葬与祭祀的礼仪化特征，虽然没有发现其生活的礼仪化遗存，但也足以因生活用品的发现而推知其使用方式存在的必然性。近代西学东渐，人类学、社会学研究方法和成果对我们理

[1]　朱熹《四书章句集注·论语集注》，中华书局，1983年，第59、63页。

[2]　阮元《十三经注疏·尚书正义》，台湾艺文印书馆，2001年，第38、62页。

[3]　孔颖达《礼记正义》，上海古籍出版社，2008年，第1783页。

[4]　司马迁《史记》，中华书局，2013年，第28—29页。

[5]　如《礼记·檀弓上》："有虞氏瓦棺，夏后氏堲周，殷人棺椁，周人墙置翣。"孔颖达《礼记正义》，上海古籍出版社，2008年，第237页。《周礼·冬官考工记·匠人》："夏后氏世室，堂修二七，广四修一。五室，三四步，四三尺。九阶。四旁两夹，窗，白盛。门堂，三之二。室，三之一。殷人重屋，堂修七寻，堂崇三尺，四阿，重屋。周人明堂，度九尺之筵，东西九筵，南北七筵，堂崇一筵，五室，凡室二筵。"贾公彦《周礼注疏》，上海古籍出版社，2010年，第1664—1667页。

解中华民族的早期形态也很有启发，如历史学家杨宽先生即因
此指出：

> "礼"的起源很早，远在原始氏族公社中，人们已惯
> 于把重要行动加上特殊的礼仪。原始人常以具有象征意义
> 的物品，连同一系列的象征性动作，构成种种仪式，用来
> 表达自己的感情和愿望。这些礼仪，不仅长期成为社会生
> 活的传统习惯，而且常被用作维护社会秩序、巩固社会组
> 织和加强部落之间联系的手段。进入阶级社会后，许多礼
> 仪还被大家沿用着，其中部分礼仪往往被统治阶级所利用
> 和改变，作为巩固统治阶级内部组织和统治人民的一种
> 手段。[1]

可知礼制的设计也是基于人类"命运共同体"之生存史经验
而加以"时中"调整的结果。作为"巫史时代"的最后一个王朝
礼制，周礼在先秦的影响无疑是全面而深刻的。孔子就曾说过：
"吾说夏礼，杞不足征也。吾学殷礼，有宋存焉。吾学周礼，今用
之，吾从周。"[2] 这也是轴心时代礼经形成的重要背景与流行因
缘。虽春秋以后因诸侯僭越而有礼坏乐崩之实，然其僭越所拟的
标准仍是周礼，只不过是等差失守而已。到了秦汉以后的帝国时
代[3]，历朝礼制的名器虽或有不同，但作为"礼经"的仪式模型

---

[1] 杨宽《古史新探·"冠礼"新探》，中华书局，1965 年，第 234 页。
[2] 孔颖达《礼记正义·中庸》，上海古籍出版社，2008 年，第 2039 页。
[3] 秦以变法强大而一统六合，前 221 年嬴政称帝，遂废封建、设郡县，书同文、
　　车同轨，建立起以中央集权为特征的帝制国家。前 213 年，"始皇置酒咸阳宫，
　　博士七十人前为寿"，博士淳于越议及国体，丞相李斯请废异论而定一尊，
　　"若欲有学法令，以吏为师"，始皇"可"而行之。舍礼用法，非谓礼法背反，
　　而是扰乱了法之本义，消解了终极关怀，秦亦二世而斩。

并无不同，故皆能因周礼而返本开新，"推士礼而致于天子"。唐代杜佑曾总结其迹云：

> 汉兴，天下草创，未遑制立，群臣饮醉争功，高帝患之。叔孙通草绵蕝之仪，救击柱之弊，帝说，叹曰："吾于今日知为天子之贵也。"以通为奉常，遂定仪法，未尽备而通终。……
>
> 魏以王粲、卫觊集创朝仪，而鱼豢、王沈、陈寿、孙盛虽缀时礼，不足相变。吴则丁孚拾遗汉事，蜀则孟光、许慈草建时制。
>
> 晋初以荀颛、郑冲典礼，参考今古，更其节文，羊祜、任恺、庾峻、应贞并加删集，成百六十五篇。后挚虞、傅咸缵续未成，属中原覆没，今虞之《决疑注》是其遗文也。江左刁协、荀崧补缉旧文，蔡谟又踵修缀。
>
> 宋初因循前史，并不重述。齐武帝永明二年，诏尚书令王俭制定五礼。至梁武帝，命群儒又裁成焉。吉礼则明山宾，凶礼则严植之，军礼则陆琏，宾礼则贺场，嘉礼则司马褧。又命沈约、周舍、徐勉、何佟之等参会其事。陈武帝受禅，多准梁旧式，因行事随时笔削。后魏道武帝举其大体，事多阙遗；孝文帝率由旧章，择其令典，朝仪国范，焕乎复振。北齐则阳休之、元循伯、熊安生，后周则苏绰、卢辩、宇文弼，并习于《仪礼》，以通时用。
>
> 隋文帝命牛弘、辛彦之等采梁及北齐仪注，以为五礼。
>
> 国初草昧，未暇详定。及太宗践祚，诏礼官学士修改旧仪，著吉礼六十一篇，宾礼四篇，军礼十二篇，嘉礼四十二篇，凶礼六篇，国恤五篇，总百三十篇，为百卷。贞观七年，

始令颁示。高宗初，以《贞观礼》节文未尽，重加修撰，勒合成百三十卷，至显庆三年奏上，高宗自为之序。时许敬宗、李义府用事，其所取舍，多依违希旨，学者不便，异议纷然。上元三年下诏，命依贞观年礼为定。仪凤二年，诏并依周礼行事。自是礼司益无凭准，每有大事，辄别制一仪，援古附今，临时专定，贞观、显庆二礼，亦皆施行。武太后时，以礼官不甚详明，特诏国子司业韦叔夏、率更令祝钦明每加刊定。叔夏卒后，给事中唐绍专知礼仪，绍博学，详练旧事，议者以为称职。

开元十四年，通事舍人王岩上疏，请改撰《礼记》，削去旧文，编以今事。集贤院学士张说奏曰："《礼记》，汉朝所编，遂为历代不刊之典，去圣久远，恐难改易。但今之五礼仪注，已两度增修，颇有不同，或未折衷。请学士等更讨论古今，删改行用。"制从之。于是令徐坚、李锐、施敬本等检撰，历年其功不就。锐卒后，萧嵩代为集贤院学士，始奏起居舍人王仲丘修之。二十年九月，新礼成，凡百五十卷，是为《大唐开元礼》。[1]

由此可见汉唐之际历代礼仪制作之大略。这里面提到的标志性礼制文献或有述作比例的差异，如开国初所用多因袭前代礼典而结合本朝情况加以修订辑录，至国事既定则别加制作，而为本朝一代大典，以称"王者功成作乐，治定制礼"之义[2]。其间遇

---

[1] 杜佑《通典》卷四十一，中华书局，2016年，第1110—1112页。
[2] 孔颖达《礼记正义·乐记》，上海古籍出版社，2008年，第1479页。

有前代礼典未备事项则别修仪注[1]，然皆可谓"制作"礼文，其集大成者则别加礼制专名。汉以来具礼制专名的代表作较多，影响卓著的约有如下数种：

西汉叔孙通《汉仪》12 篇。

东汉曹褒《汉礼》150 篇。

西晋荀顗《晋礼》165 篇。

隋文帝时牛弘、潘徽《江都集礼》120 卷。

唐太宗时房玄龄等《贞观礼》100 卷。

唐高宗时长孙无忌等《显庆礼》130 卷。

唐玄宗时萧嵩等《大唐开元礼》150 卷。【存】

宋太祖时刘温叟等《开宝通礼》200 卷。

宋徽宗时郑居中等《政和五礼新仪》220 卷。【存】

明太祖时徐一夔等《大明集礼》50 卷。嘉靖时补注为 53 卷。【存】

清乾隆时来保等《大清通礼》50 卷。【存】

清道光时穆克登额等《续纂大清通礼》54 卷。【存】

1912 年，刚建立的中华民国也颁有《中华民国礼制》。1927 年

---

[1] 《隋书·经籍志》史部仪注序："仪注之兴，其所由来久矣。自君臣父子，六亲九族，各有上下亲疏之别。养生送死，吊恤贺庆，则有进止威仪之数。唐、虞已上，分之为三，在周因而为五。《周官》，宗伯所掌吉、凶、宾、军、嘉，以佐王安邦国，亲万民，而太史执书以协事之类是也。是时典章皆具，可履而行。周衰，诸侯削除其籍。至秦，又焚而去之。汉兴，叔孙通定朝仪，武帝时始祀汾阴后土，成帝时初定南北之郊，节文渐具。后汉又使曹褒定汉仪，是后相承，世有制作。然犹以旧章残缺，各遵所见，彼此纷争，盈篇满牍。而后世多故，事在通变，或一时之制，非长久之道，载笔之士，删其大纲，编于史志。而或伤于浅近，或失于未达，不能尽其旨要。遗文余事，亦多散亡。今聚其见存，以为仪注篇。"魏征《隋书》，中华书局，2019 年，第 1100 页。其意以为礼典是圣王所定，而仪注则是临时临事据礼典注仪，故谓仪注，宋以后或以礼书、政书易之，仪注之名渐废。

拟制《中华民国通礼草案》。1943 年设"国立礼乐馆",分礼制、乐典、总务三组以制礼作乐,至 10 月,在重庆北碚温泉举行研讨会,会后编成《北泉议礼录》[1],终因战乱而未能蒇事。与帝国时代的礼制比较,作为分权时代的第一次礼制尝试作品,其内容已有较多调整与改变,盖以允符"礼,时为大"之义。

与"制作"礼文的预政特点相对,还有一种以保存文献为目的的"述纂"类礼制文献,即对已有的礼仪特别是践行类仪注加以归类纂集的文献。汉以来影响较大的盖有五种:

> 唐王彦威《元和曲台礼》30 卷(元和十三年[818]编就,或称《曲台礼》《曲台新礼》)。
>
> 唐王彦威《续曲台礼》30 卷(元和末至长庆中)。
>
> 北宋仁宗时欧阳修等《太常因革礼》100 卷。【存】
>
> 南宋孝宗时礼部太常寺编《中兴礼书》300 卷。[2]【存】
>
> 南宋宁宗时叶宗鲁《中兴礼书续编》80 卷。[3]【存】

此外,最为"述纂"礼制之大宗者当属史学文献中的专志部分,如历代正史以及《通典》《通志》《文献通考》《实录》《会要》等等中的礼志部分。

表 7 为传世的四种"制作"礼制目录的比较(其目次稍有不同,今准《大唐开元礼》次之),别加"类目"一栏以清眉目(原目次序、细目据"类目"有所调整和节略)。

---

[1] 今仅存顾毓琇辑《北泉议礼录》,北泉图书馆,1944 年铅印本。

[2] 记南宋自高宗建炎元年(1127)至孝宗淳熙十一年(1184)间礼制文献,分吉、嘉、宾、军、凶五礼,凡六百八十门。今存清徐松辑自《永乐大典》本,咸丰年间沈炳垣整理,存二百四十七卷。

[3] 记孝宗朝淳熙十一年(1184)以后礼制文献,分吉、嘉、宾、凶四礼。今存徐松辑自《永乐大典》本,咸丰年间沈炳垣整理,存六十六卷。

表7

类目	《大唐开元礼》150卷	《政和五礼新仪》220卷	《大明集礼》53卷	《大清通礼》50卷
序例	1—3卷：择日、神位、俎豆、衣服、斋戒、蒿荐、祈祷、杂制	1—24卷：辨祀、时日、坛壝、神位、大庙祫、享昭穆位、册祝、玉币、神席、斋戒、献官、祭器、大祠登歌、牲牢、亲祠、祭馔、大祠告清陵、车辂、亲祠降等、奏告仪、冠服、卤簿、朝会仪、朝会卫、班位卫、五服制度	38—53卷：表仪图、丧服图、冠服图、车辂、仪仗、卤簿、字学、乐（钟律、雅乐、俗乐）	【别见《礼部则例》】
吉　祭天	皇帝冬至祀圜丘、皇帝正月上辛祈谷于圜丘、正月祈谷于圜丘、皇帝孟夏雩祀于圜丘、皇帝季秋大享于明堂	皇帝祠昊天上帝仪、皇帝祀昊天上帝仪、皇帝宗祀仪、皇帝祈谷祀上帝仪、皇帝雩祀上帝仪	祀天	南郊、大祀、祈谷、常雩、大雩
五方帝　日月	皇帝立春祀青帝于东郊、皇帝立夏祀赤帝于南郊、皇帝季夏土王日祀黄帝于南郊、皇帝立秋祀白帝于西郊、皇帝立冬祀黑帝于北郊、皇帝春分朝日于东郊、夕月于西郊、皇帝腊日蜡百神于南郊	皇帝祀感生帝仪、皇帝祀五帝仪、皇帝朝日仪、皇帝夕月仪、皇帝蜡东方西方百神仪、蜡南方北方百神仪	朝日、夕月	朝日、夕月

类目		《大唐开元礼》150卷	《政和五礼新仪》220卷	《大明集礼》53卷	《大清通礼》50卷
	星辰	祀风师 祀雨师 祀灵星 祀司中、司命、司人、司禄	祀帝鼐仪、祀八鼐仪 祀九宫贵神仪 祀荧惑仪 祀太乙宫仪、祀阳德观仪 应天府祀大火仪 祀风师雨师雷神仪 州县祀风师雨师雷神仪 祀会应庙仪 祠司中司命司民司禄仪 祀灵星寿星仪	祀太岁风云雷雨师	天神祈报 太岁 真武 火神 炮神
吉	祭地祇	皇帝夏至祭于方丘 皇帝孟冬祭神州于北郊 皇帝仲秋上戊祭太社 诸州祭社稷 诸县祭社稷 诸里祭社稷	皇帝祭地祇仪 皇帝祭神州地祇仪 皇帝祭太社太稷仪 州县祭社稷仪 庆成军祭后土仪	祭地 社稷	北郊夏日至 大祭因事祇告 地祇祈报 社稷
	山水	祭五岳四镇 祭四海四渎	祭五方岳镇海渎仪 诸州祭岳镇海渎仪	祀岳镇海渎天下山川城隍	岳镇海渎 都城隍庙 东岳庙 龙神祠 后土司工神 窑神、门神、仓神

类目		《大唐开元礼》150卷	《政和五礼新仪》220卷	《大明集礼》53卷	《大清通礼》50卷
吉	祭祖	皇帝时享于太庙 皇帝祫享于太庙 皇帝禘享于太庙 荐明皇后庙时享 孝敬皇后庙时享 荐新于太庙 太常、皇后拜诸陵 大常卿行诸陵 诸太子庙时享 三品以上时享、祫享、禘享其庙 四品五品时享其庙 六品以下时祠 王公以下拜扫	皇帝祫享太庙仪 皇帝时享太庙仪 时享别庙仪 皇帝亲祠前期朝享太庙仪 朔祭太庙仪、朔祭别庙仪 荐新太庙仪、荐新别庙仪 皇帝亲祠前期朝献景灵宫仪、皇帝朝献景圣祖仪 坊州朝献景灵宫仪 春秋二仲荐献诸陵仪 进献诸陵上宫仪、进献诸陵下宫仪、荐新诸陵仪 品官时享家庙仪	宗庙	宗庙 奉先殿 陵寝 亲王世子郡王家祭 贝勒贝子宗室公家祭 品官家祭 庶士家祭 庶人家祭
	先王	皇帝孟春吉亥享先农耕籍 皇后季春吉巳享先蚕亲桑 有司享先代帝王	皇帝耕籍仪 享先农仪 皇后亲蚕仪 享先蚕仪 诸州享历代帝王仪	藉田享先农 祀典神祇 三皇	先农 先蚕 历代帝王

类目	《大唐开元礼》150卷	《政和五礼新仪》220卷	《大明集礼》53卷	《大清通礼》50卷
五祀祠等	季夏祭中霤于太庙 孟冬祭司寒纳冰开冰附 兴庆宫祭五龙坛	七祀仪 享司寒仪	祭历	
先圣	皇帝皇太子视学 皇太子释奠于孔宣父 国子释奠于孔宣父 诸州释奠于孔宣父 皇子束脩,国学生束脩 州学释奠于齐太公 仲春仲秋释奠于齐太公	皇帝视学酌献文宣王仪 释奠文宣王仪 释奠武成王仪 辟雍释菜仪 皇太子释奠文宣王仪 州县释奠文宣王仪	孔子	传心殿 先师 先医 关帝 圣贤忠烈名臣勋臣祠墓
吉 时巡狩	皇帝巡狩告于圜丘,皇帝巡狩告于太社,皇帝巡狩告于太庙,皇帝巡狩,皇帝封祀太山,皇帝禅于社首山			时巡
时祭	时旱祈于太庙 时旱祈于太社,诸州祈社稷,诸县祈社稷 时旱祈岳镇于北郊,时旱就祈诸岳镇海渎 诸州祈诸神,诸县祈诸神 久雨禜祭国门,诸县禜城门,禜城门	祭马祖先牧马社马步仪	祃旗纛 祃马祖先牧马社马步	

类目		《大唐开元礼》150卷	《政和五礼新仪》220卷	《大明集礼》53卷	《大清通礼》50卷
朝参等		蕃国王来朝以束帛迎劳、遣使戒蕃王见日、蕃王奉见、受蕃国王表及币、皇帝燕蕃国王、皇帝燕蕃国使	大庆殿元正冬至大朝会仪、文德殿月朔视朝仪、紫宸殿望参仪、垂拱殿四参仪、紫宸殿再坐仪、垂拱殿日参仪、崇政殿日参仪、崇政殿假日起居仪、群臣拜表仪、群臣听宣赐诏答仪、蕃国主来朝仪、大辽使朝见、朝辞仪、夏国、高丽国、交州进奉使辞仪、宜州西南蕃黎州等处进奉使人见辞仪、海外进奉蕃客见辞仪	朝贡(蕃王朝贡、蕃使朝贡)、遣使	外国朝贡、勅封外国、宗室外藩亲王等相见、京官相见、直省官相见、京府官属相见、士庶友相见
宾			皇太子与师傅保相见仪、皇太子元正冬至受群臣贺仪		国学师弟子相见、受业弟子见师长、卑幼见尊长

类目		《大唐开元礼》150卷	《政和五礼新仪》220卷	《大明集礼》53卷	《大清通礼》50卷
军礼	亲征	皇帝亲征类于上帝 皇帝亲征宜于太社 皇帝亲征告于太庙 皇帝亲征祃于所征之地 亲征及巡狩郊祀有司段于国门 亲征及巡狩告所过山川		亲征	亲征
	讲武／田狩	皇帝讲武 皇帝田狩 皇帝射于射宫	皇帝田猎仪	大射	大阅
	出师	制遣大将出征有司宜于太社 制遣大将出征有司告于太庙 制遣大将出征有司告于齐太公庙	命将出征仪 册命诸王大臣仪	遣将	命将
	祭马	祀马祖、享先牧、祭马社、祭马步	[见吉礼]	[见吉礼]	

类目		《大唐开元礼》150卷	《政和五礼新仪》220卷	《大明集礼》53卷	《大清通礼》50卷
军	献捷	平荡贼寇宣露布	皇帝御楼受蕃王降仪 紫宸殿贺胜捷仪		告至 受俘
	合朔	合朔伐鼓 合朔诸州伐鼓	命朔伐鼓仪		日食救护 月食救护
	驱傩	大傩、诸州县傩			
嘉	冠礼	皇帝加元服 皇太子加元服 亲王冠 三品以上嫡子冠 三品以上庶子冠 四品五品嫡子冠 四品五品庶子冠 六品以下嫡子冠 六品以下庶子冠	皇太子冠仪 品官嫡子冠仪 品官庶子冠仪 庶人嫡子冠仪 庶人庶子冠仪	冠礼（天子加元服、皇太子加元服、亲王冠礼、品官冠礼、士庶冠礼）	
	婚礼	纳后 皇太子纳妃 亲王纳妃 公主降嫁 三品以上婚 四品五品婚 六品以下婚	纳皇后仪 皇太子纳妃仪 皇太子纳夫人仪 帝姬降嫁仪 诸王以下婚仪 宗姬族婚仪 品官婚仪 庶人婚仪	婚礼（天子纳后、皇太子纳妃、亲王纳妃、公主出降、品官婚礼、庶人婚礼）	大婚 皇子婚 公主釐降 王公以下婚 郡主以下出嫁 品官婚 庶士婚 庶人婚

类目		《大唐开元礼》150卷	《政和五礼新仪》220卷	《大明集礼》53卷	《大清通礼》50卷
吉	官仪/朝会	皇帝、皇后正至、千秋节受朝贺 朔日受朝 朝集使朝见并辞 皇太子正至冬至受贺 皇太子与师傅保相见 皇太子受朝集使参辞 朝集使于尚书省礼见参辞 任官初上相见	天宁节上寿仪	朝会(中宫朝会,东宫朝会)	朝贺 御门听政 盛京升殿 皇帝登极 恭上皇太后尊号徽号 颁诏
	月令	皇帝干明堂读月令 皇帝干明堂及大极殿读五时令			颁朔
嘉	养老/学礼	皇帝养老干太学 乡饮酒、正齿位	皇帝养老射仪 皇帝宴射仪 集英殿春秋大宴仪 集英殿饮福大宴仪 垂拱殿赐宴仪 上巳重阳赐宴曲宴仪 辟雍赐闻喜宴仪 节日赐饮宴仪 赐脲膳仪 紫宸殿贺贺端瑞仪	乡饮酒	恭进实录、圣训,玉牒 经筵进讲 临雍讲书 阙里讲书 乡试、会试,临轩策士 燕礼 乡饮酒

	类目	《大唐开元礼》150卷	《政和五礼新仪》220卷	《大明集礼》53卷	《大清通礼》50卷
嘉	册命	临轩册命皇后 临轩册命皇太子 内册皇太子 临轩册命诸王大臣 朝堂册命诸臣 册内命妇二品以上 遣使册授官爵	册皇后仪 册皇太子仪 册帝姬仪 册内命妇仪 文德殿宣制仪	册拜(册皇后,册皇太子,册亲王,册公主,册内命妇)	册立皇后 册封皇贵妃、贵妃、妃、嫔、亲王世子郡王、长子贝勒贝子、公主、福晋夫人、郡主县君郡君
	宣劳	遣使劳军将,宣敕书 群臣诣阙上表,奉参起居 遣使诣蕃宣劳,皇帝遣使宣抚诸州,皇帝遣遣使诸州宣劳会 皇帝遣使诸州宣敕书,诸州上表			时巡省方
	耤蓁	[见吉礼]	[见吉礼]	[见吉礼]	亲耕帝耤 皇后躬桑

续表

类目		《大唐开元礼》150卷	《政和五礼新仪》220卷	《大明集礼》53卷	《大清通礼》50卷
总辰			忌辰群臣进名奉慰仪 忌辰群臣诣景灵宫仪		
救灾		凶年赈抚 劳问疾苦	赈抚仪 问疾仪		
凶	丧礼	五服制度 讣奏、临丧、除丧 勅使吊、会丧、册赠、会葬、致奠 中宫、太皇太后、皇太后、皇后服、东宫服、东宫妃服 三品以上丧 四品五品丧 六品以下丧 王公以下丧通仪	讣奏仪 临奠吊丧仪 会丧仪 中宫为诸王以下丧举哀仪等 东宫为诸王以下丧举哀仪等 品官丧仪 庶人丧仪	丧仪(品官、庶人) 吊赙	列圣大丧 列后大丧 皇贵妃、贵妃、妃、嫔、贵人丧 皇太子、皇子丧 亲王以下丧 亲王福晋以下丧 公主以下乡君以上丧 品官丧 庶士丧 庶人丧

按汉高祖五年（前198），秦博士叔孙通（约前265—前194）为制礼乐，"采古礼与秦仪杂就之"，高祖即对他说："度吾所能行为之。"于是叔孙通召集鲁地诸生及高祖近习等百余人肆习月余，遂起汉仪，且请高祖观礼，高祖认为"吾能为此"，遂令群臣习之。经过礼典践行，高祖满意地说："吾乃今日知为皇帝之贵也。""及稍定，汉诸仪法，皆叔孙生为太常所论著也。"司马迁论云："叔孙通希世度务制礼，进退与时变化，卒为汉家儒宗。"[1] 司马光亦论云："惜夫，叔孙生之器小也！徒窃礼之糠秕，以依世、谐俗、取宠而已，遂使先王之礼沦没而不振，以迄于今，岂不痛甚矣哉！……夫大儒者，恶肯毁其规矩、准绳以趋一时之功哉！"[2]更有甚者，如汉元帝云："汉家自有制度，本以霸王道杂之，奈何纯任德教，用周政乎！"[3] 其后历朝历代于"制作"礼文改作频仍，仍不免讥议，此于史志颇有载录，至于史志以外文献则论者益夥。究其原因，盖因帝国时代管理层的宗法统治与社会层的民众诉求突冲稍甚，以致帝王各因"所能行"之私臆制礼，所谓"守法者有私心耳"[4]，遂与"礼本太一"的应然礼制颇有出入。

孟子说："非礼之礼，非义之义，大人弗为。"[5] 帝国时代所

[1] 司马迁《史记·刘敬叔孙通列传》，中华书局，2013年，第3278、3279、3280、3282、3283页。
[2] 司马光《资治通鉴》卷十一《汉纪三》，古籍出版社，1956年，第376页。
[3] 班固《汉书·元帝纪》，中华书局，1962年，第277页。
[4] 程颢、程颐《二程集·河南程氏遗书》，中华书局，1984年，第228页。又《韩氏易传》亦载云："五帝官天下，三王家天下，家以传子，官以传贤。"班固《汉书·盖诸葛刘郑孙毋将何传》，中华书局，1962年，第3247页。此皆与《礼记·礼运》论社会演变之大同坎陷为小康的理路一致。
[5] 朱熹《四书章句集注·孟子集注·离娄章句下》，中华书局，1983年，第291页。

颁行之礼制，从礼学的角度视之，则未必皆能允符礼义之实，至于有名无实的部分，尤治礼者所当明辨。要之制作的礼典作为共同体行为方式的依据，当与分权时代各国所制之"宪法"同功，必以公心为之，乃可成就天经地义之彝则。

二　礼俗类文献

许慎在《说文解字》中释云："俗，习也。"这里的"习"是指一种相沿而成的习惯。但是从"俗"字从人从谷的字形构造来看，我们可以发现，其所从之"谷"义当与"欲"同，即"从谷者，取虚受之意"[1]，合人、谷二形表示人的虚受性，即人欲。通过进一步的比较，我们又可以发现，在文字的发展过程中，"俗"字的出现要早于"欲"字，而从东汉刘熙《释名》卷四"俗，欲也，俗人所欲也"[2]及《荀子·王制》"诸侯俗反"以"俗"为"欲"的用例来看，似乎可以认为俗字的最初取义正是欲，后来以引申所指的"种群的欲望"（与个体欲望相对）的习惯、风俗为常用义，遂别造"欲"字来表示其本义。这一理解与礼的生命缘起也具有一致性。《礼记·乐记》云：

> 人生而静，天之性也。感于物而动，性之欲也。物至知知，然后好恶形焉。好恶无节于内，知诱于外，不能反躬，天理灭矣。……是故先王之制礼乐，人为之节。衰麻哭泣，

---

[1]　参段玉裁《说文解字注·欠部》"欲"字注，上海古籍出版社，1988年第2版，第411页。
[2]　任继昉、刘江涛译注《释名·释言语》，中华书局，2021年，第256页。

　　所以节丧纪也；钟鼓干戚，所以和安乐也；昏姻冠笄，所以别男女也；射乡食飨，所以正交接也。[1]

　　从生命的层次来说，"道始于情，情生于性"[2]，这里的性是兼心体而言的，故"情"亦当兼意而言。即情意是主体之性体"感于物而动"时的介质信息；而"欲"则是主体之性体在介质发动之后的"索取式"信息，二者的关系类似阴阳消长的转变。荀子谓"情者，性之质也；欲者，情之应也"[3]，最为明确。也就是说，礼是人类"适情节欲"的生活方式，而俗则是一个区域"共同体"中主体为适情节欲而制作、践行的生活方式，二者仅有致用范围的小大之别，却无本质上的不同。《礼记·曲礼上》："入竟而问禁，入国而问俗，入门而问讳。"[4] 这里的"国"即指具有现代"社会"性质的诸侯国，也揭示了俗是具有区域性特质的礼。

　　《礼记·王制》提出了礼制视角下关于俗的看法："凡居民材，必因天地寒暖燥湿，广谷大川异制，民生其间者异俗，刚柔、轻重、迟速异齐，五味异和，器械异制，衣服异宜。修其教，不易其俗；齐其政，不易其宜。"[5]《汉书·地理志》亦有申释："凡

---

[1]　孔颖达《礼记正义》，上海古籍出版社，2008 年，第 1459 页。荀子也有更为直接的礼起于"养欲"说："礼起于何也？曰：人生而有欲，欲而不得，则不能无求，求而无度量分界，则不能不争。争则乱，乱则穷。先王恶其乱也，故制礼义以分之，以养人之欲，给人之求。使欲必不穷乎物，物必不屈于欲，两者相持而长，是礼之所起也。"梁启雄《荀子简释·礼论》，中华书局，1983 年，第 253 页。

[2]　李零《郭店楚简校读记》，北京大学出版社，2002 年，第 105 页。按这里所谓的"道"不是本体之道，而是《中庸》"天命之谓性，率性之谓道"的"道"，为道理之义。

[3]　梁启雄《荀子简释·正名》，中华书局，1983 年，第 322 页。

[4]　孔颖达《礼记正义》，上海古籍出版社，2008 年，第 115 页。

[5]　孔颖达《礼记正义》，上海古籍出版社，2008 年，第 537 页。

民函五常之性，而其刚柔缓急，音声不同，系水土之风气，故谓之风；好恶取舍，动静亡常，随君上之情欲，故谓之俗。"[1] 即风是民众主体的体质特征，而俗则是与"情欲"相关的行为特征。可以说，俗是由于生存环境和文化空间影响所形成的生活方式，因其区域性而被称为风俗，也因其社会性而被称为民俗，而从终极关怀的角度论之则当被称为礼俗。

礼俗连用在先秦文献中仅六见[2]，皆当为联合结构——礼制与风俗，其注疏最详者有二处：一为《周礼·天官冢宰》太宰"以八则治都鄙……六曰礼俗，以驭其民"。郑注："礼俗，昏姻、丧纪旧所行也。"贾疏："俗谓昏姻之礼，旧所常行者为俗，还使民依行，使之入善，故云'以驭其民'。"[3] 二为《周礼·地官司徒》土均"掌平土地之政……礼俗、丧纪、祭祀，皆以地媺恶为轻重之法而行之，掌其禁令"。郑注："**礼俗，邦国都鄙民之所行，先王旧礼也。**君子行礼不求变俗，随其土地厚薄，为之制丰省之节耳。《礼器》曰：'礼也者，合于天时，设于地财，顺于鬼神，合于人心，理万物。'"贾疏："云'礼俗，邦国都鄙民之所行先王旧礼也'者，此土均和邦国都鄙，俗者，续也，续代不易，是知先王旧礼，故引《曲礼》'君子行礼不求变俗'以证之。谓若周公封康叔于殷墟，其民还行殷之礼俗者也。云'随其土地厚薄为之制丰省之节耳'者，以厚薄解经媺恶，丰省解经为轻重之法也。云'《礼器》曰：礼也者，合于天时'者，天有四时，四时生

[1] 班固《汉书》，中华书局，1962年，第1640页。
[2] 《周礼》之《天官冢宰》《地官司徒》《秋官司寇》三见，《礼记》之《大传》二见，《大戴礼记》之《朝事》一见。
[3] 贾公彦《周礼注疏》，上海古籍出版社，2010年，第41、42页。

者则将为礼，是合于天时也。云'设于地财'者，土地有财为礼，是所设依于地之财也。云'顺于鬼神'者，鬼神享德不享味，若不合天时，不设地财而为礼，则鬼神不享。若能合天时、设地财，则鬼神享之，是顺于鬼神也。云'合于人心'者，若不合天时、不设地财，则不合人心；若合天时、设地财，则合人心也。云'理万物'者，若顺鬼神、合人心，则万物得其道理，故可以理万物也。引之，证行礼依地美恶之义。"[1]

郑注未作礼、俗之辨，盖以二者皆为应然之礼因"时中"而呈现的实然形态；孔疏则区而别之。此中所谓"先王旧礼""旧所常行者"的俗，盖即与"礼，时为大"的"今王新礼"比较有不能尽合者而言。唯"不能尽合"又有两种情况：一是同样礼学结构要素中的实然具象与新礼不同，如礼术之使用卜筮或择日法选择时间，礼器之祭器所用主的样式等。二是新礼之礼制或有未及而民间所用旧礼则有所行，如诞礼、笄礼在礼制文献中皆未有专论，而民间则颇有承传；又如常礼之衣食住行的种种规则和礼容，亦为礼制文献所缺略，而在民间生活中则属于不能暂无的行为规则。

现代人类学或析文化传统为大传统与小传统，这对我们理解礼制与礼俗的关系具有一定的启发性。按大、小传统的概念是美国人类学家罗伯特·芮德菲尔德（Robert Redfield，1897—1958）先生在 1956 年提出的：

　　在某一种文明里面，总会存在着两个传统：其一是一个由为数很少的一些善于思考的人们创造出的一种大传统，其

---

[1]　贾公彦《周礼注疏》，上海古籍出版社，2010 年，第 583、584 页。

二是一个由为数很大的、但基本上是不会思考的人们创造出的一种小传统。大传统是在学堂或庙堂之内培育出来的，而小传统则是自发地萌发出来的，然后它就在它诞生的那些乡村社区的无知的群众的生活里摸爬滚打挣扎着持续下去。……这两种传统——即大传统和小传统——是相互依赖的；这两者长期来都是相互影响的。[1]

历史学家余英时先生最早引此分析中国的文化传统，他说：

中国古代的大传统当然非礼乐莫属，而礼乐便有民间的来源。孔子曾说："先进于礼乐，野人也；后进于礼乐，君子也。"傅斯年先生曾解"野人"为乡下的农人，"君子"为城里的上等人，大体上是有根据的。人类学上的大传统和小传统也包括着城市与农村的分别。另一方面，古代又有"礼失求诸野"的说法，这就表示大传统形成之后又渗透到农村的小传统之中，并在那里获得了较长久的保存。大传统必须从各地小传统中吸取养料，这是中国古人早就懂得的真理。[2]

人类学家李亦园先生也引以对应于中国的上层文化传统与民间文化传统[3]。我们这里则用大传统来涵概以上层精英为主所创制的文献传统，以及相应的考古材料；而以小传统对应于活态的民间文化传统，其文献呈现形态则以古今学人记录的私人笔记、

---

[1] 罗伯特·芮德菲尔德《农民社会与文化》，王莹译，中国社会科学出版社，2013年，第95、96页。

[2] 余英时《从史学看传统——〈史学与传统〉序言》（1981），《史学与传统》，时报文化出版事业有限公司，1985年，第13—14页。

[3] 李亦园《中国文化中的小传统》（1993），《人类的视野》，上海文艺出版社，1996年，第142—145页。

田野报告和相关研究为主要内容。其于中国传统礼制与礼俗（风俗、民俗）之辨的启发是，礼制是国家精英自觉地整合大传统和终极关怀而制作或践行的实然行为规范，而礼俗则是民间精英自发地整合小传统和终极关怀而制作或践行的实然行为规范。与理想的应然礼仪相比，二者皆有现实的落差和作理想趋近的提升空间。并且，同为实然行为规范的礼制与礼俗二者也往往会互相借鉴，从而共同与时俱进。

在传世文献中，礼俗最早的代表作当为东汉应劭的《风俗通义》，其后在区域与岁时两个领域的专著较多，如东汉崔寔《四民月令》、西晋周处《风土记》、南朝梁宗懔《荆楚岁时记》等等，唐宋以后，相关著作更多。至于近代以来，又别有民俗学学科专治风俗，辑集和研究历代风俗史、民俗史文献以及活态民俗资源，成果甚多，颇便利用。下录民俗学家钟敬文先生主编的《民俗学概论》上编目录，以见民俗学中有关礼俗记载的类型概况[1]：

物质生产民俗

农业民俗，狩猎、游牧和渔业民俗，工匠民俗，商业与交通民俗。

物质生活民俗

饮食民俗，服饰民俗，居住建筑民俗。

社会组织民俗

社会组织民俗的分类描述，宗族组织民俗，社团和社区组织民俗。

---

[1]　钟敬文主编《民俗学概论》，高等教育出版社，2010 年第 2 版。

岁时节日民俗

岁时节日的由来和发展，岁时节日的活动及特点。

人生仪礼

人生仪礼的性质，诞生仪礼，成年仪礼，婚姻仪礼，丧葬仪礼。

民俗信仰

信仰对象，信仰媒介，信仰表现方式，民俗信仰的基本特征。

民间科学技术

民间科学知识，民间工艺技术，民间医学。

民间口头文学（上）

口头散文叙事文学的体裁和分类，口头散文叙事文学的流传和演变，口头散文叙事。文学的讲述和功能。

民间口头文学（下）

民间诗歌的起源与传播，民间诗歌的类别与特征，民间诗歌的体式、表现手法与功能，歌节、歌俗、歌手。

民间语言

民间语言的性质，常用型民间熟语，特用型民间熟语。

民间艺术

民间音乐，民间舞蹈，民间戏曲，民间工艺美术。

民间游戏娱乐

民间游戏娱乐的起源、特征、功能与分类，民间游戏，民间竞技，民间杂艺。

这里前六种类型是基于主体的对境活动区分的，也是通常意义上所谓的民俗礼仪或民俗信仰的内容；后六种类型则是基于主体的表达方式区分的，属于民间技艺或民间文艺的内容，两大类间或有相互融合的内容。

　　至于有关礼俗的调查研究，其初为人类学田野研究范式的延伸；而后民俗学、社会学皆有采纳，故在礼俗文献"述纂"上，人类学与社会学著作也多有关涉。下辑庄孔韶先生主编的《人类学概论》和郑杭生先生主编的《社会学概论》两种目录中的相关章节[1]，以见一斑：

表 8

《人类学概论》	《社会学概论》
第八章：沟通的意义	第四章：社会的构成
第九章：游猎、游耕与游牧	第五章：文化的结构与功能
第十章：乡村与城市	第六章：人的社会化与个体化
第十一章：婚姻、家庭与亲属制度	第七章：社会互动
第十二章：濡化、社会化与涵化	第八章：社会网络与社会群体
第十三章：族性与社会分层	第九章：社会组织
第十四章：政治组织与社会控制	第十章：社会制度
第十五章：宗教与仪式	第十一章：社会分层与社会流动
第十六章：文化展示	第十二章：社区
	第十三章：社会变迁与社会现代化
	第十四章：越轨与社会控制
	第十五章：社会工作与社会保障
	第十六章：社会建设

---

[1]　庄孔韶主编《人类学概论》，中国人民大学出版社，2015 年第 2 版。郑杭生主编《社会学概论新修精编本》，中国人民大学出版社，2014 年第 2 版。

二者对传统生活史、文化志资料的整理，尤多关乎礼俗的文献内容。至于相关专题研究的文献纂述，其有益于礼俗研究者更是不胜枚举。

从人类发展史的角度考察，礼俗作为民间因习惯形成的具备礼仪特点的习俗，其必然先于礼制而产生，且可以自在自为地传承与发展，并成为礼制产生与发展的基础。所谓"礼源于俗"之"礼"，主要是指礼制，且礼制如果中断，还可以参考礼俗而加以重建，所谓"礼失而求诸野"[1]。从礼制与礼俗的形态来看，礼制是以"天下"为共同体而形成的纵向（群体等差或阶层）设计与践履的行为方式，礼俗是以区域为共同体而形成的横向（社群）设计与践履的行为方式。作为实然的行为方式，在礼仪格局上，二者也应该具有相应的配合关系。即以"天下"共同体的纵横三维空间而言，可以认为，礼制是用于"天下"共同体的纲领性规则，而礼俗则是该共同体的不同区域成员日用常行的生活"仪注"。

《礼记·曲礼上》谓"教训正俗，非礼不备"，《孝经》亦有"移风易俗"之论，皆提出要以大传统的实然之礼统摄变化不够完善的风俗，使之成为礼俗。应劭在《风俗通义》序中说："风者，天气有寒暖，地形有险易，水泉有美恶，草木有刚柔也。俗者，含血之类，像之而生，故言语歌讴异声，鼓舞动作殊形，或直或邪，或善或淫也。圣人作而均齐之，咸归于正；圣人废，则还其本俗。"[2] 所谓"归正"，也当是指转风俗而归于礼俗而已。

---

[1]　参班固《汉书·艺文志》诸子略小序引孔子语，中华书局，1962 年，第 1746 页。
[2]　王利器《风俗通义校注》，中华书局，1981 年，第 8 页。

此外，作为帝国时代"社会"空间产物的乡约、社约、会约等等，亦可视为封建时代"治国"风俗在帝国时代的"时中"产物，也当归于礼俗加以理解、观察和研究。

三　家礼类文献

《礼记·大学》载有主体成人四境说——修身、齐家、治国、平天下。于四境之中，主体的呈现形态或有社会地位的高下之别，然至于极处皆可谓"德配天地"，若王阳明所谓"犹一两之金比之万镒，分两虽悬绝，而其到足色处可以无愧"[1]。

家的本义源于母系氏族时代走访婚中"一夫一妻"式组合而形成的私有生活空间，所谓"女有家，男有室"的对偶婚形态也因此而形成[2]。如此，我们可以理解，家庭的本义是由一夫一妻组成，逐渐扩充而有未成年子女以及夫妻二人失去劳动能力的父母加入的共同体。

但家的本义在不同的社会形态中却要受到不同的制约。部落

---

[1]　王阳明《王阳明全集·传习录上》，上海古籍出版社，1992年，第28页。

[2]　《左传·桓公十八年》："女有家，男有室。"阮元校刻《十三经注疏·春秋左传正义》，台湾艺文印书馆，2001年，第130页。《孟子·滕文公下》："丈夫生而愿为之有室，女子生而愿为之有家。"朱熹《四书章句集注·孟子集注》，中华书局，1983年，第266页。《韩非子·外储说右下》："乃令男子年二十而室，女年十五而嫁，则内无怨女，外无旷夫。"王先慎《韩非子集解》，中华书局，1998年，第345页。何九盈认为："这是春秋战国时候的材料。男子结婚为'有室'，女子结婚为'有家'。'室家'指的就是夫妇。"何九盈《汉字文化学》，辽宁人民出版社，2000年，第169页。按家字从宀从豭省声，比喻夜访婚中女性处所有男性到来；室字从宀从至，表示夜访婚中男性有可去的女性居所。

时代受部落的家族制约，其系统表达为三代时期的宗法制；在天子主体的等级中，则为家国一体的封建制，此可以强化家族势力而有利于部落生存和国家稳定。由于人口增长和迁徙导致家族势力衰微，至东周时代，作为国家形态上的封建制解体。又经过数百年的"磨合"，至秦进入帝国时代，作为家之本义的一夫一妻制"核心家庭"成为社会主流形态，但帝国专制的对境仍使家族势力在社会竞争中具有一定的利益优势，于是形成了"兄弟阋于墙，外御其侮"式的家庭与家族张力。至民国（1912）以后，随着分权制的到来，社会体系与结构形塑的制度建构对核心家庭的生存有了更多的保障，家庭礼仪也终将可以回归其缘起的"初衷"轨道。

由此可知，家礼所关注的时空范围更集中于个体生命本身，与礼俗的横向群体关怀和礼制的纵向阶层关怀两个公共空间相对，家庭是独立于二者的私有空间，是二者形态构成的单元"细胞"。在此私有空间中，主体要通过适当的行为方式实现生命的成长、繁衍和维护，此为家礼所要关怀的核心内容。

家礼一词首见于《周礼·春官宗伯》家宗人职：

> 掌家祭祀之礼。凡祭祀，致福。国有大故，则令祷祠，反命。祭亦如之。掌家礼与其衣服、宫室、车旗之禁令。[1]

郑玄注云："大夫采地之所祀。"贾疏谓："大夫采地称家，在三百里之内。"卿以上称都，其掌祀者称"都宗人"。则此处所谓家礼似仅及祭祀，然"礼有五经，莫重于祭"，则此"家礼"虽仅言主祭事，其实亦当兼及其他礼事。魏晋以后，家礼已有兼括诸

---

[1]　贾公彦《周礼注疏》，上海古籍出版社，2010年，第1062—1063页。

礼事的记载。

最早的家礼当与礼俗相似，并没有文本流传，只是家庭内部长幼之间言传身教而已。至轴心时代的经典特别是《礼记》中始有零散的载述，如居家关乎站立坐卧、衣食住行、男女内外、养育子女、孝亲敬长等等。最早的成文家礼盖可以成书于汉魏之间的《孔子家语》为代表[1]，但从今传本的四十四篇文本看来，其内容稍为芜杂，除曲礼（常礼）外，于典礼则多论理而少述仪。与之相似而晚出的较有影响的家礼类文献可以南朝齐隋之际颜之推的《颜氏家训》为代表。《颜氏家训·风操》中云：

> 吾观《礼经》，圣人之教：箕帚匕箸，咳唾唯诺，执烛沃盥，皆有节文，亦为至矣。但既残缺，非复全书；其有所不载，及世事变改者，学达君子，自为节度，相承行之，故世号士大夫风操。而家门颇有不同，所见互称长短；然其阡陌，亦自可知。[2]

与以记载常礼杂仪相关的家法、家训之作相应，明确以典礼仪式为主要内容的家礼著作当以唐高宗时期杨炯的《家礼》十卷为最早的代表[3]。同见于《新唐书·艺文志》的还有孟诜《家祭礼》一卷，徐闰《家祭仪》一卷，范传式《寝堂时飨仪》一卷，郑正则《祠享仪》一卷，等等，皆为述家礼中的典礼仪式之作，诸书今虽不传，但由后者知杨氏书当包括魏晋以来的四礼（冠婚丧祭）等内容。《宋史·艺文志》中载家礼类文献甚多，如韩琦

---

[1]　此书约初纂于孔子十世孙西汉时期著名经学家孔安国，《汉书·艺文志》载有"《家语》二十七卷"，其后经三国时期魏王肃改编加注而成今本四十四篇之貌。

[2]　王利器《颜氏家训集解》，中华书局，1993年，第59页。

[3]　欧阳修《新唐书·艺文二》，中华书局，1975年，第1491页。

《参用古今家祭式》，许洞《训俗书》一卷，司马光《书仪》八卷、《涑水祭仪》一卷、《居家杂仪》一卷、《家范》四卷，范祖禹《祭仪》一卷，吕大防、吕大临《家祭仪》一卷，张载《横渠张氏祭仪》一卷，吕大均《蓝田吕氏祭说》，程颐《伊川程氏祭仪》一卷，朱熹《四家礼范》五卷、《家礼》一卷，李宗思《礼范》一卷，周端朝《冠婚丧祭礼》二卷，孟说《家祭仪》一卷，等等。

对后世影响最大的五卷本《朱子家礼》，盖以其"道命"坎坷而未能收载于《宋史·艺文志》。按朱子居母丧时（1169）撰《丧祭仪》，淳熙二年、三年间（1175—1176）增益为《家礼》，草成未定而为人所窃，直到朱熹去世时（1200）才重新出现[1]，虽然其后颇有质疑其书之真假，但从时人特别是朱熹弟子的认同和全书内容设计以及对后世的巨大影响而言，此书当为朱熹旧作无疑。其目如下：

> 卷一，通礼（此篇所著，皆所谓有家日用之常礼，不可一日而不修者）。包括祠堂、深衣制度、司马氏居家杂仪。
>
> 卷二，冠礼。
>
> 卷三，婚礼。
>
> 卷四，丧礼。附居丧杂仪。
>
> 卷五，祭礼。

在朱熹晚年纂修未完的《仪礼经传通解》中亦列有"家礼"类目，内分八节：

---

[1] 参束景南《朱熹年谱长编》"淳熙二年乙未四十六岁"条，华东师范大学出版社，2014年，第543—545页。

　　士冠礼第一。郑玄《目录》曰：童子任职居士位，年二十而冠。主人玄冠朝服，则是仕于诸侯。天子之士，朝服皮弁素积。古者四民世事，士之子恒为士。冠于五礼为嘉礼，大小戴及《别录》皆此为第一。今仍旧次，而于其文颇有所厘析云。

　　冠义第二。此小戴《记》第四十三篇，盖汉儒所造以释冠礼之义者也。《家语·冠颂篇》略见天子、诸侯、大夫之礼，小戴《曾子问》中有变礼，《春秋》内外传有事证，今皆以附于后，定为第二，而递改下篇之次云。

　　士昏礼第三。郑《目录》云：士娶妻之礼，以昏为期，因而名焉。必以昏者，阳往而阴来，日入三商为昏。昏于五礼属嘉礼，大、小戴及《别录》此皆第二。今颇厘析之而定为第三。

　　昏义第四。此小戴第四十四篇，盖汉儒所造以释昏礼之义者也。今以《郊特牲》、《坊记》、《曾子问》及《诗》、《春秋》内外传、《白虎通义》、《说苑》所说昏礼之义及其变节合之以为此篇。

　　内则第五。此小戴第十二篇，盖古经也。郑氏以为记男女居室事父母、舅姑之法，以闺门之内礼仪可则，故曰《内则》。今案：此必古者学校教民之书，宜以次于《昏礼》，故取以补经而附以传记之说云。

　　内治第六。古无此篇，今取小戴《昏义》、《哀公问》、《文王世子》、《内则》篇及《周礼》、大戴《礼》、《春秋》内外传、《孟子》、《书大传》、《新序》、《列女传》、《前汉书》、贾谊《新书》、《孔丛子》之言人君内治之法者，创为此记，以补经阙。

五宗第七。古无此篇，今取小戴《丧服小记》、《大传》、《曾子问》、《内则》、《文王世子》、《檀弓》、《曲礼》篇及此经《丧服传》、《春秋》内外传、《家语》、《白虎通义》、《书大传》、《孔丛子》等书之言宗子之法以治族人者，创为此篇。

亲属记第八。此即《尔雅》之《释亲篇》、《白虎通义》所谓"亲属记"者也。以其具载闺门三族亲戚之名号，故列于此。而《通义》所释，亦因以附焉。[1]

此虽别有结构创设，但内容皆辑纂旧说而不作新论，属述纂类礼书；至于《朱子家礼》则因旧说而为新论，当属制作类礼书。《朱子家礼》自序云：

> 凡礼有本有文。自其施于家者言之，则名分之守、爱敬之实者，其本也；冠婚丧祭、仪章度数者，其文也。其本者有家日用之常礼，固不可以一日而不修；其文又皆所以纪纲人道之始终，虽其行之有时，施之有所，然非讲之素明，习之素熟，则其临事之际，亦无以合宜而应节，是亦不可以一日而不讲且习焉者也。

> 三代之际，《礼经》备矣。然其存于今者，宫庐器服之制、出入起居之节皆已不宜于世。世之君子，虽或酌以古今之变，更为一时之法，然亦或详或略，无所折衷。至或遗其本而务其末，缓于实而急于文，自有志好礼之士，犹或不能举其要，而用［困］于贫窭者，尤患其终不能有以及于礼也。

---

[1]　朱熹《仪礼经传通解·篇第目录》，《朱子全书（修订本）》第二册，上海古籍出版社、安徽教育出版社，2010年第2版，第30—33页。

熹之愚盖两病焉。是以尝独究观古今之籍，因其大体之
不可变者而少加损益于其间，以为一家之书。大抵谨名分、
崇爱敬以为之本，至其施行之际，则又略浮文、务本实，以
窃自附于孔子从先进之遗意。诚愿得与同志之士熟讲而勉行
之，庶几古人所以修身齐家之道、谨终追远之心犹可以复见，
而于国家所以崇化导民之意，亦或有小补云。[1]

但比较《仪礼经传通解》中的"家礼"与《朱子家礼》二者
的结构、内容可知，后者少了礼义的专论及通礼（常礼）的展开。
另外，今传本《朱子家礼》的礼义设定中还有一个非常重要的不
足，即朱熹仍采纳帝国时代两难的宗法制作为家礼之名器依据，
未能结合社会史的变化而给予核心家庭以当有的独立地位，因此
其所制作的家礼仪节也未能完全落实主体生命各得其所的终极
关怀。

在此，还要提到一种与家礼相并存的著作体式"书仪"，此类
著作在敦煌文献中有着丰富的遗存。周一良先生指出："书仪实际
是《仪礼》的通俗形式的延续，所以唐以后书仪成为居家日用的
百科全书。"[2] 书仪本指礼辞的写作，延伸而及于相关礼仪活动
的仪式纂录，司马光的《书仪》正是这一体式在宋代的代表作。

与唐代的社会背景不同，宋代随着科举制的成熟，门荫入仕
之路渐窄，帝国时代前期盛行的门阀制衰微，"朝为田舍郎，暮登
天子堂"的生命自信充实于士子之心，而道学启蒙的思想自觉也

---

[1] 朱熹《家礼》，《朱子全书（修订本）》第七册，上海古籍出版社、安徽教育
    出版社，2010年第2版，第873页。
[2] 周一良、赵和平《唐五代书仪研究·序》，中国社会科学出版社，1995年，第
    2页。

影响深远，遂使朱子的《家礼》在元明以后产生了巨大影响。明清时期，解注损益者众多，而民行益笃。其影响较著的代表作有明代丘濬《文公家礼仪节》、魏堂《文公家礼会成》（嘉靖三十六年刊本）、汤铎《文公家礼会通》（景泰庚午序）、周应期《家礼正衡》（崇祯丁丑序）、冯善《家礼集说》，清代黄翊清《家礼会通》（雍正甲寅序刊本，张汝诚辑）、吕子振《家礼大成》（雍正己卯序）、武先慎《家礼集议》（乾隆癸丑序）、梁杰《家礼全集》，等等。其影响所及，若日本、韩国亦多有译解及改编之作[1]。至于家礼中的通礼家训类文献，更是层出不穷，其最有影响的有明朱用纯《治家格言》，清李毓秀《弟子规》、石成金《传家宝》、陈弘谋《五种遗规》，等等。

四　教礼类文献

人作为源出于终极本体的高级生命形态，在理性觉醒之后如何与其所从出的本体建立联系以维护自己生命存在的宇宙秩序，就成为轴心时代学者们最为核心的议题。中国以老庄为代表的道家和以孔孟为代表的儒家即是其中最为杰出的代表；形成于印度而在两汉之际传入中国的佛教学说，因其终极关怀的理路与中国固有的道、儒略同而相与鼎足为三。至公元初的经典整合时代，佛教的教团也对道、儒两大体知群体相继产生了组织形态上的影

---

[1]　彭卫民《明清域外丧礼汉籍经眼录》（花木兰文化出版社，2013），辑有明清朝鲜与日本学者纂著的家礼类文献九十三种。又吾妻重二编有《家礼文献集成·日本篇》一、二，分别由日本关西大学出版部刊于2010年、2013年。

响，如东汉明帝在永平二年（59）推动了全国学校祭孔典礼的制度化[1]，其后又通过感梦求法促成了白马取经和佛寺建造（68）。至东汉末年，张角（？—184）因黄老思想而修黄天道以接引信徒，道家的组织形态亦告形成。在形态上，儒佛道也都完成了"宗教"三要素——教主（理想人格）、教义（证道经文）、信徒"三位一体"的建构[2]。其后三教叠经磨合，共同进步，对中国学术传统和文化生活产生了巨大影响。陈寅恪先生曾总结说：

> 南北朝时，即有儒释道三教之目（北周卫元嵩撰齐三教论七卷，见旧唐书肆柒经籍志下）。至李唐之世，遂成固定之制度。如国家有庆典，则召集三教之学士，讲论于殿廷，是其一例。故自晋至今，言中国之思想，可以儒释道三教代表之。此虽通俗之谈，然稽之旧史之事实，验以今世之人情，则三教之说，要为不易之论。[3]

三教在方法取向上最大的不同，乃是佛、道皆取远离世俗的"方外"为修行对境，以减少主体证道觉受的世俗干扰，从而形成了以教团为依附的修行特征；儒家则以置身世俗的"方内"为修行对境，强调主体证道觉受的世俗超越，从而形成了"即凡俗而神圣"的修行特征。其结果是前者修证的完成以"独与天地精神往来"为境界，而后者则以"吉凶与民同患，神以知来，知以藏

---

[1] 《后汉书·礼仪上》："明帝永平二年三月，上始帅群臣躬养三老、五更于辟雍。行大射之礼。郡、县、道行乡饮酒于学校，皆祀圣师周公、孔子，牲以犬。于是七郊礼乐三雍之义备矣。"范晔《后汉书》，中华书局，1965年，第3108页。

[2] 佛教称作佛法僧三宝，道教称为道经师三宝。

[3] 陈寅恪《冯友兰中国哲学史下册审查报告》，《陈寅恪集·金明馆丛稿二编》，生活·读书·新知三联书店，2001年，第283页。

往"为境界。宋以后，"三教合一"的学术主张深入人心，故学人多兼修三教以形塑自我的生命觉受和主体意识。对于主体而言，三教的学术体知或如生活中邻里的烹饪借鉴，主食、副食与饮品、点心的制作，可取长补短，以提升自我的饮食体验和生活品质。

与儒教世俗对境中用以安身立命的具有终极关怀的礼仪方式相应，道、佛二教的信徒也在"方外"对境中选择了适合自己安身立命的具有终极关怀的行为方式，包括主体们的衣食住行、修身养性、师徒授受、生老病死、群体典礼，以及行道致用、济世化民等"工作"方式。日本学者池田大作先生曾总结说：

> 宗教既直接在教义中阐述伦理规范，又以教义为依据，间接地制定了各种伦理规范。总之，宗教在现实社会中所表现出的影响力主要在于它的道德规范。另外，道德规范也是宗教的坚实基础。[1]

礼学家陈戍国先生也指出："礼不是儒家的创造，不是儒家的专利；诸子百家皆有礼。但是，汉武以后，儒术独尊，儒家讲'礼'较多却是事实。然而释道两家何尝无'礼'！"[2] 而且因其"方外"环境和"教团"背景，在西学东渐中受到的冲击和影响颇较世俗为少，故更能保存其终极关怀的延续性。

──────────

[1] 池田大作、B. 威尔逊《社会与宗教》，梁鸿飞、王建译，四川人民出版社，1991 年，第 414 页。

[2] 陈戍国《中国礼制史·魏晋南北朝卷》，湖南教育出版社，2011 年第 3 版，第 456 页。陈氏所著《中国礼制史》自魏晋南北朝卷以后皆设设"二氏礼"之目以述其大略。又今人亦颇有著论佛、道二教的礼仪之作，如陈耀庭《道教礼仪》（宗教文化出版社，2003）、张泽洪《道教礼仪学》（宗教文化出版社，2012）、圣凯《中国汉传佛教礼仪》（宗教文化出版社，2001；商务印书馆，2020 增订本）、夏金华《中国佛教的制度与仪轨》（上海社会科学院出版社，2010）等。

1. 儒教学礼

狭义的学礼特指主体在成人之前就学生涯中的行为方式。作为入世"宗教",儒教学礼在礼制、礼俗及家礼中皆有载录,如入泮、释菜、学规、取士、乡饮酒、天子视学等等。《礼记·学记》云:

> 古之教者,家有塾,党有庠,术〔遂〕有序,国有学。比年入学,中年考校。一年,视离经辨志。三年,视敬业乐群。五年,视博习亲师。七年,视论学取友,谓之小成。九年,知类通达,强立而不反,谓之大成。夫然后足以化民易俗,近者说服而远者怀之。此大学之道也。《记》曰:"蛾子时术之。"其此之谓乎!

> 大学始教,皮弁祭菜,示敬道也。《宵雅》肆三,官其始也。入学鼓箧,孙其业也。夏、楚二物,收其威也。未卜禘不视学,游其志也。时观而弗语,存其心也。幼者听而弗问,学不躐等也。此七者,教之大伦也。《记》曰:"凡学,官先事,士先志。"其此之谓乎!

> 大学之教也时,教必有正业,退息必有居。学,不学操缦,不能安弦;不学博依,不能安诗;不学杂服,不能安礼;不兴其艺,不能乐学。故君子之于学也,藏焉,修焉,息焉,游焉。夫然,故安其学而亲其师,乐其友而信其道,是以虽离师辅而不反也。《兑命》曰:"敬孙务时敏,厥修乃来。"其此之谓乎![1]

---

[1]　孔颖达《礼记正义》,上海古籍出版社,2008 年,第 1426—1433 页。

此当即学礼之大略，盖古礼以八岁始行家教，十岁入小学[1]，十七岁结业，谓之小成；其后入太学，十九岁毕业，谓之大成。《大戴礼记·保傅》引《学礼》云：

> 帝入东学，上亲而贵仁，则亲疏有序，如恩相及矣。帝入南学，上齿而贵信，则长幼有差，如民不诬矣。帝入西学，上贤而贵德，则圣智在位，而功不匮［遗］矣。帝入北学，上贵而尊爵，则贵贱有等，而下不逾矣。帝入太学，承师问道，退习而端于太傅，太傅罚其不则而达其不及，则德智长而理道得矣。[2]

此为具象于礼制中的太子学礼。朱熹《仪礼经传通解》学礼辑为十五目：学制（制、义）、弟子职、少仪、曲礼、臣礼、钟律（律、义）、诗乐、礼乐、书数、学记、大学、中庸、保傅、践阼、五学。至清秦蕙田《五礼通考》辑录益详，秦氏且序学礼云：

> 古之王者，建国君民，教学为先。太学之制，昉于五帝，其名为成均，虞曰庠，夏曰序，殷曰瞽宗，周曰辟雍，又兼立四代之学，是为五学。又有门闱之小学以教国子，四郊之小学以教国人，待其既长，然后由小学而进于太学焉。其乡、遂、州、党亦各有学，诸侯之国亦立太学、小学、乡学。盖三代以上，莫不以立学为先务。
>
> 其教之之法：国子则师氏诏以三德，保氏诏以六艺，大

---

[1] 《大戴礼记·保傅》谓八岁"学小艺焉，履小节焉"；《礼记·内则》谓八岁"始教让"，九岁"教之数日"，十岁"出就外傅"；《礼记·曲礼上》谓"十年曰幼，学"，依学制九年则十九岁大成，至生日后一月行成人礼，所谓"二十曰弱，冠"。

[2] 方向东《大戴礼记汇校集解》，中华书局，2008年，第323页。

司乐诏以乐德、乐语、乐舞；春秋教以《礼》《乐》，冬夏教以《诗》《书》；中年而考校，九年而大成，其秀者官之，其不率教者屏之；至于乡学，则乡、遂之吏受教法于司徒，以乡三物教之，岁时书其德行道艺，三年大比，兴其贤能而登于天府，又中年论其秀者升于太学，俾与国子齿焉；诸侯则岁贡其太学之秀者，天子试之射宫，视其贤否而行庆让之法。以是知先王之于士，教之必周，择之必慎，而后可收得人之效也。

天子又以春秋视学，修释菜之仪，举养老之典，承师问道，合语乞言，以身先为之向导，故学士莫不蒸蒸丕变，相与勉为贤者而耻为不肖。然则学之礼，顾不重哉？[1]

主体学成之后，则因成人礼而过渡为成人。《礼记·内则》云："二十而冠，始学礼。"[2] 又《礼记·冠义》云："冠而后服备，服备而后容体正，颜色齐，辞令顺。故曰：冠者，礼之始也。"[3] 则成人后所学之礼，即其后人生礼仪中所当践行的曲礼与典礼，从主体践礼的觉受上，固与狭义的学礼相关而不同矣。

延伸而论，则工商百业中的学徒之礼，亦是儒教学礼的延伸，或者说是广义的学礼内容。至于主体既冠、及笄以后的礼仪生活，虽不行用"儒教"之名，但究其本质，也都是在印证"儒教"的应然传统，或者说，通常所谓的中华礼仪，从三教视角论之，其实就是儒教礼。

---

[1] 秦蕙田《五礼通考》卷一百六十九，中华书局，2020年，第7905—7906页。
[2] 孔颖达《礼记正义》，上海古籍出版社，2008年，第1170页。
[3] 孔颖达《礼记正义》，上海古籍出版社，2008年，第2270页。

2. 道教礼

　　道教以《老子》道德本体论和《庄子》仙真境界说为基本教义，在东汉末年经组织建构而宗教化，其后演枝分叶，宗门众多，然亦皆能明体达用，一本万殊。明代正一派第四十三代天师张宇初著《道门十规》云：

　　　　迨我祖天师立教于东汉，葛仙公、许旌阳演派于吴晋。曰教则有正一、全真之分，曰法则有清微、灵宝、雷霆之目。非究源以求流，必忘本以逐末。[1]

　　因道教具有明确的教团组织，故入道者的人生历程亦必经历求学、证道、行道以至"羽化升仙"的过程，从而成就主体践履理想人格的生命历程。其成之之法在道教文献中也颇有载录。今见最有影响的道教文献集成为成书于明代正统年间的《道藏》[2]，其文献分类以三洞四辅十二类为部目。三洞（洞真、洞玄、洞神）四辅（太玄、太平、太清、正一）合称七部，其中太玄辅洞真，太平辅洞玄，太清辅洞神，正一遍陈三乘。三洞经书又各分十二类（各洞类名类序相同），总计三十六类，或称"三十六部"。其十二类的名称及内容如下：

　　　　1. 本文类。经典的文本。

　　　　2. 神符类。龙章凤篆与灵符等。

---

[1]　张宇初《道门十规》，上海书店出版社编《道藏》第三十二册，上海书店出版社、文物出版社、天津古籍出版社，1988年，第147页。

[2]　明成祖（1402—1424在位）即位之初，即令重修《道藏》，经张宇初、张宇清两代天师的相继主持，至英宗正统十年（1445）刊刻成书，故亦名《正统道藏》。

3. 玉诀类。关于道经的阐述与发挥。

4. 灵图类。对经书的图解等。

5. 谱录类。记录仙真应化事迹和功德名位。

6. 戒律类。戒规、刑律及功过格等。

7. 威仪类。斋法醮仪及科仪等。

8. 方法类。坛祭炼养的方法等。

9. 众术类。外丹炉火及方术等。

10. 记传类。仙真传记、碑铭及道观志等。

11. 赞颂类。赞美仙神的诗文。

12. 表奏类。斋醮时上奏天神的章表青词等。

道藏文献为照顾道派源流及"神圣数字",有些分类界说不清,如三洞分派久远之后和合派的归属、三洞与四辅的边界、十二类的方法与众术的区别等等。故后世颇有欲重为分类者,然迄今尚未达成共识。其影响较大的为任继愈先生主编的《道藏提要》所附《新编〈道藏〉分类目录》[1],整合三洞四辅十二类为九目:

一、总类:1. 目录 2. 道教叙说、辞书、类书、丛书。

二、道经(指托名神说仙授,并长期被道教奉为经典者)。

三、戒律科仪:1. 戒律 2. 科仪 3. 斋醮忏仪 4. 表奏、赞颂。

四、道论(阐发道教义理之论著。道论中专述修炼、符箓道法者,分置于修炼、符箓道法类中)。

---

[1] 任继愈主编《道藏提要(修订版)》,中国社会科学出版社,1995 年,第 1255—1256 页。

五、修炼：1. 修心 2. 存思 3. 炼丹 4. 行气导养。

六、符箓道法：1. 符箓图诀 2. 道法咒术。

七、记传：1. 神谱 2. 仙传道史 3. 山渎宫观碑志。

八、子书：1. 诸子（老庄文列，原为道经）2. 易学 3. 医药 4. 占卜星命。

九、诗文集。

从礼学结构要素论，其中道经、道论及子书与礼意、礼义、礼术相关，戒律科仪、修炼与礼仪、礼乐、礼法相关，符箓道法属礼器内容。从主体的行为方式即礼仪形态论，可依儒教之学礼、曲礼、典礼三分法析为学礼、戒律清规、斋醮科仪三类。

学礼是指一个主体经过拜师行礼，从而成为玄门弟子，开始学习道教知识和体证道教工夫，学成后经过受戒仪获得戒牒，遂为一名正式的道士。主体在此期间所须遵守的礼仪规范，可称学礼。受戒之后的道士可以接受法职，如儒教之成人礼后可以独立离家任职，并进而因缘际会于修齐治平之业境，道士亦可在出师后逐渐转修而为高功、天师、真人等道阶，并因缘行道而济世度人。

戒律清规是指道教约束道士行为方式的曲礼规则。戒意为防止，律本指自然音律，是声音运动的节奏基准，引申指主体行为的自然节奏，戒律指需要遵守的生命自然律法，违之则有来自鬼神（终极本体）的报应；清指清修，规指规矩，清规指人为规则，违之则有"团体组织"的惩罚，泛言之则戒律清规可以通用。戒律清规既包含主体的日常行为规则，也包括其违规所应受到的惩处，即礼法的内容。两晋以后，道教借鉴佛教的律法清规和儒教的礼仪规范，制有多种戒律，如《说十戒》《玄都律文》《老君说

一百八十戒》《全真清规》《道门十规》《玄门十事威仪》《正一威
仪经》等。

斋醮科仪是指道士接受法职后为行道而修的法事典礼。斋为
"洁己"以证悟道体（分内斋与外斋：内斋证道，外斋行道），醮
为驱请仙真鬼神以成事功（分清醮与幽醮：清醮祈福禳灾，用于
阳事；幽醮济幽度亡，用于阴事），斋醮多为行科仪前的静、动
"通灵"环节；科指法事类型，仪指仪式行为，科仪指道教法事的
典礼仪式。东汉张道陵创教之初即有法事活动，其后诸派推演益
密，玄坛蜂起，科仪盛矣。著者如《道门科范大全集》《黄箓科
仪》《三洞修道仪》《三宝万灵法忏》等。

3. 佛教礼

佛教与基督教、伊斯兰教并称为世界三大宗教，为公元前 6 世
纪左右古印度学者释迦牟尼所创立，以"性空缘起"的本体论和
"无上正等正觉"（阿耨多罗三藐三菩提）的境界说为基本教义。
约公元初传入中国，其后演派分枝，并在隋（581—618）以后开
启中国化历程，影响较大的宗派即有八宗之说[1]，然皆殊途同归
以求明体成佛。其于主体认知的教法而言，则以显密之论区别最
明。近代高僧冯达庵先生（1887—1978）云：

> 显者何？明豁之谓也。随众生程度，逐渐晓以显浅之法

---

[1] 高振农指出："隋唐时期形成的宗派，主要有天台宗、三论宗、慈恩宗、华严
宗、律宗、禅宗、净土宗和密宗。这些宗派都有自己的经典和传承，在学说上
也各有特点。"高振农《中国佛教源流》，九州出版社，2006 年，第 89 页。后
世佛教宗派皆在此基础上离合演进，然近代以后，盖以净土、禅宗和密宗最有
影响。

理，使其步步了解，悦意进修，终于超脱众生境界。此显教
之大要也。……

密者何？奥邃之谓也。身口意三密，为诸佛果德之结晶
品。众生程度距佛德太远，未能猝解真义；惟遵其道而行，
则法益甚大。其究也，能即肉身而证法佛境界焉。此密教之
大要也。[1]

虽然如此，追本溯源，佛典在传入中国之前便已有经律论
"三藏"结集[2]，其传入中国后又经中国学者踵事增华，最后集
成的汉文佛藏则有汉译佛典、中国著述以及他国人士以汉文写就
的著作。自第一部刊印藏经《开宝藏》颁行以来，迄今已刊行过
三四十种大藏经，其中多已亡佚，而近世以来最为世人所知者，
实为日本大正十一年（1922）所修《大正藏》（全称《大正新修
大藏经》），全书一百册[3]，收录了印度、中国、日本、朝鲜四
地佛典3300余部。其正编收录的是译经、古代中国著述和日本、
朝鲜学者的汉文著述，分为四类二十四目。

经藏：1. 阿含部 2. 本缘部 3. 般若部 4. 法华部 5. 华严
部 6. 宝积部 7. 涅槃部 8. 大集部 9. 经集部 10. 密教部。

律藏：11. 律部。

论藏：12. 释经论部 13. 毗昙部 14. 中观部 15. 瑜伽部

---

[1] 冯达庵《佛法要论（修订本）》，宗教文化出版社，2008年，第253—254页。
[2] 谷响《佛典分类溯源》指出："佛住世时虽以十二分教为佛陀根本圣典的分
类，但佛灭度后，迦叶、阿难、优波离等结集遗教：集四阿含经为经藏，结诸
部戒律为律藏，集诸论义经为论藏。从此以后，于沿用已久的十二分教的分类
以外，一般还多以三藏为佛教圣典分类法。"张曼涛主编《佛教目录学述要》，
大乘文化出版社，1981年第2版，第147页。
[3] 其中正编五十五册，续编三十册，图像十二册，总目三册。

16. 论集部。

　　杂藏：17. 经疏部 18. 律疏部 19. 论疏部 20. 诸宗部 21. 史传部 22. 事汇部 23. 外教部 24. 目录部。

这里的经藏是释迦佛弟子所辑述的师说，律藏是释迦佛弟子所辑录的师道规范，论藏是释迦佛弟子等早期法师的演经之说。从礼学结构要素论，经藏、论藏讲义理及礼辞，当与礼意、礼义、礼术和礼器之文器相关，其中密教部也涉及很多典礼仪轨；律藏讲戒律威仪，与礼仪之曲礼、礼乐、礼法相关，杂藏诸宗部中收有多种典礼文本。参考儒、道二教的礼仪形态，佛教亦可析为相应的学礼、与曲礼相应的戒律威仪和与典礼相应的斋忏仪轨。

在中国汉传佛教中，凡入佛教僧团，即意味着接受了佛教剃发、素食、独身等生活方式，故当受戒以修习佛教知识，参加早课、晚课，遵守丛林中的衣食住行礼仪，观摩斋忏的典礼仪轨。至修习有成，则受具足戒而成为正式僧尼，并可获得度牒以任法职或独立行道。

印度律典据其性质，可分为声闻律与菩萨戒二类。声闻律共有五部，即《十诵律》《四分律》《僧祇律》《五分律》《根有律》。菩萨戒可分两类，一为以《梵网经》为根本经典之"梵网戒"，二为以《瑜伽菩萨戒本》为根本经典之"瑜伽戒"。清规是中国禅宗寺院（丛林）的组织规则和僧众日常的生活章程，其中唐代怀海所制《百丈清规》、宋代宗赜所编《禅苑清规》（又名《崇宁清规》）影响最为深远。

斋忏本指佛教徒修习止观和忏悔罪业的仪则与行法。其中忏法起于东晋的道安和尚，南朝宋、齐、梁、陈亦很流行，梁、陈之际尤甚。历代僧人撰制了不少忏法书，其中影响较大的有梁武帝萧衍的《梁皇忏》、隋僧智颢的《法华三昧忏仪》、唐僧知玄的《慈悲三昧水忏》、宋僧知礼的《千手千眼大悲心咒行法》（亦称《大悲忏》）等。仪轨原指密教在坛场中以密印、供养、三昧耶（誓言）、曼荼罗、念诵等仪式轨则礼敬佛菩萨及诸天等，后泛指佛教除衣食住行以外的典礼活动。中国佛教协会编录仪轨制度十五种[1]：1. 丛林 2. 殿堂 3. 传戒 4. 度牒 5. 清规 6. 课诵 7. 国师 8. 俗讲 9. 浴佛 10. 行像 11. 赞呗 12. 水陆法会[2] 13. 忏法 14. 盂兰盆会 15. 焰口，包含了用于各种节日与法事的活动程仪。从礼仪的视域论之，此分法似乎有些笼统，且层级不清，或许可以考虑把相关的典礼活动归之于仪轨，如第 8—15 的内容。夏金荣先生在《中国佛教的制度与仪轨》中即指出：

> 仪轨，也有称之为"礼仪"或"仪礼"的，在古代印度有时也与僧团的行事制度相交叉，比如布萨、安居、自恣，或出家、受戒等。但在中国，一般以具体的法事仪式来体现，与佛教梵呗的制作、发展密切结合，具有鲜明的本土特色。如南北朝以来的放生、祈雨、行像、八关斋戒、盂兰盆会、慈悲道场忏法等，数不胜数。[3]

---

[1] 参百度百科"中国佛教仪轨制度"条。
[2] 宋慈云大师述《金园集》卷中《施食正名》云："有题榜水陆者，所以取诸仙致食于流水，鬼致食于净地之谓也。"释遵式《金园集》，日本宫内厅书陵部图书寮文库藏宋刊本，第 9 页。
[3] 夏金华《中国佛教的制度与仪轨·绪论》，上海社会科学院出版社，2010 年，第 2 页。

◇文献示目

《大唐开元礼》，（唐）萧嵩等。载《中华礼藏·礼制卷·总制之属》，浙江
　　大学出版社，2016 年。

《政和五礼新仪》，（宋）郑居中等。《四库全书》本。

《中兴礼书》，（宋）礼部太常寺。载《丛书集成初编》，商务印书馆，1935
　　年。《续修四库全书》本。

《中兴礼书续编》，（宋）叶宗鲁。载《丛书集成初编》，商务印书馆，1935
　　年。《续修四库全书》本。

《明集礼》，（明）徐一夔等。《四库全书》本。

《大清通礼》，（清）来保等。《四库全书》本。

《北泉议礼录》，国立礼乐馆。北泉图书馆，民国三十三年（1944）。

《风俗通义校注》，王利器。中华书局，1981 年。

《荆楚岁时记》，（梁）宗懔。中华书局，2018 年。

《五种遗规》，（清）陈弘谋。凤凰出版社，2016 年。

《〈朱子家礼〉宋本汇校》，〔日〕吾妻重二。上海古籍出版社，2020 年。

《泰泉乡礼》七卷，（明）黄佐。《四库全书》本。

《闺范》四卷，（明）吕坤。《四库全书》本。

《四分律》，（后秦）耶舍、竺佛念。东方出版社，2020 年。

《禅苑清规》，（宋）宗赜。上海古籍出版社，2020 年。

《云笈七签》，（宋）张君房。中华书局，2003 年。

◇思考题

1. 礼制与礼俗的关系是怎样的？
2. 家礼的内容应该包括哪些？
3. 学礼的内容应该包括哪些？

第五讲 礼学反思中的礼论文献

礼仪作为中国人理想的行为方式，其最初的结集虽以《仪礼》最为大宗，然以文本残缺和礼仪本身的时变特点，故自孔子厘定六经以后，传者即多有宗经补论之说。所谓礼论之作，初皆《礼记》之绪余，至其全体大貌，固非考据经学即文发论之所能该具，且历时既久，变通时出，而修订补葺者亦代不乏人。若西汉戴圣《石渠礼论》振滔源泉，东汉班固《白虎通义》汩其余波，论者渐起，然至唐世，学者多集中于礼义、名器及个别礼典或仪节的讨论，而对礼学的全体大貌则未遑关注。朱熹云：

> 礼学多不可考，盖其为书不全，考来考去，考得更没下梢，故学礼者多迂阔。一缘读书不广，兼亦无书可读。如《周礼》"仲春教振旅，如战之陈"，只此一句，其间有多少事。其陈是如何安排，皆无处可考究。其他礼制皆然。大抵存于今者，只是个题目在尔。

> ……若是如今古礼散失，百无一二存者，如何悬空于上面说义！是说得甚么义？须是且将散失诸礼错综参考，令节文度数一一著实，方可推明其义。若错综得实，其义亦不待说而自明矣。[1]

历代呕呕以考礼经之不备、补礼经之缺佚者众矣，其于礼学

---

[1]　参黎靖德编《朱子语类》卷八十四"论考礼纲领"篇，中华书局，1986年，第2177—2178页。

文献中以超越礼经文本而对礼学之全体大用作综合研究者亦众矣，《四库全书》把相关的论著归入经部礼类"通礼之属"。从经学研究的角度来说，礼经文献的研究属于文本层次，而礼论文献的研究则属于格致层次。格致要越过文本而直面生活世界，是对生活世界"礼以义起"的全面把握和具体落实。

一 礼论与礼纬

《论语·子罕》载孔子云：

> 麻冕，礼也；今也纯，俭。吾从众。拜下，礼也；今拜乎上，泰也。虽违众，吾从下。[1]

这段话是说：人们在日常交往中戴麻冕是合礼的，但其裁制所用的精细布料很不易获得，所以大家就改用比较容易获得的丝来裁制，这一改变虽有简省却没有损害冕雅致贵重的礼义，所以我也愿从众使用纯冕；臣僚在堂下拜君再升堂成礼是合于朝仪的，但是因为拜下仅是形式（君命小臣辞）而最终拜礼仍要升堂才能完成，所以大家就改为直接在堂上拜君成礼，这一改变虽然简捷舒适却有损于臣下对君上表达敬畏的礼义，所以我只能违众而仍取"拜下"礼。可知孔子已颇有礼论之议，此在《论语》及《礼记》等早期文献中载录尤多。

至战国末期，在最有影响的"高等学府"——齐国稷下学宫三为祭酒的荀子（约前313—前238）才开始使用《礼论》《乐论》

---

[1] 朱熹《四书章句集注·论语集注》，中华书局，1983年，第109页。

之名。这是今传《荀子》中的二篇，其中对礼乐的缘起、本质、功能以及结构特别是礼义等有所讨论，对后世礼仪的研究、制作与践行都有重要影响，而究其渊源所自，则固与以释经传礼为旨志的《礼记》诸论一脉相承。

汉代最重要的礼论结集盖以《石渠礼论》《礼纬》和《白虎通义》三者为代表。

西汉宣帝甘露三年（前51），"诏诸儒讲《五经》同异，太子太傅萧望之等平奏其议，上亲称制临决焉"[1]。其纪要名为《石渠议奏》[2]，其中礼类由戴圣辑录为三十八篇，至《隋书·经籍志》则径名为戴圣撰《石渠礼论》四卷，《旧唐书·经籍志》未见收载，盖已亡佚，唐杜佑《通典》颇有征引，唯称作《石渠礼议》。

《礼纬》的结集当在东汉初年。《后汉书·张衡传》云："刘向父子领校秘书，阅定九流，亦无谶录。成、哀之后，乃始闻之。"[3] 盖至刘向父子撰著《别录》《七略》之时，谶纬之论虽有，但尚未形成专著，故《汉志》中全无载录。至东汉光武帝开国伊始，就命尹敏、薛汉等校定图谶，于中元元年（56）"宣布图谶于天下"[4]。据《后汉书·张衡传》载，张衡在奏疏中有云："且《河洛》《六艺》，篇录已定，后人皮傅，无所容篡。"李贤

---

［1］　班固《汉书·宣帝纪》，中华书局，1962年，第272页。

［2］　据《汉书·艺文志》，七经下多载及《议奏》，如礼类有《议奏》三十八篇，书类有《议奏》四十二篇，《春秋》类有《议奏》三十九篇，《论语》类有《议奏》十八篇等；《孝经》类下有《五经杂议》十八篇，皆附注云"宣帝时石渠论"或"石渠论"。

［3］　范晔《后汉书》，中华书局，1965年，第1912页。

［4］　范晔《后汉书·光武帝纪》，中华书局，1965年，第84页。

注："《衡集》上事云：'河洛五九，六艺四九，谓八十一篇也。'"[1] 盖光武帝以图谶得位，遂命综理图纬而封闭"圣言"，以防再生新论而为他人利用。今传《后汉书·方术传》樊英传"七纬"李贤注录有七经纬三十六种目录（内脱一种），中有《礼纬》三种：

> 《含文嘉》《稽命征》《斗威仪》。

其书至隋时盖已亡佚。《隋书·经籍志》著录十三部谶纬书，中有《礼纬》三卷，附注云："郑玄注，亡。"《旧唐书·经籍志》《新唐书·艺文志》并有《礼纬》三卷，题"宋均注"。按此宋均（约 184—267）为郑玄弟子，入魏为博士，其书宋以后史志未见载录。至清修《四库全书》前，传世纬书仅存《易纬乾坤凿度》和《周易乾凿度》二种，四库馆臣又从《永乐大典》中辑出六种易纬，合为八种十二卷，附于经部易类之末。另外，《四库全书总目》存目二载有《礼纬含文嘉》，其提要已辨此为《三镜》的易名之作[2]。对《礼纬》的辑佚主要集中在明清两代，虽后出转精，然亦各有不足。至 20 世纪中叶，安居香山、中村璋八二先生纂

---

[1] 范晔《后汉书》，中华书局，1965 年，第 1912、1913 页。

[2]《四库全书总目》子部术数类存目《礼纬含文嘉》云："不著撰人名氏。目录后有题词曰：'已上天镜、地镜、人镜，皆万物变异，但有所疑，无不具载。此乃三才之书，共六十篇，易名《礼纬含文嘉》三卷。绍兴辛巳十一月二十九日，东南第三正将观察使张师禹授。'考宋《两朝艺文志》曰：'今纬书存者独《易》，而《含文嘉》乃后人著，为占候兵家之说，与诸家所引《礼纬》乖异不合，故以《易纬》附经，以《含文嘉》入五行。'云云。则其书实出南宋初，然张师禹记特称易名《礼纬含文嘉》，则此名实师禹所改，原未称即其本书，《两朝艺文志》疑其乖异不合，盖偶未详核也。朱彝尊《经义考》既历引诸书所引《含文嘉》证其不合，又云所见凡二本，一本画云气星辉之象，而附以占词；一本分天镜、地镜、人镜。皆非原书，而于《含文嘉》标目之下仍注'存'字，则舛误甚矣。"纪昀《四库全书总目》，中华书局，1965 年，第 948 页。

《重修纬书集成》，又在旧有辑本基础上有所考订增补，最为精当，然亦仅存二百五十余条互不相属的文字而已，《礼纬》三种之原貌固已不得而知矣。

从《礼纬》的篇题和残存的内容来看，无论是讲礼之起源和性质的《含文嘉》，还是言圣王受命于天之缘由的《稽命征》，抑或是述礼之盛德权威的《斗威仪》，其间贯穿的始终是天人感应学说，是礼通于天思想的集中表达。具体而言，则有关乎礼的缘起、三纲六纪、因时损益等要义，以及灵台、饭含、小敛、五祀、九锡、旗帜、坟墓等礼器、礼仪要素的讨论。从汉代学术生态的经纬关系而言，纬是对经书的义理延伸和经世指导[1]，其名称后世虽未能传承，然其义理则与诸子所论同科。或者说，《礼纬》即礼论形态的别一种命名呈现而已。

东汉章帝建初四年（79），"大会诸儒于白虎观，考详同异，连月乃罢"[2]"帝亲称制临决，如孝宣甘露石渠故事，作《白虎议奏》"[3]。其纪要《白虎议奏》后由班固整理为《白虎通义》[4]。清皮锡瑞《经学历史》云："《白虎通义》犹存四卷，集今学之大成。十四博士所传，赖此一书稍窥崖略。"[5] 从今本《白虎通义》所载看，其书亦以礼论为主，且集中于礼学结构要素

[1] 《四库全书总目》经部易类六附录案语："儒者多称谶纬，其实谶自谶，纬自纬，非一类也。谶者诡为隐语，预决吉凶……纬者，经之支流，衍及旁义……渐杂以术数之言，既不知作者为谁，因附会以神其说，迨弥传弥失，又益以妖妄之词，遂与谶合而为一。"纪昀《四库全书总目》，中华书局，1965年，第47页。
[2] 范晔《后汉书·儒林列传》，中华书局，1965年，第2546页。
[3] 范晔《后汉书·肃宗孝章帝纪》，中华书局，1965年，第138页。
[4] 前者详录会议诸家观点，后者主要纂录章帝论定之说。参刘师培《白虎通义源流考》，陈立《白虎通疏证·附录七》，中华书局，1994年，第783—784页。
[5] 皮锡瑞《经学历史·经学极盛时代》，中华书局，2004年，第77页。

中的礼义、礼器（主要是名器）。

相关的礼论自西汉武帝以来代有载录，唯以宣帝石渠、光武图谶、章帝白虎三次论定影响为大而已。另外，与此相应的学人私议也渐繁夥。检《隋书·经籍志》经部礼类所载，除戴圣《石渠礼论》外，还列有《礼论》《礼答问》《礼杂问》《问礼俗》《礼疑义》《礼乐义》等礼论文献三十余种及乐论文献数种；《旧唐书·经籍志》礼类下则明确提及"礼论答问三十五家"，与《周礼》十三家，《仪礼》《丧服》二十八家相并为目。"自唐初以降，由礼经衍生，或曰专门针对礼经问题的'答问'类著作已经很少见了。"[1] 虽然作为"答上问"之类的礼论文献式微，但作为学人专著的礼论文献却得到了长足的发展，其大者如北宋陈祥道《礼书》一百五十卷、陈旸《乐书》二百卷，南宋朱熹《仪礼经传通解》六十六卷等。及至清代，尤多巨制，如徐乾学《读礼通考》、江永《礼书纲目》、秦蕙田《五礼通考》、黄以周《礼书通故》等等。

二　礼论通家比目

清代江永在《礼书纲目》自序中说：

> 《礼》《乐》全经废缺久矣，今其存者惟《仪礼》十七篇，乃《礼》之本经。……夫礼乐之全虽不可复见，然以《周礼》大宗伯考之，礼之大纲有五：吉、凶、军、宾、嘉，

---

[1]　吴丽娱《〈礼论〉的兴起与经学变异——关于中古前期经学发展的思考》，《文史》第一辑，中华书局，2021年，第104页。

皆有其目。其它通论制度之事，与夫杂记威仪之细者，尚不在此数。乐则统于大司乐，其律同度数，铿锵鼓舞，亦必别有一经，与礼相辅。窃意制作之初，当如《仪礼》之例，事别为篇，纲以统目，首尾伦贯，条理秩然，所谓"经礼三百，曲礼三千"者此也。散逸之余，《仪礼》正篇犹存二戴之《记》者，如投壶、奔丧、迁庙、衅庙之类，已不可多觏，其他或一篇之中杂录吉凶，一事之文散见彼此，又或殷周异制，传闻互殊，学者末由观其聚，则亦不能会其通。

夫礼乐之全已病其阙略，而存者又疾其纷繁，此朱子《仪礼经传通解》所为作也。朱子之书，以《仪礼》为经，以《周官》、戴《记》及诸经史杂书补之，其所自编者，曰《家礼》，曰《乡礼》，曰《学礼》，曰《邦国礼》，曰《王朝礼》，而丧、祭二礼属之勉斋黄氏。其编类之法，因事而立篇目，分章以附传记，宏纲细目，于是粲然。秦汉而下，未有此书也。[1]

按朱熹《仪礼经传通解》为晚年之作[2]，其中或有草拟未定

---

[1] 江永《礼书纲目·序》，清嘉庆庚午年（1810）刊本，第1—4页。

[2] 据《四库全书总目》经部礼类四《仪礼经传通解》提要，朱熹1194年上宁宗《乞修三礼札子》，欲修撰《仪礼集传集注》，后因党锢等中辍，晚年重修后更名《仪礼经传通解》，但并未完稿。朱子殁后，嘉定丁丑（1217）始刊版于南康。凡《家礼》五卷、《乡礼》三卷、《学礼》十一卷、《邦国礼》四卷，共二十三卷，为四十二篇。中阙《书数》一篇。《大射》至《诸侯相朝》八篇尚未脱稿。其卷二十四至卷三十七凡十八篇，则仍前草创之本，故用旧名《集传集注》，是为《王朝礼》，中阙《卜筮》一篇，目录内《践阼》第三十一以后，序说并阙，盖未成之本也。其中丧祭二类成于朱子门人黄榦、杨复，盖朱子以创稿属之。然榦仅修《丧礼》十五卷，成于嘉定己卯（1219）。其《祭礼》则尚未订定而榦又殁。越四年壬午（1222），张虑刊之南康，亦未完本也。其后杨复又重修《祭礼》。后二者即世传《仪礼经传通解续》的内容。参纪昀《四库全书总目》，中华书局，1965年，第179页。

乃至有目无论者，故清儒江永因作《礼书纲目》以全之，唯一级礼目朱子改用主体成人的学与修齐治平五阶为目，而江永则重归《周礼》吉凶宾军嘉的五礼传统，又别出通礼、曲礼、乐三目以辑礼器、常礼与礼乐三种文献。朱、江二书重在以先秦文献补配《仪礼》之所不备，而于汉以后因义起例之礼仪则未加整合。朱熹与弟子钱子升讨论修礼书时曾提到这个问题："子升云：'今《礼书》更附入后世变礼亦好。'曰：'有此意。'"[1] 说明朱子在编纂《仪礼经传通解》时，亦有用后世所起诸仪补配礼书以论礼仪之全体大貌的想法，然限于精力而先为先秦之例而已。江永虽踵朱子《仪礼经传通解》之例而毕其功，然亦未能于后世礼仪有所整合。此意直到清初徐乾学著《读礼通考》时才得到落实，然亦仅及于丧礼而殁。其后秦蕙田《五礼通考》则踵徐氏例而毕其功，卢见曾序之云：

> 乙亥（1755）冬，今大司寇味经秦先生辱示《五礼通考》全书，增徐氏吉军宾嘉四礼，而丧礼补其未备。苞括百氏，裁翦众说，举二十二史之记载，悉以《周礼》《仪礼》提其纲，上自朝廷之制作，下逮诸儒之议论，靡不搜抉仄隐，州次部居，令读者一览易晓，至是而世之有志于礼教者始畅然满志而无遗憾矣。[2]

其后又有黄以周别以礼学问题列目，对其间的礼仪、礼器问题加以考辨，著《礼书通故》。俞樾为之序云：

---

[1]　黎靖德编《朱子语类》卷八十四，中华书局，1986 年，第 2187 页。
[2]　秦蕙田《五礼通考·序》，清光绪六年（1880）江苏书局重刊本，第 1—2 页。

惟秦氏之书，按而不断，无所折衷，可谓礼学之渊薮，而未足为治礼者之艺极。求其博学详说，去非求是，得以窥见先王制作之潭奥者，其在定海黄氏之书乎。……惟礼家聚讼，自古难之。君为此书，不墨守一家之学，综贯群经，博采众论，实事求是，惟善是从。……视秦氏《五礼通考》，博或不及，精则过之。[1]

表9录《仪礼经传通解》《礼书纲目》《五礼通考》《礼书通故》四家目次[2]，以比较其礼论部次思考之大略。按这里所呈现的仅是二级礼目，其下又多有三级礼目，更为繁细，虽然如此，犹不免挂漏之嫌。再具体到容饰、升降、趋跄以及用器等细节，就更易使人有"累世不能殚其学，当年不能究其礼"的担心[3]。且最易聚讼不已的是，礼家各因其学术背景设论，这在表9所列四家的一级分目中就已见端倪（黄氏虽未揭一级目次，然其五十通考亦略有隐在的上级部目），其于礼学要素的结构形态和礼仪传统的经权之变缺乏共识，因此也就难以为自己及其族群乃至人类寻找到合宜的行为方式，而这却是每一位主体之人生未曾间断的践履理想。

---

[1] 黄以周《礼书通故·序》，中华书局，2007年，第1—2页。

[2] 朱熹《仪礼经传通解》，《朱子全书（修订本）》第二册，上海古籍出版社、安徽教育出版社，2010年第2版（方括号中的目次为编者所加，非原书目录所有）。江永《礼书纲目》，清嘉庆庚午年（1810）刊本。秦蕙田《五礼通考》，中华书局，2020年。黄以周《礼书通故》，中华书局，2007年。

[3] 参司马迁《史记·孔子世家》春秋时齐国名相晏婴论孔子礼教，中华书局，2013年，第2304页。

表 9

《仪礼经传通解》37+29=66卷	《礼书纲目》85卷	《五礼通考》262卷	《礼书通故》50卷
【家礼】	嘉礼	吉礼	宫室
士冠礼第一	士冠礼、冠义	圜丘祀天	衣服
冠义第二	士昏礼、昏义	祈谷	卜筮
士昏礼第三	冠昏记	大雩	冠礼
昏义第四	乡饮酒礼、乡饮酒义	明堂	昏礼
内则第五	燕礼、燕义	五帝	见子礼
内治第六	公食大夫礼、公食大夫义	祭四时	宗法
五宗第七	飨食燕记	祭寒暑	丧服
亲属记第八	养老	日月	丧祭
	乡射礼	星辰	
【乡礼】		风师雨师	郊礼
士相见礼第九	大射仪	方丘祭地	社礼
士相见义第十	三射记、射义	社稷城隍附	群祀礼
投壶礼第十一	投壶	四望山川附封禅	明堂礼
乡饮酒礼第十二	嘉事杂记	五祀	宗庙礼
乡饮酒义第十三		六宗	肆献祼馈食礼
乡射礼第十四	宾礼	四方	时享礼
乡射义第十五	士相见礼、士相见义	四类	改正颁朔礼
	聘礼、聘义	高禖	耤田躬桑礼
【学礼】	王朝邦国遣使礼	蜡腊	
学制第十六	诸侯相朝礼	禜、酺、盟诅、衈	相见礼
	觐礼	宗庙制度	

《仪礼经传通解》37+29=66卷	《礼书纲目》85卷	《五礼通考》262卷	《礼书通故》50卷
学义第十七	朝事义	宗庙时享	食礼
弟子职第十八	会同礼	禘祫	饮礼
少仪第十九	巡守	荐新	燕飨礼
曲礼第二十	凶礼	后妃庙	射礼
臣礼第二十一	丧服、补服、丧服变除	私亲庙	投壶礼
臣律第二十二	丧服制度、丧服义	太子庙	朝礼
钟律义第二十三	士丧礼、士虞礼	诸侯庙祭	聘礼
诗乐第二十四	丧大记	大夫士庙祭	觐礼
礼乐记第二十五	卒哭袝练祥禫记	祀先代帝王	会盟礼
书数第二十六阙	丧通礼	祭先圣先师	即位改元礼
学记第二十七	奔丧	祀孔子	学校礼
大学第二十八	丧变礼	功臣配享	选举礼
中庸第二十九	吊礼	贤臣祀典	职官礼
保傅第三十	丧阵礼	亲耕享先农	井田
践阼第三十一	灾变礼	亲桑享先蚕	田赋附关市之赋
五学第三十二	吉礼	享先火、享先炊、享先卜、享先	职役
【邦国礼】	祭法	医，祭历	钱币
燕礼第三十三	天神	嘉礼	封国
燕义第三十四	地示	即位改元	军礼
大射仪第三十五		上尊号	田礼
大射义第三十六		朝礼	御礼

《仪礼经传通解》37+29=66卷	《礼书纲目》85卷	《五礼通考》262卷	《礼书通故》50卷
聘礼第三十七	百神	尊亲礼	六书
聘义第三十八	宗庙	饮食礼	乐律
公食大夫礼第三十九	特牲馈食礼	冠礼	刑法
公食大夫义第四十	少牢馈食礼	昏礼	车制
诸侯相朝礼第四十一	天子诸侯庙享	飨燕礼	名物
诸侯相朝义第四十二	诸侯迁庙	射礼	礼节图
觐礼第四十三	诸侯衅庙	乡饮酒礼	名物图
朝事义第四十四	祭通礼	学礼	
历数、卜筮	因祭	巡狩	
夏小正、月令	祭物,祭义	观象授时	
乐制,乐记	**军礼**	体国经野	
王制之分土,制国,王礼,王事,设官,建侯,名器,师田,刑辟	兵制	设官分职	
续【丧礼】	武备	**宾礼**	
丧服一	征伐	天子受诸侯朝	
士丧礼上二	军通礼	天子受诸侯覜	
士丧礼下三	田役	天子受诸侯番国朝觐	
士虞礼四	**通礼**	会同	
丧大纪上五	历数	三恪二王后	
丧大纪下六	夏小正,周月,月令	诸侯聘于天子	
卒哭祔练禫样记七吉祭总目附		天子遣使诸侯国	
		诸侯相朝	

《仪礼经传通解》37+29=66卷	《礼书纲目》85卷	《五礼通考》262卷	《礼书通故》50卷
补服八	制国、职官、封建	诸侯会盟遇	
丧服变除九	内治、朝廷礼、政事	诸侯遣使交聘	
丧服制度十	井田、财赋	相见礼	
丧服又十一	学制、学记	**军礼**	
丧通礼十二	大学、中庸	军制	
丧变礼十三	教太子	出师	
吊礼十四	书数	校阅	
丧礼又十五	五宗	车战、舟师	
丧服图武目录十六	亲属记	田猎	
续编【祭礼】	名器	马政	
特牲馈食礼一	刑辟	**凶礼**	
少牢馈食礼二 有司彻	卜筮	荒礼	
诸侯迁庙 诸侯衅庙	礼记、礼乐记	札礼、灾礼、禬礼、恤礼、唁礼、问礼、	
祭法	**曲礼**		
天神	曲礼、内则		
地示	孝经、少仪、弟子职		
百神	臣礼		
宗庙	**乐**		
因事之祭	乐制、钟律、乐器		
祭统十二	歌舞、乐记		
祭物			
祭义			

　　明末方以智曾说过一句激励后学的话："生今之世，承诸圣之表章，经群英之辩难，我得以坐集千古之智，折中其间，岂不幸乎！"[1] 那么在礼学经权之变的发展历程中，我们是否可以找到一种结构模式，把礼学的要素与内容作"一以贯之"的经纬细分，从而呈现出礼学的全体大貌，以为今人的践履参考与共识选择呢？也许，我们反思"礼经"传统，对其恒道"经"论作进一步的细分，再结合历代的权变"纬"论细分，才能编织出一幅大型的关乎人类行为方式的"帛匹"典范。

　　具体而言，当以主体基于礼意、礼义、礼术的体知而呈现出来的身体表达方式礼仪为经线，以坚振、加持主体礼仪践履心志的礼乐、礼器、礼法为纬线。以吃饭为例，其核心仪式皆为主体取物入口而食之，此人人之所同者。其大别则或以手，或以箸，或以匙，此则礼器之别。至若箸匙食具之材料形制，食物之精粗美恶，味道之快感如何，以及主体对浪费与否是否愧悔等等，皆可因主体行为仪式的展开而因缘生化。据此，我们或许可以基于主体的生命历程（分五等，以庶人、修身、齐家、治国、平天下为目，参第七讲礼器"名器的等差依据"节）建立一个"礼目结构图式"（见表 10），在此基础上，把不同时空的述作文献、礼论思考和践礼文献依次配入相关栏下，以时间为经，以空间为纬。同一时空，又各以等差为别[2]，依序排列。或有考辨，亦各附其类下。

---

[1]　方以智《通雅》卷首一《音义杂论》，《方以智全书（第一册）》，上海古籍出版社，1988 年，第 2 页。
[2]　表 10 等差用语中的"庶"是指在道德觉醒的轴心时代以后，不能自觉以志道成人为旨志而尚待进学的民众。

表 10

	礼仪类型	礼学要素	庶	修	齐	治	平
常礼	衣	礼意 礼义 礼术 礼仪 礼乐 礼器 礼法	依时代排列材料				
	食	同上					
	住						
	行						
典礼	诞礼						
	成人						
	相见						
	节日						
	婚礼						
	丧礼						
	祭礼						

　　至于主体因学修齐治平的成人进阶而生的复杂礼仪（包括曲礼与典礼），则各以类相附，而于典礼下作三级分目，如相见之于治平，则有朝聘会同以及兵戎相见的不同；祭礼之于治平，则有郊社以及各种"因祭"等的不同；丧礼之于治平，则有荒吊禬恤的不同；等等。

三　礼仪长编的结构模式

"经礼三百，曲礼三千"，经过数千年文明积累的礼仪形态，在主体生生不息的生命对境中因缘"成体"（礼者体也），其一举一动的背后皆隐藏了人类文明之生命探索的智慧传统。作为"生今之世"的我们，欲在学术层面展开这一传统的经纬"帛匹"，其要点也许正在于经纬二字。不变的是生活，关切致用是礼学的目的；变化的是生命，经权时中才是礼学的本质。

意大利学者克罗齐（Benedetto Croce，1866—1952）先生曾提出一个影响深远的史学理论："一切真历史都是当代史。"他的解释是："如果说当代史是从生命本身直接跃出的，那么我们所称之为非当代史的，也是直接来源于生命；因为最明显不过的就是，唯有当前活生生的兴趣才能推动我们去寻求对过去事实的知识；因此那种过去的事实，就其是被当前的兴趣所引发出来的而言，就是在响应着一种对当前的兴趣，而非对过去的兴趣。"[１]此在礼学研究中尤为切要。礼学的研究必须面向主体当下的生活世界，以此发现问题，再回溯并体知传统，才能有的放矢而不会凌虚蹈空、进退失据。

《孟子·告子上》曰："先立乎其大者，则其小者弗能夺也。"[２]这里的"大"可以理解为礼学中的不变因素，即以礼意、

---

[１]　何兆武、陈启能主编《当代西方史学理论》，中国社会科学出版社，1996年，第157—158页。

[２]　朱熹《四书章句集注·孟子集注》，中华书局，1983年，第335页。

礼义、礼术建构起来的人类主体的生命理据，其表现形态为礼仪；而以辅助、增强主体礼仪践履心志的礼乐、礼器、礼法等为可变因素。譬如水之下流、成分为 H_2O、常温下比重为 1、无色无味透明的液态是其不变因素，而流动中形成的跌宕起伏、曲折平缓、响静渊沉、聚散随形，则为对境因缘而生的权变。

据此理解，我们试以士婚礼为例来作一个具有编年史性质的礼论"长编"思考。

针对个案的材料处理，我们首先需要确定的就是结构模式的设计，有了合理的结构模式，再配入古今中外的相关文献，才能为主体礼仪的当代转化提供最合宜的资源选择。这有点儿像现代建筑的框架结构设计，搭好框架结构，然后再比较选择材料和部件，才能营造出最适宜的家居宅舍。如此，我们首先就要跳出传统礼论研究以文献载录之有无为依据的"点阵式"结构设计，越过文献载录的文本局限，借鉴人类学和社会学的方法，直面人类主体所对境的生活世界，体知其行此典礼所践行的生活结构，利用其对境的典型节点来思考婚礼的结构模式，进而配入传统文献载录的相关节点文献，乃可以整合纷繁的文献材料而一以贯之。

表 11 为婚礼结构模式的一般思考[1]，其中配入《仪礼》《朱子家礼》及少许见诸其他文献的节点载录以备参考比较。

---

[1] 参关长龙、田琛《婚礼主体仪式结构的基本范式——以"三礼"所载士婚礼为中心》，《浙江大学学报（人文社会科学版）》2021 年第 2 期。这里所引表格结构模式未变，唯内容略有增补。

表11

			《士昏礼》《昏义》	《朱子家礼·昏礼》	其他
分隔			纳采、问名 纳吉 纳征 请期	议婚 纳采 纳币	合婚 择日
阈限	男出	家	寝室 庙龛 寝堂	[初昏] 男着婚服 [辞亲] 受醮	着婚服 男父告祠 [男辞亲] 受醮	告祖 辞父母
		庭				
		门				
		车				障车
		路				
	男入	车				
		门		拜见岳父,岳父揖入	岳父导入	拜岳父
		庭		岳父揖入		
		家	寝堂 庙龛 寝室	[女着婚服] 女受醮、奠雁	[女着婚服于房] 女父告祠 女受醮,男入奠雁	告祖 拜岳母
	双出	家	寝堂 庙龛 寝室	男辞岳亲、揖女下堂 女辞亲从	[女辞亲]	辞父母、穿嫁鞋 告祖 夫妻拜见
		庭		男行女从	男揖女,出	盖头背出
		门			男出女从	
		车		男揖女升车,御轮三周	男举帘,女升车	
		路				撞婚、撞丧、过桥、 窨井
	双入	车		[男先至家] 俟妇下车		下婿
		门		男揖女入	男导女入	谷豆、马鞍、火盆
		庭				传席接袋
		家	寝堂 庙龛 寝室	男女坐席、共牢合卺 脱服同寝 媵御馂	男妇交拜、共馔合卺 解服同寝 男父母礼宾	拜父母 告祖 撒帐
聚合			成妇	成妇 成婿	回门

这里采用了人类学中的过渡礼仪理论。过渡礼仪的完整模式在理论上包括阈限前礼仪（rites préliminaries，即分隔礼仪）、阈限礼仪（rites liminaires，即边缘礼仪）和阈限后礼仪（rites postiliminaires，即聚合礼仪），当然，在实践上这三组礼仪并非始终同样重要或同样地强调细节[1]。也就是说，典礼需要设定一个"神圣的时空"，主体通过与此时空中的"天地人"逐一沟通融合，从而达成"命运共同体"之约，才能获得下一阶段的生命赋能和成长安顿，而这一"神圣的时空"也因此成为主体前后两段人生阶段的"阈限"标识，通过它则意味着新阶段的开始。这里的"天"以自然的天空及与天象变化相关联的"时间"为代表，具体到婚礼时空则为年月日时位的选择与确定；"地"则以大地及依附于大地上的万物为代表，具体到婚礼时空则以家、庭、门、车、路为代表形态；"人"则以主体所在的群体及此群体所赖以从出的终极本体之祖神等为代表，具体到婚礼时空则以"家"（夫妻之室、家长之堂、祖灵之庙）的形态存在。在这些对境节点中，男女双方以及二人的父母、祖神、亲友等各有在场，并在此"神圣时空"中依次与新人沟通融合而建构起新的社会关系。在阈限前的准备中，除仪式程序外，还当有为阈限礼仪而封印的"阈限五事"，即神圣时间、神圣空间、神圣主客（主人与客人）、神圣礼器、神圣主体，时间、空间、礼器因选择而"赋神"（如占卜、净洁、标识等）封印，主客[2]、主体通过斋戒封印等。最后，神圣

---

[1] 阿诺尔德·范热内普《过渡礼仪》，张举文译，商务印书馆，2010年，第10页。

[2] 宾客可以选择，但主人似因本具的血缘或神缘而具有"先天"合法性，故不能选择。与主体相对，主人与宾客皆是主体过渡礼仪中的背景存在，不可以喧宾夺主而致违理失礼。

主体通过践行阈限仪式，完成其生命过渡，进入一个新的人生阶段。推而广之，不仅典礼如此，曲礼也当如此，如一饮一饭之过渡，也意味着生命进阶的完成，只不过典礼所标识的进阶更为典型且重大而已。

还须说明的是，表 11 诸节点仅辑有简略的主体行为仪注，作为长编的展开当有礼学七要素的全部列序辑录，而各节点内诸要素的下面，又当以时间和等差为序排列文献资料。这里面尤其要注意作为对境价值判断之礼义要素的大中小级差，也就是所谓的大义、中义和小义。以婚礼为例，作为整个典礼，其礼义在早期经典中被总结为"婚礼者，将合二姓之好，上以事宗庙，而下以继后世也"[1]"万世之始也"[2]；作为婚礼六礼之亲迎的礼义则被总结为"刚柔之义""以阳下阴"[3]；作为亲迎环节之具体仪式如新郎执挚以见的礼义是"敬章别也"[4]、御轮三周的礼义是"防淫泆也"、合卺而饮的礼义是"合体、同尊卑，以亲之也"[5]；等等。以及礼器之义。此较《周易》大象、小象之说略同而更为繁细。

扩而充之，在此结构模式的基础上，配入古今中外人类婚礼传统的全部文献资源，长编才可告成。由此观察比较、思考

---

[1]　孔颖达《礼记正义·昏义》，上海古籍出版社，2008 年，第 2274 页。

[2]　《礼记·郊特牲》："天地合，而后万物兴焉。夫昏礼，万世之始也。"孔颖达《礼记正义》，上海古籍出版社，2008 年，第 1091 页。

[3]　《礼记·郊特牲》："男子亲迎，男先于女，刚柔之义也。天先乎地，君先乎臣，其义一也。"孔颖达《礼记正义》，上海古籍出版社，2008 年，第 1092 页。《白虎通·嫁娶》："天子下至士，必亲迎授绥者何？以阳下阴也。欲得其欢心，示亲之心也。"陈立《白虎通疏证》，中华书局，1994 年，第 459 页。

[4]　《礼记·郊特牲》："执挚以相见，敬章别也。"孔颖达《礼记正义》，上海古籍出版社，2008 年，第 1092 页。

[5]　孔颖达《礼记正义·昏义》，上海古籍出版社，2008 年，第 2274 页。

追问文献载录的高下是非及缺省与否，从而裁决以为当代重建之用。

　　至于其间聚讼纷纭的问题，也当在此结构模式中加以认知和讨论。如婚礼中新郎亲迎出行前是否要告庙，新郎亲迎时是否见岳母，新娘入门后是否拜见公婆，是否告祖，等等，虽文献载录多有缺略，但结合常礼之所行[1]，则知出行、返归的告亲、告庙皆是必行之礼。又如对礼仪主体与主人的辨析，则知宗法制中的嫡长子作为"宗子"而为兄弟行典礼之主人，即使在帝国时代被许为共识，但于礼义则有未安。此与《春秋》载"讥世卿"却不载讥国君世袭的道理略同，作为一个自由的主体，不能因国君可以干预史笔使不见记载遂以国君世袭为合礼，当知本太一、顺人情、天经地义的礼义必不应如此呈现。

◇文献示目

《白虎通疏证》，（清）陈立。中华书局，1994 年。

《仪礼经传通解》，（宋）朱熹。载《朱子全书（修订本）》，上海古籍出版社、安徽教育出版社，2010 年第 2 版。

《礼书纲目》，（清）江永。《四库全书》本。

《读礼通考》，（清）徐乾学。《四库全书》本。

《五礼通考》，（清）秦蕙田。中华书局，2020 年。

《礼书通故》，（清）黄以周。中华书局，2007 年。

---

[1]　如《曲礼上》云："夫为人子者，出必告，反必面。"《中庸》："事死如事生。"《祭义》："事死者如事生。"孔颖达《礼记正义》，上海古籍出版社，2008 年，第 33、2010、1812 页。

◇**思考题**

1.《礼书纲目》与《五礼通考》的体例有何异同?

2. 阅读《白虎通义·嫁娶》,思考婚礼的礼义设计。

3. 在文献中收集婚礼的相关记载,尝试配录到婚礼长编的结构模式中。

第六讲　礼意冥契中的礼乐文献

礼乐（yuè）是指主体在生活践履中与礼仪交错而行表达情志的音歌舞活动，这是狭义的礼乐（lè）范畴；广义的礼乐（lè）是指主体在礼仪践履时所产生的快乐觉受。故《礼记·乐记》云："乐（yuè）者，乐（lè）也。"即礼乐（yuè）是礼乐（lè）中专为表达主体因快乐而呈现的以音歌舞为标识的身体形态。

《礼记·乐记》开篇乐本章云：

> 凡音之起，由人心生也。人心之动，物使之然也。感于物而动，故形于声。声相应，故生变。变成方，谓之音。比音而乐之，及干戚羽旄谓之乐。

> 乐者，音之所由生也，其本在人心之感于物也。是故其哀心感者，其声噍以杀；其乐心感者，其声啴以缓；其喜心感者，其声发以散；其怒心感者，其声粗以厉；其敬心感者，其声直以廉；其爱心感者，其声和以柔。六者非性也，感于物而后动。是故先王慎所以感之者。[1]

这里面有三个要点：

第一，音乐是主体心灵受到外物感动而由身体呈现出来的快乐形态，即音乐是"由人心生也"，而快乐是"音之所由生也"（声音所从出的原因），即"情动于中，故形于声。声成文，谓之

---

[1] 孔颖达《礼记正义》，上海古籍出版社，2008年，第1455—1456页。

音"[1]。或者反过来说，乐音是用来疏导主体快乐的介质[2]，
"乐（lè）必发于声音，形于动静，人之道也。声音动静，性术之
变，尽于此矣"[3]。

第二，音歌舞皆为乐之呈现形态，即声"变成方"则为乐音，
此以乐器所发之声音为其典型形态；然音固有乐器所发，亦有口
腔所发，此为语音，故"比音"之义当指比乐器或口腔之声音与
比主体之语音两种情形，前者之作品为乐曲，后者之作品为乐
歌[4]；身体律动以至于"及干戚羽旄"则为乐舞，三者的次第也
略示后者的呈现可以兼前者而并行。《毛诗序》明示之云："情动
于中而形于言，言之不足，故嗟叹之；嗟叹之不足，故永歌之；
永歌之不足，不知手之舞之足之蹈之也。"[5] 即谓主体的快乐发
动可以通过说、唱、舞三者呈现出来[6]，只不过"说"未被纳入
礼乐（yuè）的范畴而已。也就是说，礼乐的呈现有音、歌、舞三
种表达方式，只不过三者的成熟形态多非现场发挥，而是有其预
作预习的作品以备主体选用，如墨子即提到"诵诗三百，弦诗三
百，歌诗三百，舞诗三百"[7]。

---

[1] 孔颖达《礼记正义·乐记》，上海古籍出版社，2008 年，第 1456 页。

[2] 《荀子·乐论》："故乐（yuè）者，所以道乐（lè）也。"梁启雄《荀子简释》，
中华书局，1983 年，第 281 页。

[3] 孔颖达《礼记正义·乐记》，上海古籍出版社，2008 年，第 1556 页。

[4] 按"比音而乐之"孔疏云："言以乐器次比音之歌曲，而乐器播之。"明朱载
堉在《律吕精义》外篇卷之八中指出："歌以弦为体，弦以歌为用，弦歌二者
不可偏废。"朱载堉《律吕精义》，人民音乐出版社，1998 年，第 1052 页。

[5] 阮元校刻《十三经注疏·毛诗正义·关雎》，台湾艺文印书馆，2001 年，第
13 页。

[6] 今因表演形态分，则有民歌、歌舞乐、说唱乐、戏曲乐、民族乐之分；因使用
群体分，则有宫廷乐、宗教乐、文人乐、民间乐。且于践行而言，以口腔亦可
视为发声器，故有节律的清唱（不配合器乐）亦被视为乐歌。

[7] 吴毓江《墨子校注·公孟》，中华书局，1993 年，第 705 页。

第三，礼乐所呈现的身体形态是有匹配类型的，这些类型不是主体之性体所素具的身体形态，而是其心体感物而生的情态表达。与礼仪之践行一样，礼乐也需要主体的践行，即乐音则主奏，乐歌则主唱，乐舞则主舞。故礼学特别强调"礼乐不可斯须去身"[1]"君子三年不为礼，礼必坏；三年不为乐，乐必崩"[2]。此皆因主体而立论。至于在礼仪特别是典礼活动中作为观闻对象的乐工表演，则属于礼器范畴，而非可与礼仪并列的礼之结构要素礼乐（yuè），彼虽可以归为广义的礼乐（yuè）范畴，但在礼学研究中还是需要加以辨正的。

作为"主体对境的终极关怀"之礼义呈现形态的礼仪（以下凡与礼乐对举的礼仪皆以狭义为论，广义的礼仪包括礼乐）伴侣，礼乐可谓是"主体内省的终极体认"之礼意的冥契形态。简单地说就是，礼仪是主体之性体感物而动时缘情节欲的身体表达形态，而礼乐则是主体因礼仪处置得宜时心体情感流行无碍（快乐）的身体表达形态。在主体的礼仪表达过程中，礼乐是与礼仪相互衔接的行为活动。

一 《乐经》《乐记》与《乐纬》

传世最早的目录学文献《汉书·艺文志》仅载有六部乐书：

《乐记》二十三篇。

---

[1] 参《礼记》之《乐记》，又见于《祭义》。孔颖达《礼记正义》，上海古籍出版社，2008年，第1552、1842页。
[2] 朱熹《四书章句集注·论语集注·阳货》，中华书局，1983年，第180—181页。

《王禹记》二十四篇。

《雅歌诗》四篇。

《雅琴赵氏》七篇。名定，勃海人，宣帝时丞相魏相所奏。

《雅琴师氏》八篇。名中，东海人，传言师旷后。

《雅琴龙氏》九十九篇。名德，梁人。[1]

这里面《乐记》为《乐经》的"经记"（今《礼记·乐记》存其十一篇），《王禹记》为汉时拟《乐经》的"经记"，《雅歌诗》当为乐歌，后三者为器乐之乐谱。其乐类小序云：

《易》曰："先王作乐崇德，殷荐之上帝，以享祖考。"故自黄帝下至三代，乐各有名。孔子曰："安上治民，莫善于礼；移风易俗，莫善于乐。"二者相与并行。

周衰俱坏，乐尤微眇，以音律为节，又为郑卫所乱，故无遗法。

汉兴，制氏以雅乐声律，世在乐官，颇能纪其铿锵鼓舞，而不能言其义。六国之君，魏文侯最为好古，孝文时得其乐人窦公，献其书，乃《周官·大宗伯》之《大司乐》章也。武帝时，河间献王好儒，与毛生等共采《周官》及诸子言乐事者，以作《乐记》，献八佾之舞，与制氏不相远。其内史丞王定传之，以授常山王禹。禹，成帝时为谒者，数言其义，献二十四卷记。刘向校书，得《乐记》二十三篇，与禹不同，其道浸以益微。[2]

---

[1]　班固《汉书·艺文志》，中华书局，1962年，第1711页。
[2]　班固《汉书·艺文志》，中华书局，1962年，第1711—1712页。

上引文字中的三段内容涉及礼乐的三个重要话题。

第一个话题是关于"自黄帝下至三代，乐各有名"的乐文献，此当即指《周礼·春官宗伯》大司乐职所载六乐——《云门大卷》（亦省称《云门》或《大卷》）、《大咸》（又称《咸池》）、《大磬〔韶〕》《大夏》《大濩》《大武》。春秋以后，礼坏乐崩，作为礼学结构要素的礼乐传统也受到重大冲击。《汉书·礼乐志》云：

> 周道始缺，怨刺之诗起。王泽既竭，而诗不能作。王官失业，《雅》《颂》相错，孔子论而定之，故曰："吾自卫反鲁，然后乐正，《雅》《颂》各得其所。"是时，周室大坏，诸侯恣行，设两观，乘大路。陪臣管仲、季氏之属，三归《雍》彻，八佾舞廷。制度遂坏，陵夷而不反，桑间、濮上，郑、卫、宋、赵之声并出，内则致疾损寿，外则乱政伤民。巧伪因而饰之，以营乱富贵之耳目。庶人以求利，列国以相间。故秦穆遗戎而由余去，齐人馈鲁而孔子行。至于六国，魏文侯最为好古，而谓子夏曰："寡人听古乐则欲寐，及闻郑、卫，余不知倦焉。"子夏辞而辨之，终不见纳，自此礼乐丧矣。[1]

乐类小序所引孔子礼、乐对举的"移风易俗"之乐，正是狭义的礼乐，然知其必不限于六代乐，只不过六代乐应该是其最高形态的代表罢了。

第二个话题是关于汉代已经失传的"乐经"问题。其实从小序的前后文看，其第二段所谓"乐"即承前段"六乐"而言，所谓"周衰俱坏""故无遗法"皆是指六乐无遗法。因为六乐是与当

---

[1] 班固《汉书》，中华书局，1962年，第1042页。

时的礼仪相伴而生的，礼坏则与其相伴的乐亦不能独存，唯礼有文本可记，而乐因"以音律为节"，无文本可记，纵有"乐谱"，盖亦不能如今世之完备且为乐家共识，故于改朝换代、乐人更替之际不能独存。这里隐含的信息则指向六乐，即《乐经》，现代音乐史家项阳先生也从"乐本体"的角度对此作了肯定：

> 周代是一个出经典、产生思想的时代，与礼相须之乐有经典出现自在情理之中。六代乐舞就是周之"国乐"——在国家最高祭祀礼仪、在国之大事中所用的乐舞理应是为经典之乐舞——这是周公以为定制的乐舞。《乐经》已失，《乐经》不再，这是客观存在。……必须正视乐本体之活态传承的特殊性，围绕《乐经》进行释解和现象记述的文本《乐记》或可全部、或可部分保存，而《乐经》不可能有完整的文本意义。[1]

其实"六乐"作为礼乐，还有一个最为重要的标识性特征，那就是它应该由主体来践行，即主体不是一个旁观者，而是一个参与者，舍此则为礼学结构要素中的礼器之乐，而不是与礼仪相伴生的礼乐。《礼记·内则》论学子云："十有三年，学乐诵《诗》，舞《勺》。成童，舞《象》，学射御。二十而冠，始学礼，可以衣裘帛，舞《大夏》，惇行孝弟，博学不教，内而不出。"作为礼乐的《大夏》等《乐经》，是成人以后"始学礼"的必学内容。由此亦可推知，《乐经》的内容形态与《仪礼》相似。所不同者，《仪礼》所载以士礼为代表形态，而《乐经》所载则以天子乐

---

[1]　项阳《"六代乐舞"为〈乐经〉说》，《中国文化》2010 年第 31 期，第 33—34 页。

为代表形态，后世欲求礼仪之全体大貌，则须"推士礼而致于天子"；而欲求礼乐之全体大貌，或当引天子乐以至士庶。

虽"周衰乐坏"，而文献中仍略有遗踪可与"情动于中而形于言"之乐论相证发者。《尚书·益稷》载云：

> 皋陶方祗厥叙，方施象刑，惟明。
>
> 夔曰："戛击鸣球、搏拊琴瑟以咏。"祖考来格，虞宾在位，群后德让。下管鼗鼓，合止柷敔，笙镛以间。鸟兽跄跄；箫韶九成，凤皇来仪。夔曰："於！予击石拊石，百兽率舞，庶尹允谐。"
>
> 帝庸作歌。曰："敕天之命，惟时惟几。"乃歌曰："股肱喜哉！元首起哉！百工熙哉！"
>
> 皋陶拜手稽首飏言曰："念哉！率作兴事，慎乃宪，钦哉！屡省乃成，钦哉！"乃赓载歌曰："元首明哉，股肱良哉，庶事康哉！"又歌曰："元首丛脞哉，股肱惰哉，万事堕哉！"[1]

这里的皋陶是掌礼法之官，夔是掌礼乐之官，礼法保障了礼仪与礼乐的流行，此为大治的标志，故有舞《韶》之庆。作为《乐经》的《韶》乐略与礼仪中的典礼相当，是一种复杂的音歌舞组合表演，在表演中，舜帝要亲自"作歌"——领唱领舞，而后皋陶与众人和之从之。又《礼记·祭统》也提到：

> 及入舞，君执干戚就舞位。君为东上，冕而总干，率其群臣，以乐皇尸。[2]

其实在祭礼中，唯"皇尸"才能代表神格主体，只有"皇尸"

---

[1]　阮元校刻《十三经注疏·尚书正义》，台湾艺文印书馆，2001 年，第 72—74 页。

[2]　孔颖达《礼记正义》，上海古籍出版社，2008 年，第 1873 页。

或"神灵"(如依附主人)入列而舞，整场乐舞才能称为礼乐。要之，礼乐与礼器之乐的区别焦点，即在于主体是否入列为乐，入列为乐即为礼乐，否则即为礼器之乐。

德国艺术史家恩斯特·格罗塞(Ernst Grosse，1862—1927)先生在其名著《艺术的起源》中指出：原始部落时期，歌谣均是载歌载舞的。很少有歌而不舞或舞而不歌的，且原始的抒情诗是合乐的；叙事诗或至少叙事诗的一部分，也不单单是记述的，是用宣叙调歌唱出来的。[1] 现代中国境内的少数民族歌舞还颇有保存此类主体参与的群体歌舞形式，如藏族的三大歌舞形态锅庄、大鼓、弦子，皆是主体参与式的活动(在宾礼中，客人才是践礼的主体)。早期《乐经》的践行，或可因以遥想其大略吧。

至于等而下之的礼乐，则固有与曲礼相当者，是以孔子在厄而弦歌不辍[2]，《礼记》谓"礼乐不可斯须去身""大夫无故，不彻县[悬]；士无故，不彻琴瑟"[3]，此皆不是请他人代奏的礼器之乐，而是主人亲自击钟操弦的身体表达。《汉书·礼乐志》载云：

> 初，高祖既定天下，过沛，与故人父老相乐，醉酒欢哀，作"风起"之诗，令沛中僮儿百二十人习而歌之。至孝惠时，以沛宫为原庙，皆令歌儿习吹以相和，常以百二十人为员。文、景之间，礼官肄业而已。至武帝定郊祀之礼，祠太一于甘泉，就乾位也；祭后土于汾阴，泽中方丘也。乃立乐府，采诗夜诵，有赵、代、秦、楚之讴。以李延年为协律都尉，

---

[1] 格罗塞《艺术的起源》，蔡慕晖译，商务印书馆，1984年第2版，第214页。
[2] 《庄子·秋水》："孔子游于匡，宋[卫]人围之数币[匝]，而弦歌不惙。"郭庆藩《庄子集释》，中华书局，1961年，第595页。
[3] 孔颖达《礼记正义·曲礼下》，上海古籍出版社，2008年，第161页。

多举司马相如等数十人造为诗赋，略论律吕，以合八音之调，作十九章之歌。以正月上辛用事甘泉圜丘，使童男女七十人俱歌，昏祠至明。夜常有神光如流星止集于祠坛，天子自竹宫而望拜，百官侍祠者数百人皆肃然动心焉。[1]

汉高祖为歌以倡，僮儿百二十人从而和歌，则其乐文虽有时变，而乐情（义理）仍存礼乐之旧传统，唯其粗鄙或不能免。故自汉武帝以后，设乐府专为乐事，然其专业形态似非行礼主体如帝王之所能自为者，以诸帝王公卿等未必皆少习乐艺，其于典礼活动只能以观闻为事，而观闻之乐自非传统礼乐本义，乃礼仪活动中作为礼器存在的礼器之乐而已，则传统礼乐之崩，或者说礼乐异化而"无遗法"也就可以理解了。汉武帝以后设五经博士，推行"五经六艺"的教化之道，《乐经》之"礼乐"功能既失，其乐艺之道，盖亦仅存技艺功能，其用于典礼的伴生功能也舍主体"心生"之本而异化为礼器的"导情"策略了。宋代朱熹与陈亮讨论王霸义利之辨时说："千五百年之间，正坐如此，所以只是架漏牵补，过了时日。其间虽或不无小康，而尧、舜、三王、周公、孔子所传之道，未尝一日得行于天地之间也。"[2] 礼乐的践行命运也与"道命"略同，不绝如缕，"架漏牵补，过了时日"而已。朱熹谓"后来须有一个大大底人出来，尽数拆洗一番"，才能重振礼乐之邦的人文风貌，"但未知远近在几时"耳[3]。

第三个话题则是对《乐经》进行传述的《乐记》。前引《汉

[1] 班固《汉书》，中华书局，1962年，第1045页。

[2] 朱熹《答陈同甫》，《朱子全书（修订本）》第二十一册，上海古籍出版社、安徽教育出版社，2010年第2版，第1583页。

[3] 黎靖德编《朱子语类》卷八十四，中华书局，1986年，第2177页。

志》小序提到河间献王刘德作《乐记》，以为拟"乐经"的"八佾之舞"的说明，至汉成帝时传写为二十四篇。但刘向校书时所得的《乐记》二十三篇，实与刘德的《乐记》二十四篇没有关联。孔颖达《礼记正义》对《乐记》的结构篇目有比较详细的说明：

> 案郑《目录》云："名曰《乐记》者，以其记乐之义。此于《别录》属《乐记》。"盖十一篇合为一篇，谓有《乐本》，有《乐论》，有《乐施》，有《乐言》，有《乐礼》，有《乐情》，有《乐化》，有《乐象》，有《宾牟贾》，有《师乙》，有《魏文侯》。今虽合此，略有分焉。

> ……故刘向所校二十三篇，著于《别录》。今《乐记》所断取十一篇，余有十二篇，其名犹在。二十四卷《记》，无所录也。其十二篇之名，案《别录》十一篇，下次《奏乐》第十二，《乐器》第十三，《乐作》第十四，《意始》第十五，《乐穆》第十六，《说律》第十七，《季札》第十八，《乐道》第十九，《乐义》第二十，《招〔昭〕本》第二十一，《昭颂》第二十二，《窦公》第二十三是也。案《别录》，《礼记》四十九篇，《乐记》第十九，则《乐记》十一篇入《礼记》也在刘向前矣。至刘向为《别录》时，更载所入《乐记》十一篇，又载余十二篇，总为二十三篇也。其二十三篇之目，今总存焉。[1]

这一说明对阅读传世《礼记·乐记》具有重要的指导意义。又王禹所献《乐记》虽佚不能详，但可以代表汉代"乐论"大略的乐纬今犹存少许遗文。

---

[1]　孔颖达《礼记正义》，上海古籍出版社，2008年，第1455页。

　　与礼纬为汉代"礼论"之代表形态略同，乐纬也是礼乐"时中"之变在汉代的"乐论"代表形态。《后汉书·方术传》樊英传"七纬"李贤注载有乐纬《稽耀嘉》《叶图征》《动声仪》三种，与礼纬《含文嘉》《稽命征》《斗威仪》三种可相对应，其内容虽不能知，然顾名思义，或可略得其情。钟肇鹏先生《七纬》点校前言云：

　　　　《乐动声仪》。孙瑴云："能动物者，莫如乐也。其翼在仪，仪动则人心为之动矣。"（《古微书》）本篇言五声律吕四气风物相感之事理，乐音感人至深，动容周旋，咏歌鼓舞，雍容盛德，而威仪彰著，故曰《动声仪》。

　　　　《乐稽耀嘉》。本篇述三统、三正、三教，五行更王，文质代变之道，稽同天行，功成事举，光耀永嘉，故名《稽耀嘉》。

　　　　《乐叶图征》。"叶"一作"汁"、作"协"，三字古相通，或又作"什""计"，则形近而误。孙瑴说："乐不叶，则不可以征；不可以征，则不可以图也；此论其谐而传者以成篇。"（《古微书》）赵在翰云："制器尚象，叶次征图，经逸图散，乐亡矣夫。"（《七纬·乐纬叙目》）本篇大抵讲乐与政教相通、天地人物感应和谐之道。原本有图，乐贵协和，制作灵图，以为征验，故名《叶图征》。[1]

　　《乐纬》中的乐论主要是将乐理、乐律同天地鬼神、生命结构、社会治理、政治得失等结合起来，是西汉时期的学者对其所认知的阴阳五行宇宙论以及天人感应学说在音乐上的落实与开示。

　　乐纬的命运也与礼纬一样，在隋以后逐渐亡佚，至《宋史·

---

[1]　赵在翰《七纬》，中华书局，2012年，第18页。

艺文志》即已不见载录。明清两代续有辑佚，至 20 世纪中叶，安居香山、中村璋八二先生纂《重修纬书集成》，又在旧有辑本基础上有所考订增补，最为精当，总辑近一百四十条佚文，从中略可管窥乐纬之吉光片羽。

二 感物而动——礼乐的致用要素

《礼记·乐记》谓："钟鼓管磬，羽籥干戚，乐之器也。屈伸俯仰，缀兆舒疾，乐之文也。"此"乐之文"即礼乐的呈现形态。孔颖达疏云："缀，谓舞者行位相连缀也。兆，谓位外之营兆也。"[1] 即缀、兆二者是指主体践行礼乐时进退周旋的路线（舞程线）和活动空间（舞池、舞台），而舒疾则是进退周旋的快慢节奏。从前文"乐之器"的内容包括声器和舞器可知，此"乐之文"也当包括主体践行乐音、乐舞乃至不用乐器的乐歌时的表演形态，也就是主体在礼乐表达时的身体呈现形态，即乐音、乐歌和乐舞，三者中后者皆可兼前者而共时呈现，此于现代学科体系中当属表演学范畴。

1. 乐音：万籁千声之乐

《礼记·乐记》谓人心感物而动，就会通过身体的活动而发出声响，"声相应，故生变。变成方，谓之音"。[2] 郑玄注云："宫、

---

[1] 孔颖达《礼记正义》，上海古籍出版社，2008 年，第 1477 页。
[2] 孔颖达《礼记正义》，上海古籍出版社，2008 年，第 1456 页。

商、角、徵、羽，杂比曰音，单出曰声。"就是说，单出的声响相互呼应，就有了变化的音调组合，变化的音调组合有节奏地呈现出来就成为乐音（今谓之乐曲），也可以说，"声成文，谓之音"[1]。但自然界有万籁千声，人们会选择哪些声响来作为乐音的"声"呢？

事实上，决定声响表达的因素有二：一是声响本身，二是通过什么"器物"来发出这些声响。故《说文解字》释乐字云："五声八音总名。"这里的五声即指声响本身可分为五种类型，而八音则指能发出这些声响的八种乐器。《周礼·春官宗伯》大师职下云：

> 掌六律、六同，以合阴阳之声。
>
> 阳声：黄钟、大蔟[2]、姑洗、蕤宾、夷则、无射。
>
> 阴声：大吕、应钟、南吕、函钟、小吕、夹钟。
>
> 皆文之以五声：宫、商、角、徵、羽。
>
> 皆播之以八音：金、石、土、革、丝、木、匏、竹。[3]

这里提到了四个概念，即六律、六同、五声、八音。其中五声最为根本，它是一个自然音程中人类听觉可以分辨的五个音阶。

听觉是由耳、听神经和听觉中枢的共同活动来完成的。耳是听觉的外周感受器官，由外耳、中耳和内耳组成；外耳和中耳是传音系统，内耳是感音系统。同一种材质的发音，在人类可听见的频率范围约为 20Hz—20000Hz，而能使人感到悦耳的音频多在40Hz—4000Hz 之间。按照声音可以辨识的倍频关系，一个音程有八个自然音阶，第八个音阶与第一个音阶同为一组自然音程的开端（两组自然音程的绝对音高不同，但其在各自音程内可分辨的

---

[1] 孔颖达《礼记正义》，上海古籍出版社，2008 年，第 1456 页。

[2] 也作大簇、太簇。

[3] 贾公彦《周礼注疏》，上海古籍出版社，2010 年，第 876—877 页。

相对音高变化比率是一致的），实际上每个音程有七个自然音阶（相对音高）。中国传统为配合五行而定作五个音阶（123ˣ56ˣ），称为宫商角徵羽，但如此则角、徵和羽与另一音程开端的宫阶之间的音高跨越稍大，故在演乐时又别加两个变阶，称为变徵、变宫，形成七个音阶，这与现代西乐的七音阶分法大体是一致的。

然而，作为具有辨音特征的五音或七音只是一个倍频音程中的相对音高变化，人类感觉舒适的音频在 40Hz—4000Hz，其间约有七个不重复的倍频（80Hz、160Hz、320Hz、640Hz、1280Hz、2560Hz、5120Hz)[1]。这就意味着作为"比音"之用的五音或七音在起始音高的频率确认上有多种选择，这个选择就被称为定调，此在中国古代称为"均"（指一个音程中平均区分的音高等差）或"调"（一组相对音高中宫音所在的起点）。定调的结果是在一个"八度"音程内确定出绝对音高的比率等差。此等差的确定固然也要通过人类的听觉来加以选择，其结果是以十二等分为最小分辨共识，故此也被称为十二律，根据音高由低到高排序为：黄钟、大吕、太簇、夹钟、姑洗、仲吕、蕤宾、林钟、夷则、南吕、无射、应钟。其中奇数位为阳律，又称六律；偶数位为阴律，又称六同、六吕。作为音乐表达质素的五声或七声可以在十二律中的任一律开始发动而组成乐曲[2]，这就是"五声、六律、十二管，

---

[1] 现代生物学研究表明，人耳的音程间隔敏感程度与声音波长大致呈对数关系，如人类听觉 220Hz—440Hz 之间的差距与 440Hz—880Hz 之间的差距大致相同。

[2] 朱熹曰："如今人曲子所谓'黄钟宫，大吕羽'，这便是调。谓如头一声是宫声，尾后一声亦是宫声，这便是宫调。若是其中按拍处，那五声依旧都用，不只是全用宫。如说无徵，便只是头声与尾声不是徵。"黎靖德编《朱子语类》卷九十二，中华书局，1986 年，第 2341—2342 页。

还相为宫也"[1]。如宫声起于黄钟而发动的曲子，则名黄钟宫调；起于南吕，则名南吕宫调。如以羽声起于黄钟的曲子，则名黄钟羽调；起于夹钟，则名夹钟羽调。《周礼·春官宗伯》大司乐职下载"六乐"致用云：

> 凡乐，圜钟为宫，黄钟为角，大蔟为徵，沽洗为羽，雷鼓雷鼗，孤竹之管，云和之琴瑟，《云门》之舞，冬日至，于地上之圜丘奏之，若乐六变，则天神皆降，可得而礼矣。

> 凡乐，函钟为宫，大蔟为角，姑洗为徵，南吕为羽，灵鼓灵鼗，孙竹之管，空桑之琴瑟，《咸池》之舞，夏日至，于泽中之方丘奏之，若乐八变，则地示皆出，可得而礼矣。

> 凡乐，黄钟为宫，大吕为角，大蔟为徵，应钟为羽，路鼓路鼗，阴竹之管，龙门之琴瑟，《九德》之歌，《九磬［韶］》之舞，于宗庙之中奏之，若乐九变，则人鬼可得而礼矣。[2]

其中提到祀天神用圜钟（夹钟）宫、黄钟角、太蔟徵、姑洗羽四种调式发动的曲子，祭地祇用函钟（林钟）宫、太蔟角、姑洗徵、南吕羽四种调式发动的曲子，享人鬼用黄钟宫、大吕角、太蔟徵、应钟羽四种调式发动的曲子。

由此可知，五声或七声发动于十二律，理论上可以形成六十或八十四个调式，但事实上，在音乐的践履中人们并没有使用到如此多的调式，而是仅用到其中的少部分调式，如变化较多的"燕乐"也只用到四宫二十八式（见表12）。

---

［1］ 孔颖达《礼记正义·礼运》，上海古籍出版社，2008 年，第 921 页。
［2］ 贾公彦《周礼注疏》，上海古籍出版社，2010 年，第 845—846 页。

表 12 唐燕乐二十八调表*

音高	f²	e²	*d²	d²	*c²	c²	b¹	*a¹	a¹	*g¹	g¹	*f¹
唐俗乐律	夷	林	蕤	仲	姑	夹	大	大	黄	倍应	倍无	倍南
唐雅乐律	应	无	南	夷	林	蕤	仲	姑	夹	大	大	黄
七宫		仙吕宫	南吕宫		林钟宫 道调宫 道调宫		中吕宫		高宫 高宫调	大簇宫 沙陀调 正宫 正宫调		黄钟宫
七商		林钟商 林钟商调	南吕商 水调 歇指调		林钟商 小食调 小石调		中吕商 双调		高大食调 高大石调	大簇商 大食调 大石调		黄钟商 越调
七羽		仙吕调	高平调		林钟羽 平调 正平调		中吕调		高般涉 高般涉调	大簇羽 般涉调		黄钟羽 黄钟调
七角		林钟角 林钟角调	歇指角 歇指角调		小食角 小石角调 正角调		大簇角 双角 双角调		高大食角 高大石角调	大食角 大石角调		越角 越角调

* 转引自杨荫浏《中国古代音乐史稿》，人民音乐出版社，2004 年，第 261 页。

无论定律还是发音，皆不能仅由人体发动来完成，因为人类可以利用自然界的物器来发出更为理想的音响，也就是说，前面提到的五声十二律，皆要通过人们选择的"八音"即八种乐器来发出。前引《周礼》太师职下已揭出八种乐器为"金、石、土、革、丝、木、匏、竹"，郑玄注云：

> 金，钟镈也。
>
> 石，磬也。
>
> 土，埙也。
>
> 革，鼓鼗也。
>
> 丝，琴瑟也。
>
> 木，柷敔也。
>
> 匏，笙也。
>
> 竹，管箫也。[1]

八音作为八种材质的乐器，其具象品类固不止郑注所提到的十三种，唯此十三种为最常见的乐器而已。如此，决定音响组合的两种因素已然告备。在此基础上，我们还要知道一些传统音乐在其音响选择上所寄寓的"乐象"认同。《礼记·乐记》云：

> 乐者，心之动也。声者，乐之象也。文采节奏，声之饰也。君子动其本，乐其象，然后治其饰。……
>
> 钟声铿，铿以立号，号以立横，横以立武。君子听钟声，则思武臣。石声磬，磬以立辨，辨以致死。君子听磬声，则思死封疆之臣。丝声哀，哀以立廉，廉以立志。君子听琴瑟之声，则思志义之臣。竹声滥，滥以立会，会以聚众。君子

---

[1] 贾公彦《周礼注疏·春官宗伯·大师》，上海古籍出版社，2010年，第877页。

听竽、笙、箫、管之声，则思畜聚之臣。鼓鼙之声谨，谨以立动，动以进众。君子听鼓鼙之声，则思将帅之臣。[1]

《白虎通·礼乐》对十二律五声八音的具体乐象作了全面总结：

> 声音者，何谓也？声者，鸣也。闻其声即知其所生。音者，饮也。言其刚柔清浊和而相饮也。《尚书》曰："予欲闻六律、五声、八音。"

> 五声者，宫商角徵羽。土谓宫，金谓商，木谓角，火谓徵，水谓羽。《月令》曰："盛德在木"，"其音角"。又曰："盛德在火"，"其音徵"。"盛德在金"，"其音商"。"盛德在水"，"其音羽"。所以名之为角者何？角者，跃也，阳气动跃。徵者，止也。阳气止。商者，张也。阴气开张，阳气始降也。羽者，纤也。阴气在上，阳气在下。宫者，容也，含也。含容四时者也。

> 八音者，何谓也？《乐记》曰："土曰埙，竹曰管，皮曰鼓，匏曰笙，丝曰弦，石曰磬，金曰钟，木曰柷敔。"此谓八音也。法《易》八卦也。万物之数也。八音，万物之声也。天子所以用八音何？天子承继万物，当知其数。既得其数，当知其声，即思其形。如此，蜎飞蠕动无不乐其音者，至德之道也。天子乐之，故乐用八音。《乐记》曰："埙，坎音也。管，艮音也。鼓，震音也。弦，离音也。钟，兑音也。柷，乾音也。"埙在十一月，埙之为言熏也。阳气于黄泉之下熏蒸而萌。匏之为言施也，牙也。在十二月，万物始施而牙。笙者，

---

[1]　孔颖达《礼记正义》，上海古籍出版社，2008 年，第 1507、1536—1538 页。

大蔟之气，象万物之生，故曰笙。有七政之节焉，有六合之和焉，天下乐之，故谓之笙。鼓，震音，烦气也。万物愤懑震而出，雷以动之，温以暖之，风以散之，雨以濡之。奋至德之声，感和平之气也。同声相应，同气相求，神明报应，天地佑之，其本乃在万物之始耶？故谓之鼓也。鼗者，震之气也，上应昴星，以通王道，故谓之鼗也。箫者，中吕之气也。万物生于无声，见于无形，勌也，肃也，故谓之箫。箫者，以禄为本，言承天继物为民本，人力加，地道化，然后万物勌也，故谓之箫也。瑟者，啬也，闲也。所以惩忿窒欲，正人之德也。故曰：瑟有君父之节，臣子之法。君父有节，臣子有义，然后四时和，四时和，然后万物生，故谓之瑟也。琴者，禁也，所以禁止淫邪，正人心也。磬者，夷则之气也，象万物之成也。其声磬，故曰：磬有贵贱焉，有亲疏焉，有长幼焉。朝廷之礼，贵不让贱，所以明尊卑也。乡党之礼，长不让幼，所以明有年也。宗庙之礼，亲不让疏，所以明有亲也，此三者行，然后王道得，王道得，然后万物成，天下乐之，故乐用磬也。钟之为言动也，阴气用事，万物动成。钟为气，用金为声也。镈者，时之气声也，节度之所生也。君臣有节度则万物昌，无节度则万物亡。亡与昌正相迫，故谓之鏄[镈]。柷敔者，终始之声，万物之所生也。阴阳顺而复，故曰柷。承顺天地，序迎万物，天下乐之，故乐用柷。柷，始也。敔，终也。一说笙、柷、鼓、箫、琴、埙、钟、磬如其次。笙在北方，柷在东北方，鼓在东方，箫在东南方，琴在南方，埙在西南方，钟在西方，磬在西北方。

声五、音八何？声为本，出于五行；音为末，象八风。

故《乐记》曰："声成文谓之音，知音而乐之谓之乐"也。[1]

文中的乐象总结在礼乐践行中虽或有变通，但其共识的形成对乐章"文采节奏"的理解交流以及文化共同体的形成都具有重要意义。事实上，除了言为心声的理性表达外，音为心声的非理性表达能更深层次地呈现主体意志。今知音声与人体可以形成共振共鸣，以动心性而发诸情意，这也是现代音乐心理学的研究成果之一。《音乐入门》一书曾指出：

> 音符虽然不告诉我们甚么话，而只有高低强弱长短的区别，但也能表出一种感情，使我们听了如同听讲话一样。这话叫做"乐语"（music idiom）。这是一种"世界语"，不须翻译，无论何国人都听得懂。它的幼稚时代，便是笑、叫、叹、哭。一个外国人说话，没有学过这外国语的人听不懂。但一个外国人笑、叫、叹、哭，谁都懂得他是欢喜、惊恐、忧愁或悲哀。音乐是由笑、叫、叹、哭进步而成的，所表出的感情自然更为精密、详细而复杂。[2]

传统文献中也载有相关事例，如汉代刘向《说苑》记载的颜回辨音故事：

> 孔子晨立堂上，闻哭者声音甚悲。孔子援瑟而鼓之，其音同也。孔子出，而弟子有吒者。问："谁也?"曰："回也。"孔子曰："回为何而吒?"回曰："今者有哭者，其音甚悲，非独哭死，又哭生离者。"孔子曰："何以知之?"回曰："似完山之鸟。"孔子曰："何如?"回曰："完山之鸟生四子，羽翼

---

[1]　陈立《白虎通疏证》，中华书局，1994年，第119—128页。
[2]　《音乐入门》，台湾开明书店，1974年，第8页。

已成，乃离四海，哀鸣送之，为是往而不复返也。"孔子使人问哭者。哭者曰："父死家贫，卖子以葬父，将与其别也。"孔子曰："善哉，圣人也！"[1]

又如《列子·汤问》所载的流传甚广的知音故事：

伯牙善鼓琴，钟子期善听。伯牙鼓琴，志在登高山，钟子期曰："善哉！峨峨兮若泰山！"志在流水，钟子期曰："善哉！洋洋兮若江河。"伯牙所念，钟子期必得之。伯牙游于泰山之阴，卒逢暴雨，止于岩下；心悲，乃援琴而鼓之。初为霖雨之操，更造崩山之音。曲每奏，钟子期辄穷其趣。伯牙乃舍琴而叹曰："善哉，善哉，子之听夫！志想象犹吾心也，吾于何逃声哉？"[2]

《礼记·乐记》云："五帝殊时，不相沿乐。三王异世，不相袭礼。"[3] 这里的"乐"是指作为礼乐表达的"乐之文"特别是相关的乐之器而言，以礼有时变，而乐亦随之，唯乐音与人体有固定的"共振共鸣"质素，是乐情之不可变者，此与礼义为人性之固定的义理认同而有不变因素一样。其作为乐制的乐文、乐器的变化情况，历代史志载录綦详，并可参证。

2. 乐歌：言语兴道之乐

乐音作为一种非理性的心声呈现，往往具有自在散漫的特点，其延伸而至于乐歌，则有理性的心志加持，故有含容泊著

---

[1] 向宗鲁《说苑校证·辨物》，中华书局，1987年，第473—474页。
[2] 杨伯峻《列子集释》，中华书局，1979年，第178页。
[3] 孔颖达《礼记正义》，上海古籍出版社，2008年，第1479页。

（止善）的特点，《礼记·经解》总结六经的教化功能时说："其为人也，温柔敦厚，《诗》教也……广博易良，《乐》教也。"然而乐歌与诗不同，它在诗的基础上又有所增饰，是诗的礼乐性呈现。

作为语言之延伸的文体表达，诗的"声响"有着基本固定的范围。如以现代汉语普通话的声韵组合论，则23个声母乘以35个韵母，可有805个音节，但不是每个应然音节都有实然语音存在，故实然的音节仅有410多个，若加上四声声调（并非每个音节皆有四声声调），则实然音节约有1330多个，历代语音颇有变化，然作为人类的基本语言表达，其相差应该不会很多。故诗歌所用的语音选择，大致应该有1000个音节范围。此较五音的乐音则多出十数倍，故在表意功能上可以更具体入微。

《尚书·舜典》载舜命夔为乐官时提到："诗言志，歌永言，声依永，律和声。"[1] 盖云诗是心志的文字呈现，而歌则要有咏唱的增饰，所谓"咏其声也""长言之也"[2]，并且其咏唱的声调要有声律的依据。如此，我们可以理解为乐歌有三要素：言志之诗、咏言之歌、和律之声。

我们先看第一个要素"言志之诗"（歌诗）。按诗字当为"从言从寺，寺亦声"的形声兼会意字，寺有"法度"义[3]，故"诗言志"的歌诗在质体上是有法度要求的。那么其法度如何呢？

《周礼·春官宗伯》大师职下云：

---

[1] 阮元校刻《十三经注疏·尚书正义》，台湾艺文印书馆，2001年，第46页。

[2] 《礼记·乐记》："诗，言其志也，歌，咏其声也。""故歌之为言也，长言之也。"孔颖达《礼记正义》，上海古籍出版社，2008年，第1507、1564页。

[3] 《说文解字·寸部》："寺，廷也。有法度者也。从寸，㞢声。"段玉裁《说文解字注》，上海古籍出版社，1988年第2版，第121页。

大师掌六律、六同，以合阴阳之声。……**教六诗**：曰风，曰赋，曰比，曰兴，曰雅，曰颂，以六德为之本，以六律为之音。[1]

这是在乐音选择要素的十二律五声八音之后，提到了乐歌组成的"六诗"要素。"六诗"说中的风、雅、颂为早期固有的名称，是从乐歌致用的对境角度给《诗经》分的类。其中风指乐府采集的地方歌谣（十五国风一百六十篇）；雅分大小雅（三十一篇，七十四篇），是宫廷延用的乐歌，多为朝廷公卿大夫的作品；颂是祭祀所用的乐歌（四十篇）。至于赋、比、兴则是诗歌的表现手法，其中赋是直陈其事，描述一件事情的经过；比是打比方，用一个事物比喻另一个事物；兴是从一个事物联想到另外一个事物。《毛诗序》大序云：

上以风化下，下以风刺上，主文而谲谏，言之者无罪，闻之者足以戒，故曰风。

至于王道衰，礼义废，政教失，国异政，家殊俗，而变风变雅作矣。

国史明乎得失之迹，伤人伦之废，哀刑政之苛，吟咏情性，以风其上，达于事变而怀其旧俗者也。故变风发乎情，止乎礼义。发乎情，民之性也；止乎礼义，先王之泽也。是以一国之事，系一人之本，谓之风；言天下之事，形四方之风，谓之雅。雅者，正也，言王政之所由废兴也。政有大小，故有小雅焉，有大雅焉。[2]

---

[1]　贾公彦《周礼注疏》，上海古籍出版社，2010年，第876—881页。
[2]　阮元校刻《十三经注疏·毛诗正义·关雎》，台湾艺文印书馆，2001年，第16—18页。

　　乐歌在轴心时代的思考与践行，其内容托于文字而结集为《诗经》。与乐音出自主体对境的自然声响选择不同，乐歌之诗是主体对境的义理选择，故在对境场所的庄重、敬畏、闲居之际的所思所想皆有具体的义理表达，至于手法则有铺陈、比喻、起兴等等，以演绎意象，志于高远。

　　至于歌诗之具体篇章的结构设计，如乐曲之起首、表演和结尾的三段论式，以至后世标准化的起承转合的运用等等，皆可以灵活权变、各有发挥。

　　另外，为了和律，歌诗与一般的表意文章不同，它还有具体的格律要求，这在《诗经》中已有丰富的表现，特别是格式与韵律的标准化，给语言的"声响"组合带来了变中有常、经权相倚的特别"乐趣"。后世的代表性变体如乐府诗、骈赋、唐诗、宋词、元曲等等中也有着各具特色的格律要求。

　　第二个要素是"咏言之歌"（歌器）。《礼记·乐记》载乐师乙的总结说：

> 故歌者上如抗，下如队，曲如折，止如槁木，倨中矩，句中钩，累累乎端如贯珠。故歌之为言也，长言之也。说之，故言之；言之不足，故长言之；长言之不足，故嗟叹之；嗟叹之不足，故不知手之舞之，足之蹈之也。[1]

　　其咏唱的特点是"长言之"，与日常语言交流中的说话、讲读不同，故有低昂、曲折、暂停、宛转、贯口诸般"口技"加持的长言之法。其间之不同，又有类分，如《周礼·春官宗伯》大司乐职云"以乐语教国子：兴、道、讽、诵、言、语"，郑玄注"兴

---

[1]　孔颖达《礼记正义》，上海古籍出版社，2008年，第1563—1564页。

者，以善物喻善事。道，读曰导，导者，言古以剀今也。倍文曰讽，以声节之曰诵，发端曰言，答述曰语"[1]，此中所言的具体技法虽不能详，然结合乐歌演唱的大致情形可以略作阐释，即兴道（导）是以用于善恶对境时的提醒语调，特别是乐歌的开头唱法，以与歌诗六法之"兴"相呼应。《说文解字》："唱，导也。"[2] 讽诵的区别当以是否有文本可以观看为界，无者为讽，有者为诵，故讽又称"背诵"，作为"乐语"，二者皆当为有节奏地吟咏才是。言语则为应答唱和之意，其于乐语亦当有其特别的"口技"规则，唯注家皆未加申论，其详似已不能知，不知与至今尚存的民间山歌对唱是否有关联。

明代王阳明撰《九声四气歌法》，对乐歌唱法有非常具体的阐述：

> 九声：曰平，曰舒，曰折，曰悠，曰发，曰扬，曰串，曰叹，曰振。平者，机主于出声，在舌之上齿之内，非大非小，无起无落，优柔涵蓄，气不迫促。舒者，即声在舌齿，而洋洋荡荡，流动轩豁，气度广远。折者，机主于入，而声延于喉，渐渐吸纳，亦非有大小起落，其气顺利活泼。……慎其所出，节流滋原，重其所入，□归复命，广大精微，抽添补泄，阖辟宣天地之化机，屈伸昭鬼神之情状，舒卷尽人事之变态。歌者陶情适性，闻者心旷神怡，一道同风，沦肌浃髓，此调燮之妙用，政教之根本，心学之枢要，而声歌之极致也。

---

[1] 贾公彦《周礼注疏》，上海古籍出版社，2010年，第833页。
[2] 段玉裁《说文解字注·口部》，上海古籍出版社，1988年第2版，第57页。

四气：曰春，曰夏，曰秋，曰冬。每四句分作春夏秋冬；而春夏秋冬中，又自有春夏秋冬。……春之声稍迟，夏之声又迟，秋之声稍疾，冬之声又疾，变而通之，则四时之气备矣；阖而辟之，则乾坤之理备矣。幽而鬼神屈伸而执其机，明而日月往来而通其运，大而元会运世而统其全，此岂有所强而然哉？广大之怀，自得之趣，真有如大块噫气，而风生于寥廓；洪钟逸响，而声出于自然者。融溢活泼，写出太和真机；吞吐卷舒，妙成神明不测，故闻之者不觉心怡神醉，恍乎若登尧舜之堂，舞百兽而仪凤凰矣。[1]

由此亦可略见歌法中的终极关怀。

又贾公彦疏解"诵"字时引书证云："《文王世子》'春诵'注'诵谓歌乐'，歌乐即诗也。以配乐而歌，故云歌乐，亦是以声节之。襄二十九年，季札请观周乐，而云'为之歌齐'、'为之歌郑'之等，亦是不依琴瑟而云歌，此皆是徒歌曰谣，亦得谓之歌。若依琴瑟谓之歌，即毛云'曲合乐曰歌'是也。"[2] 这里提到"咏言之歌"的两种形态，一是"徒歌曰谣"，即没有配乐的清唱，二是有配乐的演唱，前者可以称作狭义的乐歌，而后者则属于广义的乐歌。

乐歌之配入礼乐，其形态固当与作为礼器之礼辞不同，因为乐歌是要有乐调、节奏饰声的。歌诗仅是乐歌的质体，而不是乐歌本身，其转而为乐歌，必有"声之文"，所谓"比音而乐"是

---

[1] 束景南《王阳明佚文辑考编年（增订版）》，上海古籍出版社，2015 年，第897—899 页。

[2] 贾公彦《周礼注疏·春官宗伯下·大司乐》，上海古籍出版社，2010 年，第833 页。

也。狭义的乐语当不包括韵文以外的语言吟唱，广义的乐语则可以兼指作为散文之"长言"读法的吟诵。

第三个要素是"和律之声"（歌调）。歌声作为"以口为器"的乐音，也必然有和律的要求，唯此当与前述乐音的和律相同，故不必再行申论。《文心雕龙·乐府》云："故知诗为乐心，声为乐体。乐体在声，瞽师务调其器；乐心在诗，君子宜正其文。"[1]作为"和律之声"的结果，乐歌在致用时也必与主体的心性特点和对境选择密切相关。《礼记·乐记》载子贡向乐师乙请教如何选歌，师乙告曰：

> 宽而静、柔而正者，宜歌《颂》。广大而静、疏达而信者，宜歌《大雅》。恭俭而好礼者，宜歌《小雅》。正直而静、廉而谦者，宜歌《风》。肆直而慈爱者，宜歌《商》。温良而能断者，宜歌《齐》。
>
> 夫歌者，直己而陈德也，动己而天地应焉，四时和焉，星辰理焉，万物育焉。故《商》者，五帝之遗声也。……商人识之，故谓之《商》。《齐》者，三代之遗声也。齐人识之，故谓之《齐》。明乎《商》之音者，临事而屡断。明乎《齐》之音者，见利而让。临事而屡断，勇也。见利而让，义也。有勇有义，非歌孰能保此？[2]

因调感歌，因歌明志，因志入德，三者和合，乃可谓乐歌。孔颖达《毛诗正义序》云："夫诗者，论功颂德之歌，止僻防邪之训，虽无为而自发，乃有益于生灵……作之者所以畅怀舒愤，闻

---

[1] 杨明照《增订文心雕龙校注》，中华书局，2000 年，第 83 页。
[2] 孔颖达《礼记正义》，上海古籍出版社，2008 年，第 1563 页。按原文有错简，此参郑注乙正，以便展读。

之者足以塞违从正。发诸情性，谐于律吕。故曰：感天地，动鬼神，莫近于诗。此乃诗之为用，其利大矣。"[1] 所谓"发诸情性，谐于律吕"，正是指作为歌诗之致用的乐歌而言。

3. 乐舞：手舞足蹈之乐

作为礼乐最高境界呈现的身体律动，乐舞是在乐音、乐歌基础上的安乐之总和[2]。《礼记·乐记》述"乐之文"云："屈伸俯仰，缀兆舒疾。"也以乐舞最为代表。据早期礼书记载，乐舞有小舞与大舞之别。《礼记·内则》记载学子的礼乐习得过程时说：

> 十有三年，学乐诵《诗》，舞《勺》。成童，舞《象》，学射御。二十而冠，始学礼，可以衣裘帛，舞《大夏》，惇行孝弟，博学不教，内而不出。

这里提到的学子成年前所学的《勺》《象》就是小舞中的两种，其中《勺》（字又作汋、酌）是使用羽籥（三孔笛）为舞器的文舞，《象》是使用干戈为舞器的武舞；而成年后所学的《大夏》则是由多场次表演组成的大舞之一。

《周礼·春官宗伯》乐师职下载：

> 掌国学之政，以教国子小舞。凡舞，有帗舞，有羽舞，

---

[1]　阮元校刻《十三经注疏·毛诗正义·序》，台湾艺文印书馆，2001 年，第 3 页。

[2]　《礼记·乐记》："钟鼓干戚，所以和安乐也。"孔颖达《礼记正义》，上海古籍出版社，2008 年，第 1459 页。

有皇舞，有旄舞，有干舞，有人舞。[1]

这是经典的六小舞。郑玄注引郑司农云："帗舞者，全羽；羽舞者，析羽。皇舞者，以羽冒覆头上，衣饰翡翠之羽。旄舞者，氂牛之尾。干舞者，兵舞。人舞者，手舞。"[2] 参考郑玄等注疏及舞器的使用，帗舞当使用单羽为舞器，羽舞则使用杂羽（众羽）为舞器，皇舞只有服饰上的特别处理而未及舞器，盖与人舞同，旄舞、干舞则持旄牛尾和干（具有盾功能的防御性武器）为舞器。与文献记载常见的文舞用羽籥、武舞用干戚相比，此六小舞的内容似缺少了用戚或戈作为舞器的说法，但戚或戈也可能包括在干舞中。或许六小舞中包括了更多早期巫舞的内容，而《礼记·内则》所载的文、武二舞则是更为经典而具体的具有作品性质的舞目。至于大舞，则是由这些小舞作为基础舞步，结合故事情节对人员进行组合、排列并增加一些衔接性动作而成，当然，不同作品及场次所配的乐音、乐歌也有不同，但在节奏上应该不超过小舞所习得的典型类型。小舞应该也不限于学童所舞，而是包括各种礼仪场合用乐时的单独舞蹈。

与小舞相对，用于典礼中的集体舞蹈就称为大舞。其中最有代表性的就是后来被称为《乐经》的六代舞。《周礼·春官宗伯》大司乐职下云：

　　　大司乐，掌成均之法……以乐舞教国子舞《云门》、《大

---

[1] 贾公彦《周礼注疏·春官宗伯下·大司乐》，上海古籍出版社，2010 年，第863 页。此谓六小舞，与"大合乐"之六舞——《云门大卷》《咸池》《大韶》《大夏》《大濩》《大武》不同。

[2] 贾公彦《周礼注疏·春官宗伯下·大司乐》，上海古籍出版社，2010 年，第863 页。

卷》、《大咸》、《大磬[韶]》、《大夏》、《大濩》、《大武》。
以六律、六同、五声、八音、六舞，大合乐以致鬼神示，以
和邦国，以谐万民，以安宾客，以说远人，以作动物。

乃分乐而序之，以祭，以享，以祀。

乃奏黄钟，歌大吕，舞《云门》，以祀天神。

乃奏大蔟，歌应钟，舞《咸池》，以祭地示。

乃奏姑洗，歌南吕，舞《大磬[韶]》，以祀四望。

乃奏蕤宾，歌函钟，舞《大夏》，以祭山川。

乃奏夷则，歌小吕，舞《大濩》，以享先妣。

乃奏无射，歌夹钟，舞《大武》，以享先祖。

凡六乐者，文之以五声，播之以八音。

凡六乐者，一变而致羽物及川泽之示，再变而致臝物及
山林之示，三变而致鳞物及丘陵之示，四变而致毛物及坟衍
之示，五变而致介物及土示，六变而致象物及天神。[1]

　　这里提到的六代乐舞，就是周公时代整理而成的黄帝时乐舞
《云门大卷》、尧时乐舞《咸池》、舜时乐舞《大磬[韶]》、夏禹
时乐舞《大夏》、商汤时乐舞《大濩》和周武王乐舞《大武》，六
者舞意不同，故所用场合亦各有分工。郑玄注云："此周所存六代
之乐。黄帝曰《云门》、《大卷》，黄帝能成名万物，以明民共财，
言其德如云之所出，民得以有族类。《大咸》、《咸池》，尧乐也。
尧能殚均刑法以仪民，言其德无所不施。《大磬[韶]》，舜乐也。
言其德能绍尧之道也。《大夏》，禹乐也。禹治水傅土，言其德能
大中国也。《大濩》，汤乐也。汤以宽治民，而除其邪，言其德能

---

[1]　贾公彦《周礼注疏》，上海古籍出版社，2010年，第831—843页。

使天子［下］得其所也。《大武》，武王乐也。武王伐纣以除其害，言其德能成武功。"[1]

据《礼记·内则》所载，此六大舞当为学子行成人礼后所学内容。然自春秋以后，礼坏乐崩，六大舞盖已失传，其辗转翻制的观闻之论，或见于文献传载，个中又以周乐《大武》为最详，《吕氏春秋·古乐》云："武王即位，以六师伐殷，六师未至，以锐兵克之于牧野。归，乃荐俘馘于京太室，乃命周公为作《大武》。"[2]《礼记·乐记》宾牟贾章即略载其乐次：

> 夫乐者，象成者也。总干而山立，武王之事也。发扬蹈厉，大公之志也。《武》乱皆坐，周、召之治也。
>
> 且夫《武》，始而北出，再成而灭商，三成而南，四成而南国是疆，五成而分，周公左，召公右，六成复缀以崇。
>
> 天子夹振之而驷伐，盛威于中国也。分夹而进，事蚤济也。久立于缀，以待诸侯之至也。[3]

乐是成功时喜乐之情的呈现。这里第一段文字便描述了三场《大武》乐的舞容，第二段描述了《大武》致用时的六场主题，第三段则强调了表演中的几个特别仪式场景及其所以如此舞蹈之意义。其中的"缀"是舞者的行位（舞程线），《礼记·乐记》云："其治民劳者，其舞行缀远；其治民逸者，其舞行缀短。"贾海生

---

［1］贾公彦《周礼注疏·春官宗伯下·大司乐》，上海古籍出版社，2010 年，第834 页。

［2］陈奇猷《吕氏春秋新校释·古乐》，上海古籍出版社，2002 年，第 289—290 页。

［3］孔颖达《礼记正义》，上海古籍出版社，2008 年，第 1540—1545 页。

先生考证了《大武》致用的乐舞场次构成及乐歌、意义，并图示如下[1]：

则前引《乐记》第一段所述三场舞容（乐仪）当对应于一、二、六成（场）而言。至于舞动之先尚有金奏开幕、升歌（堂上唱乐歌）、下管（堂下奏管乐），当亦为大舞开场之通义。最后复"以金奏终"[2]。另外，《周礼》大司乐职下记载了《大武》的乐律，《礼记·明堂位》载及《大武》的舞器，"升歌《清庙》，下管《象》，朱干玉戚，冕而舞《大武》"，等等，其所用乐音、乐歌，亦视乐成（场）各有取舍。从前论礼乐之主体性可知，《大武》中有武王亲自担任的角色，至于后世用之，作为礼乐，亦当由武王降神于"尸"或主舞（多为主人）而为之。

按六代乐是早期天子的祭祀用乐，孔子整理以后被称为《乐经》，至于祭祀以外的典礼用乐，则可称为燕乐，王国维先生《释乐次》中总结了周代天子、诸侯、大夫、士的用乐表（见表13)[3]。

[1]　贾海生《周公所制乐舞通考》，《周代礼乐文明实证》，中华书局，2010年，第151页。
[2]　王国维《释乐次》，《王国维手定观堂集林》，浙江教育出版社，2014年，第31页。
[3]　王国维《释乐次》，《王国维手定观堂集林》，浙江教育出版社，2014年，第42—43页。

表 13

	金奏	升歌	管	笙	间歌		合乐	舞	金奏
					歌	笙			
大夫、士乡饮酒礼	无	《鹿鸣》《四牡》《皇皇者华》	无	《南陔》《白华》《华黍》	《鱼丽》《南有嘉鱼》《南山有台》	《由庚》《崇丘》《由仪》	《周南·关雎》《葛覃》《卷耳》《召南·鹊巢》《采蘩》《采苹》	无	《陔夏》
大夫、士乡射礼	无	无	无	无	无	无	《周南·关雎》《葛覃》《卷耳》《召南·鹊巢》《采蘩》《采苹》	无	《陔夏》
诸侯燕礼之甲（据《燕礼·经》）	无	《鹿鸣》《四牡》《皇皇者华》	无	《南陔》《白华》《华黍》	《鱼丽》《南有嘉鱼》《南山有台》	《由庚》《崇丘》《由仪》	《周南·关雎》《葛覃》《卷耳》《召南·鹊巢》《采蘩》《采苹》	无	《陔夏》
诸侯燕礼之乙（据《燕·记》）	《肆夏》《肆夏》	《鹿鸣》	（“新宫”）	（笙入三成）			（乡乐）	《勺》	《陔夏》
诸侯大射仪	《肆夏》《肆夏》	《鹿鸣》三终	《新宫》三终						《陔夏》《骜夏》

续表

	金奏	升歌	管	笙	间歌（歌）	间歌（笙）	合乐	舞	金奏
两君相见		《文王》之三					《鹿鸣》之三		
鲁裪		《清庙》	《象》					《武》《夏篇》	
天子大射	《王夏》《肆夏》	《清庙》	《象》					《大武》《大夏》	《肆夏》《王夏》
天子大飨	《王夏》《肆夏》	《清庙》	《象》					弓矢舞	《肆夏》《王夏》
天子视学养老	《王夏》《肆夏》	《清庙》	《象》					《大武》	《肆夏》《王夏》
天子大祭祀	《王夏》《肆夏》《昭夏》	《清庙》	《象》					《大武》《大夏》	《肆夏》《王夏》

注：表内加（）者不必备。加□者经，传无明文，以意推之。

天子、诸侯有"下管",卿大夫以下只有"笙入"。又《仪礼·燕礼》"正歌备"郑玄注:"正歌者,声歌及笙各三终、间歌三终、合乐三终为一备。备亦成也。"[1]"成"即"乐成"(今称场次)义。王国维先生且为说明云:"实则有管则当无笙,而以舞代合乐;有笙则当无管,而以合乐代舞。"[2] 其实乐兼音歌舞三者,如不特别说明,后者皆可兼该前者而言。

春秋以后,沿袭三代传统的西周礼乐虽然崩坏,但是这并不意味着各国上下礼乐生活的停止,因为人们仍然要在生活方式中追求着可能的理想状态。故此时的礼乐生活虽然与早期的周礼相比多有混乱,但其探索与践行的努力则未尝中辍。这在秦汉以后的帝国时代依然如此,如《汉书·礼乐志》即载云:

> 汉兴,乐家有制氏,以雅乐声律世世在大乐官,但能纪其铿锵鼓舞,而不能言其义。高祖时,叔孙通因秦乐人制宗庙乐。大祝迎神于庙门,奏《嘉至》,犹古降神之乐也。皇帝入庙门,奏《永至》,以为行步之节,犹古《采荠》《肆夏》也。干豆上,奏《登歌》,**独上歌**不以管弦乱人声,欲在位者遍闻之,犹古《清庙》之歌也。《登歌》再终,下奏《休成》之乐,美神明既飨也。皇帝就酒东厢,坐定,奏《永安》之乐,美礼已成也。又有《房中祠乐》,高祖唐山夫人所作也。周有《房中乐》,至秦名曰《寿人》。凡乐,乐其所生,礼不忘本。高祖乐楚声,故《房中乐》楚声也。孝惠二年,使乐

[1] 贾公彦《仪礼注疏》,上海古籍出版社,2008年,第432页。
[2] 王国维《释乐次》,《王国维手定观堂集林》,浙江教育出版社,2014年,第38页。

府令夏侯宽备其箫管，更名曰《安世乐》。[1]

这里提到"独上歌"，则宗庙大乐，主人或尸犹亲自参与演乐，尚存礼乐传统的标志性特征。只不过专制体制更不易容忍礼乐之终极关怀的展开，以至于真正的礼乐精神仅不绝如缕而已。

三　率神从天——礼乐的呈现境界

对于主体而言，礼乐的呈现境界是与礼仪相伴而在的。《礼记·乐记》乐礼章云：

> 天高地下，万物散殊，而礼制行矣。流而不息，合同而化，而乐兴焉。春作夏长，仁也。秋敛冬藏，义也。仁近于乐，义近于礼。
>
> 乐者敦和，率神而从天；礼者别宜，居鬼而从地。故圣人作乐以应天，制礼以配地。礼乐明备，天地官矣。……
>
> 及夫礼乐之极乎天而蟠乎地，行乎阴阳而通乎鬼神，穷高极远而测深厚。乐著大始，而礼居成物。著不息者天也，著不动者地也。一动一静者，天地之间也。故圣人曰"礼乐云。"[2]

礼仪与礼乐的关系在《乐记》乐论章中论之最多，其主要观点如下：

> 乐者为同，礼者为异。同则相亲，异则相敬。乐胜则流，

[1]　班固《汉书》，中华书局，1962年，第1043页。
[2]　孔颖达《礼记正义》，上海古籍出版社，2008年，第1482—1487页。

礼胜则离。合情饰貌者，礼乐之事也。

乐由中出，礼自外作。乐由中出，故静；礼自外作，故文。大乐必易，大礼必简。乐至则无怨，礼至则不争。揖让而治天下者，礼乐之谓也。

大乐与天地同和，大礼与天地同节。和，故百物不失；节，故祀天祭地。明则有礼乐，幽则有鬼神。如此，则四海之内合敬同爱矣。

礼者，殊事合敬者也；乐者，异文合爱者也。礼乐之情同，故明王以相沿也。

故钟鼓管磬、羽籥干戚，乐之器也；屈伸俯仰、缀兆舒疾，乐之文也。簠簋俎豆、制度文章，礼之器也；升降上下、周还裼袭，礼之文也。故知礼乐之情者能作，识礼乐之文者能述。作者之谓圣，述者之谓明。明圣者，述作之谓也。

乐者，天地之和也。礼者，天地之序也。和，故百物皆化；序，故群物皆别。

乐由天作，礼以地制。过制则乱，过作则暴。明于天地，然后能兴礼乐也。

论伦无患，乐之情也；欣喜欢爱，乐之官也。中正无邪，礼之质也；庄敬恭顺，礼之制也。[1]

这里涉及许多比较精微的概念，从而使得礼、乐关系的描述变得有些"虚无飘渺"，我们仅对此稍作些说明。按礼、乐二分时所对应的地—天、阴—阳、鬼—神、成物—大始、静—动、外—

---

[1] 孔颖达《礼记正义》，上海古籍出版社，2008年，第1470—1478页。

中、敬—爱、序—和、作—制诸概念及其各自所指的现象，是与传统宇宙生成论中的本体与境界相一致的。《周易》太极阴阳三合成八卦以"生大业"与《老子》"道生一，一生二，二生三，三生万物"，皆认同万物因道体（其象为太极）而生，道体由"三体"构成，其内在之阴阳不动则显现为一，动则生变，阳动阴静而一在其中，是为"三体"生生而万物成焉。万物的形体呈现为阴静所化，万物之所以成形以及成形之后的变化则由阳动驱使，盖阴静所生之形则如细胞及其组合而成的生物，而阳动之力则如细胞中的基因密码。如此我们回顾前面的礼乐二分所对应的概念及其现象，就可以理解其关系了：地—天是万物存在所呈现的现象界及其内在本体动力；阴—阳、鬼—神是本体的运动功能，从本体而言则称阴阳，从人体论之则称鬼神；外—中亦是从人体而言的概念，以"外"为主体与对境的互动策略选择，而"中"是主体与对境互动后的生命觉受。其他概念是从主体的工夫践行以及工夫践行后所呈现的境界论之，其义界是比较明确的。

　　回到礼、乐本身，则可知二者的关系是：礼是主体根据礼情（礼意、礼义）对境采取的行为策略，以安顿主体与对境在现象界的秩序；而乐则是主体在此秩序得到安顿时由乐情所流出的快乐呈现，此可与对境达成"本体流行"的互动状态。所谓"乐者敦和，率神而从天；礼者别宜，居鬼而从地"，即指礼乐的境界是广大和谐，可以在主体的对境活动中引导双方有差序的"小本体"（神）融入"万殊一本"的天道本体之自在状态中，使其流行无碍，生生不息；而礼仪的境界是区分得当，即在主体的对境活动中安顿各自不同的性体（鬼）存在于"一本万殊"的地道现象之既有格局中，使其各得其所、生生无碍。故孔子云："不能《诗》，于礼缪。不能乐，于礼素。薄于德，于礼虚。"[1]《礼记·乐记》亦云："礼乐皆得，谓之有德。"[2] 汉代郑玄谓"凡用乐必有礼，用礼则有不用乐者"[3]，此即礼乐（yuè）为言；宋代郑樵《通志·乐略》谓"礼乐相须以为用，礼非乐不行，乐非礼不举"[4]，则是因礼乐（lè）而立说。

1. 德音谓乐，礼乐的雅俗之辨

与礼、仪或有乖离一样，乐亦"与音相近而不同"，故《乐记》云："乐者，非谓黄钟、大吕、弦歌、干扬也，乐之末节也，故童者舞之。铺筵席，陈尊俎，列笾豆，以升降为礼者，礼之末节也，故有司掌之。"[5]《乐记》载魏文侯问子夏为什么听古乐犯困而听新乐就不知倦，子夏解释说：

> 今夫古乐：进旅退旅，和正以广；弦匏笙簧，会守拊鼓；始奏以文，复乱以武；治乱以相，讯疾以雅；君子于是语，于是道古，修身及家，平均天下。此古乐之发也。今夫新乐：进俯退俯，奸声以滥，溺而不止；及优侏儒，犹杂子女，不知父子；乐终，不可以语，不可以道古。此新乐之发也。今君之所问者乐也，所好者音也。夫乐者，与音相近而

---

[1] 孔颖达《礼记正义·仲尼燕居》，上海古籍出版社，2008 年，第 1935 页。
[2] 孔颖达《礼记正义》，上海古籍出版社，2008 年，第 1458 页。
[3] 参孔颖达《礼记正义·月令》季冬之月"命乐师大合吹而罢"注，上海古籍出版社，2008 年，第 736 页。
[4] 郑樵《通志二十略》，中华书局，1995 年，第 883 页。
[5] 孔颖达《礼记正义》，上海古籍出版社，2008 年，第 1516 页。

不同。[1]

这里提出了一个重要的礼乐论题——乐与音相近而不同，此在后世发展为礼乐的雅俗之辨。郑玄注云："铿鎗之类皆为音，应律乃为乐。"孔颖达认为郑注不够通透，提出二者的区别在于"动机"不同："古乐有音声律吕，今乐亦有音声律吕，是乐与音相近也。乐则德正声和，音则心邪声乱，是不同也。"即古乐是存心于正，而新乐是存心于邪。具体而言：

> 夫古者，天地顺而四时当，民有德而五谷昌，疾疢不作而无妖祥，此之谓大当。然后圣人作，为父子君臣，以为纪纲。纪纲既正，天下大定，天下大定，然后正六律，和五声，弦歌《诗》《颂》。此之谓德音，德音之谓乐。[2]

这是以境界逆推存心之正邪，即境界和谐、秩序井然则存心为正，境界纷乱、秩序失常则存心为邪。那么究竟如何是"德音"呢？此在《乐记》中亦有申论：

> 德者，性之端也。乐者，德之华也。金石丝竹，乐之器也。诗，言其志也。歌，咏其声也；舞，动其容也。三者本于心，然后乐气从之。[3]

这里在解释"德"时提到了性、心两个比较抽象的概念。按"性"当即《中庸》"天命之谓性"的性，是终极本体之静凝而成人者；而"心"则是终极本体之动散而在人者，二者虽同出于本体，但人之所以为人是因为"性"的生成，然人之"性"随着理性应物能力的提高而"忽略"了心的终极关怀，从而使人类的个

---

[1]　孔颖达《礼记正义》，上海古籍出版社，2008 年，第 1521—1524 页。
[2]　孔颖达《礼记正义》，上海古籍出版社，2008 年，第 1525 页。
[3]　孔颖达《礼记正义》，上海古籍出版社，2008 年，第 1507 页。

体生存活动与宇宙自在的本体秩序若即若离。故轴心时代以后，学者提出人在"感于物而动"时，主体若能因性体"直心而行"，则可以和合本体的律动，即《中庸》所谓"性之德也，合外内之道也"[1]。《乐记》也说："德者，得也……平好恶而反人道之正也。"[2] 也就是说，沟通外内之道仅是得"性之端"，真正的道体流行要"反人道之正"的"正心"而后行，如此才能"发而皆中节"，即"情动于中而形于言，言之不足，故嗟叹之；嗟叹之不足，故永歌之；永歌之不足，不知手之舞之足之蹈之也"。若仅循一己之性体而行，则将为欲望牵引，以致淫乱而不自知。故所谓德音，即指由心体流出的终极本体之乐（lè），除此之外的由性体自主发出的"欲望之乐（lè）"，则为欲乐、俗乐。故《礼记·乐记》云："乐者，乐也。君子乐得其道，小人乐得其欲。以道制欲，则乐而不乱；以欲忘道，则惑而不乐。"[3] 正谓生命之乐有道乐与欲乐（俗乐）两个层次。

至于非德音之俗乐，则容易让人沉溺其间而失去人性之正，如果处于上位的君王喜欢听这种乐，那就会导致一国之人都失去人性之正，《乐记》载子夏云：

> 郑音好滥淫志，宋音燕女溺志，卫音趋数烦志，齐音敖辟乔志。此四者，皆淫于色而害于德，是以祭祀弗用也。《诗》云："肃雍和鸣，先祖是听。"夫肃肃，敬也。雍雍，和也。夫敬以和，何事不行？……君子之听音，非听其铿鎗而

---

[1]　孔颖达《礼记正义》，上海古籍出版社，2008 年，第 2027 页。
[2]　孔颖达《礼记正义》，上海古籍出版社，2008 年，第 1458 页。
[3]　孔颖达《礼记正义》，上海古籍出版社，2008 年，第 1507 页。

已也，彼亦有所合之也。[1]

这里提到了俗乐的一些特征，如"好滥""燕女""趋数""敖辟"等等，但是否所有的宽泛、女乐、繁数和敖辟都是俗乐呢？其边界如何呢？此则端在于乐之表达主体有德与否，这与礼的合义与否全在于践行主体有无终极关怀一样，有则为礼，无则非礼。所谓有德，其实就是主体在终极关怀下的心性自觉。《周礼·春官宗伯》大司乐对乐德的呈现形态有具体的说明："以乐德教国子：中、和、祗、庸、孝、友。"郑玄注云："中，犹忠也。和，刚柔适也。祗，敬。庸，有常也。善父母曰孝，善兄弟曰友。"[2]此虽于字义有安，然于其概念关系却未加措意。其实这里通过三个层次的德境描写来说明乐德的究竟义，即自在、自觉和自发的体知境界。中和是本体流行的自在境界，其取意当与《中庸》"喜怒哀乐之未发谓之中，发而皆中节谓之和"之说同；祗庸为自觉境界，指心中的"恭俭庄敬"及由此而发出的"礼教"气象；孝友为自发境界，指主体由天合之"仁爱"外推扩充而及于他人的义合之"天序"，《乐记》谓"乐者，通伦理者也"，盖即其意。

唯乐既为"德之华"，故须与"德之干"的"礼"配合为用，乃可成就主体的德性流行境界。是即《乐记》所云：

> 凡音者，生于人心者也。乐者，通伦理者也。是故知声而不知音者，禽兽是也。知音而不知乐者，众庶是也。唯君子为能知乐。是故审声以知音，审音以知乐，审乐以知政，而治道备矣。是故不知声者不可与言音，不知音者不可与言

---

[1] 孔颖达《礼记正义》，上海古籍出版社，2008年，第1527—1539页。
[2] 贾公彦《周礼注疏》，上海古籍出版社，2010年，第833页。

乐，知乐则几于礼矣。礼乐皆得，谓之有德。[1]

按《诗经》的编纂盖兼顾乐歌来源和践行场所而分为风、雅、颂三个部分，故其系于情志的"德音"抑或有短长。朱熹《诗集传》序云：

> 诗者，人心之感物而形于言之余也。心之所感有邪正，故言之所形有是非。惟圣人在上，则其所感者无不正，而其言皆足以为教。其或感之之杂，而所发不能无可择者，则上之人必思所以自反，而因有以劝惩之，是亦所以为教也。昔周盛时，上自郊庙朝廷，而下达于乡党间巷，其言粹然无不出于正者，圣人固已协之声律，而用之乡人，用之邦国，以化天下。至于列国之诗，则天子巡守，亦必陈而观之，以行黜陟之典。降自昭穆而后，寖以陵夷，至于东迁，而遂废不讲矣。孔子生于其时，既不得位，无以行帝王劝惩黜陟之政，于是特举其籍而讨论之，去其重复，正其纷乱，而其善之不足以为法，恶之不足以为戒者，则亦刊而去之，以从简约，示久远，使夫学者即是而有以考其得失，善者师之，而恶者改焉。[2]

秦汉以后，乐府采诗对民歌、四夷乐等皆有取用，其整合之工夫固不违乐德原则，然以帝国政治在"予一人"决之，如汉高祖刘邦所谓"度吾所能行者为之"，遂使礼乐之正不得伸张，雅俗之辨多从来源上的国乐与民乐区而别之，则礼乐之呈现也便日益衰微而"不绝如缕"了。

---

[1]　孔颖达《礼记正义》，上海古籍出版社，2008年，第1458页。
[2]　朱熹《诗集传》，《朱子全书（修订本）》第一册，上海古籍出版社、安徽教育出版社，2010年第2版，第350—351页。

2. 乐其所成，礼乐的终极境界

作为礼乐（lè）中专为表达主体因快乐而呈现的以音歌舞为标识的身体形态，礼乐（yuè）的终极境界当然与主体的快乐觉受密切相关。孔子曾说："兴于诗，立于礼，成于乐。"[１] 这不是描写一个人历时的成长过程，而是表达其生活中共时的行为呈现与觉受，即一个人在对境时的当下起意成志并进而以礼仪接物、取得合宜结果而快乐的行为过程。或者说，礼乐的终极境界正是主体因礼而乐（lè）的自在呈现。这一呈现有主体与对境两个显现视角，前者与礼仪的礼意相应，乃礼乐主体的内在觉受；后者与礼仪的礼义相应，乃礼乐对境的受施结果，二者共同构成"乐之情"。《乐记》云："知礼乐之情者能作，识礼乐之文者能述。"孟子谓"今之乐犹古之乐也"[２]，应该也是从"乐之情"的认知上讲的。

主体对礼乐内在觉受的最高境界可以概括为"天人合一"，所谓"大乐与天地同和"，应该就是这样的境界。按"天人合一"作为词语的出现虽在宋代以后，但其史源的概括却多推及《庄子》"天地与我并生，而万物与我为一"之说[３]，宋代程颢《识仁篇》谓"仁者以天地万物为一体，莫非己也"[４]，也是一个很贴切的说法。其实汉代许慎《说文解字》谓"学，觉悟也"，晋袁宏

---

[１] 朱熹《四书章句集注·论语集注·泰伯》，中华书局，1983年，第104—105页。

[２] 朱熹《四书章句集注·孟子集注·梁惠王章句下》，中华书局，1983年，第213页。

[３] 郭庆藩《庄子集释·齐物论》，中华书局，1961年，第79页。

[４] 程颢、程颐《二程集·河南程氏遗书》，中华书局，1981年，第15页。

《后汉纪》谓"佛者，汉言觉，将悟群生也"[1]，其觉悟之化境，当亦为天人合一之至境。《吕氏春秋·大乐》云：

> 大乐，君臣父子长少之所欢欣而说也。欢欣生于平，平生于道。道也者，视之不见，听之不闻，不可为状。有知不见之见、不闻之闻、无状之状者，则几于知之矣。道也者，至精也，不可为形，不可为名，强为之（名）谓之太一。[2]

此在儒家的"孔颜乐处"（冥契道乐）、庄子的"至乐无乐"（忘我之乐）、《大戴礼记》"至乐无声"（忘声之乐）中都有论涉。现代心理学中称之为"冥契"（mysticism）体验、高峰体验：

> 这是一种特殊的现象学状态，表明人能以某种方式领悟整个宇宙或至少是宇宙的统一和整合，理解宇宙中的一切事物，包括人的自我（Self），他于是觉得似乎自己有权归属于宇宙，成为宇宙大家庭中的一员而不是一个孤儿，进入宇宙之内，而不是在外面向内看，他觉得自己很渺小，因为宇宙广阔无垠，同时又觉得自己是一个重要的存在，因为他有绝对的权力在宇宙中占有一席之地。他是宇宙的一部分，而不是一个陌生的来客或一个入侵者。在这里，有非常强烈的归属感，而不是放逐感，隔离感，孤独感，不是受到排斥，没有根底，无家可归。在这样的领悟以后，人能明显感受永远有这种归属感，觉得有了一席之地，有权住在那里，等等。[3]

---

[1] 袁宏《后汉纪》，荀悦、袁宏《两汉纪》，中华书局，2017年，第187页。
[2] 陈奇猷《吕氏春秋新校释》，上海古籍出版社，2002年，第259页。疑"强为之"下脱"名"字。
[3] 马斯洛《人性能达的境界》，林方译，云南人民出版社，1987年，第269页。

《尚书·益稷》载乐师夔说:"予击石拊石,百兽率舞,庶尹允谐。"[1]《汉书·礼乐志》申之云:"鸟兽且犹感应,而况于人乎?况于鬼神乎?故乐者,圣人之所以感天地,通神明,安万民,成性类者也。"[2]《周礼·春官宗伯》大司乐职述演"六乐"之境界:"一变而致羽物及川泽之示,再变而致蠃物及山林之示,三变而致鳞物及丘陵之示,四变而致毛物及坟衍之示,五变而致介物及土示,六变而致象物及天神。"[3] 而真正的乐品也会让后来的践乐主体觉受到作者的生命状态,《史记·孔子世家》载孔子学琴故事云:

> 孔子学鼓琴师襄子,十日不进。师襄子曰:"可以益矣。"孔子曰:"丘已习其曲矣,未得其数也。"有间,曰:"已习其数,可以益矣。"孔子曰:"丘未得其志也。"有间,曰:"已习其志,可以益矣。"孔子曰:"丘未得其为人也。"有间,曰[若]有所穆然深思焉,有所怡然高望而远志焉。曰:"丘得其为人,黯然而黑,几然而长,眼如望羊,如王四国,非文王其谁能为此也!"师襄子辟席再拜,曰:"师盖云《文王操》也。"[4]

司马迁揭示了这种内在觉受的理据:

> 故音乐者,所以动荡血脉,通流精神而和正心也。故宫动脾而和正圣,商动肺而和正义,角动肝而和正仁,徵动心而和正礼,羽动肾而和正智。故乐所以内辅正心而外异贵贱

---

[1] 阮元校刻《十三经注疏·尚书正义》,台湾艺文印书馆,2001年,第73页。

[2] 班固《汉书》,中华书局,1962年,第1039页。

[3] 贾公彦《周礼注疏》,上海古籍出版社,2010年,第843页。

[4] 司马迁《史记》,中华书局,2013年,第2320页。

也；上以事宗庙，下以变化黎庶也。[1]

礼乐"动荡""通流"而"和正"的不仅仅是主体的自我心性，还有对境的他者心性。除"百兽率舞"、天神可致诸意象外，其具象的感通对境也有很多文献事例。如《列子·汤问》所载乐师文的学乐故事：

> 匏巴鼓琴而鸟舞鱼跃，郑师文闻之，弃家从师襄游。柱指钧弦，三年不成章。师襄曰："子可以归矣。"师文舍其琴，叹曰："文非弦之不能钧，非章之不能成。文所存者不在弦，所志者不在声。内不得于心，外不应于器，故不敢发手而动弦。且小假之，以观其后。"

> 无几何，复见师襄。师襄曰："子之琴何如？"师文曰："得之矣。请尝试之。"于是当春而叩商弦以召南吕，凉风忽至，草木成实。及秋而叩角弦以激夹钟，温风徐回，草木发荣。当夏而叩羽弦以召黄钟，霜雪交下，川池暴沍。及冬而叩徵弦以激蕤宾，阳光炽烈，坚冰立散。将终，命宫而总四弦，则景风翔，庆云浮，甘露降，醴泉涌。

> 师襄乃抚心高蹈曰："微矣子之弹也！虽师旷之清角，邹衍之吹律，亡以加之。彼将挟琴执管而从子之后耳。"[2]

《乐记》所揭出的"大乐与天地同和，大礼与天地同节"，其"和"与"节"正是时空万物和谐律动的境界呈现。譬如"同声相应，同气相求"[3]"鼓其宫则他宫应之，鼓其商而他商应之"[4]

［1］　司马迁《史记·乐书》，中华书局，2013年，第1461页。
［2］　杨伯峻《列子集释》，中华书局，1979年，第175—177页。
［3］　于天宝点校《宋本周易注疏·乾》，中华书局，2018年，第26页。
［4］　苏舆《春秋繁露义证·同类相动》，中华书局，1992年，第358页。

"铜山西崩，灵钟东应"[1]，盖乐和天地节律，故可因以成就主体之心性与时空万物的律动共振以至于共生共融。《论语·述而》载孔子闻韶而"三月不知肉味"，也应该是这种律动共振的结果。

这种"共振"律动的时空对应在早期文献中也有较多描述，其最突出者如《礼记·月令》所载十二律与十二月之对应：

> 孟春之月，律中太簇；
>
> 仲春之月，律中夹钟；
>
> 季春之月，律中姑洗；
>
> 孟夏之月，律中中吕；
>
> 仲夏之月，律中蕤宾；
>
> 季夏之月，律中林钟；
>
> 孟秋之月，律中夷则；
>
> 仲秋之月，律中南吕；
>
> 季秋之月，律中无射；
>
> 孟冬之月，律中应钟；
>
> 仲冬之月，律中黄钟；
>
> 季冬之月，律中大吕。

郑玄注"律中大簇"云："律，候气之管，以铜为之。中犹应

---

[1] 刘孝标注引《东方朔传》："孝武皇帝时，未央宫前殿钟无故自鸣，三日三夜不止。……朔曰：'臣闻铜者，山之子；山者，铜之母。以阴阳气类言之，子母相感，山恐有崩弛者，故钟先鸣。《易》曰："鸣鹤在阴，其子和之。"精之至也，其应在后五日内。'居三日，南郡太守上书言山崩，延袤二十余里。"参徐震堮《世说新语校笺·文学》"殷荆州曾问远公"条，中华书局，1984年，第132页。

也。孟春气至，则大簇之律应。应，谓吹灰也。"[1] 所谓"吹灰"，又称候气，即"于密室中以木为案，置十二律琯，各如其方，实以葭灰，覆以缇縠，气至则一律飞灰"[2]。此虽尚未得到现代科学的核验，但作为十二律中的基本律黄钟与中国历法的冬至所在月仲冬对应，仍具有较强的理论融摄性。

另外，如五声与五行、五常、四季、五情的对应，乐歌之《诗经》的四始五际六情说[3]，"六乐"及"俗乐"、四夷乐等作品与四方、民情的对治，皆可以视为对礼乐呈现结果的探索性归纳与总结。《史记·乐书》曰：

> 夫上古明王举乐者，非以娱心自乐，快意恣欲，将欲为治也。正教者皆始于音，音正而行正。故音乐者，所以动荡血脉、通流精神而和正心也。[4]

其实从礼乐的视角来说，古明王举乐固不是"娱心自乐"，而是其心神感物而发的情感流行，经过理性整合而成为一次典型对境之快乐表达的范例，此类探索的积累，则可为"心同此理"的人们提供一种取法资粮。历代史志、礼书中多载有大典用乐的基本程序和内容，虽或因主体只观闻不参与而不副礼乐之实，然追

---

[1] 孔颖达《礼记正义·月令》，上海古籍出版社，2008年，第602页。

[2] 参胡道静《梦溪笔谈校证·象数》引晋司马彪《续汉书》所载候气之法，上海古籍出版社，1987年，第325页。

[3] 此为汉代所传的"齐诗说"，所谓四始即四季寅为木之始、巳为火之始、申为金之始、亥为水之始；五际即二分二至所在的子、卯、午、酉与天门为五，其中冬至所在的子际隐没，而以天门乾所在之戌亥为终始之二际；六情为好恶怒喜乐哀，与十二律相配，而各有对应的《诗》篇，其说之理据今已不能尽知。参曹建国《〈诗〉纬三基、四始、五际、六情说探微》，《武汉大学学报（人文科学版）》2006年第4期。

[4] 司马迁《史记》，中华书局，2013年，第1461页。

本溯源，其创作主体的初衷则大多应该存有礼情之意。

◇文献示目

《琴操》二卷，（汉）蔡邕。人民音乐出版社，1990 年。

《乐书》二百卷，（宋）陈旸。载《中华礼藏·礼乐卷·乐典之属》，浙江
　　大学出版社，2016 年；张国强《〈乐书〉点校》，中州古籍出版社，
　　2019 年。

《乐律全书》，（明）朱载堉。商务印书馆，1932 年（《万有文库》影印明万
　　历刊本）。

◇思考题

1. 阅读《礼记·乐记》，思考礼与乐的关系。
2. 作为礼学结构要素的礼乐应具有哪些特征？
3. 谈谈你对《乐经》的理解。

第七讲　礼仪表达中的礼器文献

主体的礼仪生活要用到很多资源，这些资源在礼学结构要素中被称为礼器。《礼记·礼器》云：

> 是故昔先王之制礼也，因其财物而致其义焉尔。故作大事必顺天时，为朝夕必放于日月，为高必因丘陵，为下必因川泽。是故天时雨泽，君子达亹亹焉。[1]

推而言之，主体践礼行为中所用到的合于礼义的人财物或者说合于天时、地利、人和的人财物即是礼器之内容。在第一讲"礼的结构"中，我们已据《礼记·乐记》"簠簋俎豆、制度文章，礼之器也"的界定，把礼器分为物器、名器和文器三个层次。所谓物器，是指人们在礼仪活动中所用到的合于礼义的存在资源，其于物器中所赋予的等差认同和美感特征，则分别称为名器和文器。《周易·系辞下》曰：

> 是故变化云为，吉事有祥；象事知器，占事知来。[2]

这是说主体在变化中如果有所作为，则做吉事当有嘉祥之应；在对境中如果赋事以象来理解事物内涵，则占事物当知其未来变化。也就是说，人们会根据昭示吉利的嘉祥之应来选择采取什么样的行为方式，而根据所理解的事物形态来判断其未来的发展趋势，这是人类基本的思维方式。《孟子·告子上》云：

---

[1]　孔颖达《礼记正义》，上海古籍出版社，2008年，第1001页。

[2]　于天宝点校《宋本周易注疏》，中华书局，2018年，第467页。

圣人与我同类者。故龙子曰："不知足而为屦，我知其不为蒉也。"屦之相似，天下之足同也。口之于味，有同耆也。易牙先得我口之所耆者也。如使口之于味也，其性与人殊，若犬马之与我不同类也，则天下何耆皆从易牙之于味也？至于味，天下期于易牙，是天下之口相似也。惟耳亦然。至于声，天下期于师旷，是天下之耳相似也。惟目亦然。至于子都，天下莫不知其姣也。不知子都之姣者，无目者也。[1]

与非物质文化遗产多依附物质文化遗产而得到呈现一样，礼器之名器与文器属于非物质文化遗产，它们也要通过作为物质文化遗产的物器而得以呈现，此即《礼记·礼器》所云：

"欲察物而不由礼，弗之得矣。"……故曰：礼也者，物之致也。[2]

也就是说，要想了解器物的本质，只能通过礼学的视角，而礼是终极的秩序安排，故没有终极关怀，也就不能真正理解器物的存有性态（包括物理性、社会性以及对人的心智影响和终极意义等）。或者说，在具有礼器之用的器物中，人们寄寓了自己的生命价值和终极关怀。宋陈祥道《礼书》自序亦申之云：

先王之治，以礼为本，其宫室衣服、车旗械用有等，其冠婚丧祭、朝聘射御有仪。即器以观理，无非法象之所寓；即文以观义，无非道义之所藏，使人思之而知所以教，守之而知所以禁，奢者不得骋无度之心，俭者不得就苟难之节，

---

[1] 朱熹《四书章句集注·孟子集注》，中华书局，1983年，第329—330页。
[2] 孔颖达《礼记正义》，上海古籍出版社，2008年，第1000页。

奇者不得以乱常，邪者不得以害正，此上下所以辨而民志所
以定也。[1]

这是说，器物中所寄寓的法象（名器、文器）与仪式中所呈
现的道义（礼意与礼义）一起践行了礼的社会功能，提示了践礼
主体与宇宙、自然和人类社会的联结，以及主体在每个礼仪践行
期间的使命和义务。当代礼学家钱玄先生指出："盖先辨具体之
物，然后能明所行之事；明所行之事，乃悉行事之义也。"[2] 也
就是说，对礼器的理解，是学习、研究以及践行礼仪最为直接而
有效的抓手和门径。

一　物器的基本类型

在先秦四礼文献中，以"器"构成名词性物器的词有三十多
个，约可分为七类：

祭器、吉器、宗器（宗庙之器）、祼器、玉器。

乐器、庸器[3]、舞器。

用器（弓矢、耒耜、敦、杅、盘、匜）、燕器（杖、笠、翣）、
御器（用器）、宾器（迎宾之器，如尊俎笙瑟等）。

养器、饮器、庐器、食器、陶器、亵器（燕衣服、衽席、
床第）。

---

[1]　陈祥道《礼书》，《北京图书馆古籍珍本丛刊3》，书目文献出版社，2000 年，
　　第 1 页。
[2]　钱玄《三礼名物通释·自序》，江苏古籍出版社，1987 年，第 1 页。
[3]　铭功的铜器，《周礼·春官宗伯》典庸器职为大师属官。

兵器、军器、戎器、射器、役器（甲、胄、干、笮）。

田器、稼器。

凶器、窆器、蜃器、丧器、明器（折、抗木、抗席、茵、苞、瓮、甒，以及随葬物等）。

今知最早论述礼器的著作盖为汉初叔孙通所著《汉礼器制度》，然原书久佚，其分类部目不详，清人有数种辑本，若王谟《汉魏遗书钞》本辑有十九条，内容涉及葬器、盛器、服饰、食器、乐器、仪仗、祭器等等。宋代聂崇义集前代"三礼图"之大成的《新定三礼图》则设十九目，依类而论，可分为服饰、宫室、射具、玉器、盛器、丧具六种。明代御用典籍《礼制集要》列有十三目：冠服、房屋、器皿、伞盖、床帐、弓矢、鞍辔、仪从、奴婢、俸禄、奏启本式、署押体式等[1]。而清代通礼研究的代表作，如江永《礼书纲目》中列有丧服、祭物、名器、乐器等物器专目，其中名器下收有的物器有衣服、宫室、车旗、玉器、挚节、杂器、度量权衡等；黄以周《礼书通故》列有宫室、衣服、车制、名物之专目，其中名物下收有玉器、挚物、符节、坐具、餐具、乐器等。今人吴十洲先生在《两周礼器制度研究》中对铜器铭文、东周礼书及墓葬考古中所见的"礼器"分别考论，综其类属为八类：玉器、青铜容器、漆竹陶礼器、乐器、车服、銮旗、兵器、丧葬器[2]。又钱玄先生在其主编的《三礼辞典》中，于五

---

[1]　余继登《典故纪闻》，中华书局，1981年，第96页。
[2]　吴十洲《两周礼器制度研究》，中华发展基金管理委员会、五南图书出版公司，2004年，第423页。

礼之器各归其类外，另设与礼器相关者[1]如射礼投壶、乐舞、卜
筮、天文历法、服饰、饮食、车马、兵器、旗帜、玉器符节、器物
（包括饮器、食器、坐具、用器等）、动植物等十余目。

以上诸家论说皆以三礼及先秦出土文物为对象，然其揭"礼
图""礼器"之名者，似皆未取能直接献祭、消耗的挚物，其兼论
用于献祭、消耗之挚物者又不用"礼图""礼器"之名。至清乾隆
时期敕修《皇朝礼器图式》，才踵汉而成论当代礼器之作，其书计
分六大部类：

祭器部（14 类）：收有用于祭祀的玉器和盛器。

仪器部（4 类）：收有用于观测天地的各种仪器和时钟。

冠服部（男 24 类，女 17 类）：收有男女各种冠戴礼服。

乐器部（87 类）：收有各种乐器。

卤簿部（35 类）：收有各种车马仪仗。

武备部（26 类）：收有作为仪仗用的各种防御性和攻击性

武器，以及旗帜、帐篷等。

然即此而论，其用于常礼之衣食住行及典礼之吉凶军宾嘉，
仍有诸多不能备者。但于旧类已有所扩充，故特于卷首申明云：

---

[1] 之所以谓之"与礼器相关者"，因钱先生并未以"礼器"之名统摄众目。稽诸
先生所著《三礼名物通释》，其自序揭云："夫学《礼》不外四端：一曰礼之
义，所以论礼之尊卑、亲疏之义也。如《礼记》所载《冠义》、《昏义》、《乡
饮酒义》、《射义》、《聘义》等篇是也。二曰礼之节，详吉凶宾军嘉五礼之节
文也。《仪礼》十七篇所述是也。三曰百官之职，则《周礼》所记三百六十官
之职掌也。四曰礼之具，乃散见于《三礼》中有关宫室、器用名物也。"用黄
侃"礼之具"名。钱玄《三礼名物通释·自序》，江苏古籍出版社，1987 年，
第 1 页。其后钱氏著《三礼通论》则析为四编：礼书编、名物编、制度编、礼
仪编，其中名物编下又分为衣服、饮食、宫室、车马、武备、旗帜玉瑞、乐
舞、丧葬八个子目，亦不用"礼器"之名该之。钱玄《三礼通论》，南京师范
大学出版社，1996 年。

是编所述则皆昭代典章，事事得诸目验，故毫厘毕肖，分刊无讹。圣世鸿规灿然明备，其中仪器、武备二类，旧皆别自为书，今乃列之于礼器，与古例稍殊，然周代视祲、保章、冯相所职，皆天象而隶于春官。礼有五目，军礼居三，而所谓"前朱雀而后元[玄]武、左青龙而右白虎，招摇在上，急缮其怒"者，战阵之令，乃载于《曲礼》。盖礼者理也，其义至大，其所包者亦至广，故凡有制而不可越者，皆谓之礼，《周官》所述皆政典，而兼得《周礼》之名，盖由于此。今以仪器、武备并归礼乐，正三代之古义，未可以不类疑也。[1]

从以上各家各代的分类中可以看出，其于礼器诸类的分别大致是以功用来归纳的，但从彼此分类的个别差异中，我们还是有些困惑：礼器到底应该包括哪些内容？吴十洲先生即指出：

礼器的质地或功用均有很强的特性和排异性，譬如：玉、石、青铜、竹、木、漆、陶、纤维……其质地特性十分显著，然而仅以质地分类不但不能把握事物的全部，而且会与功用相交错；同时在祭器、丧器、食器、酒器、盥器、兵器、乐器、车马器……其功用特性也十分显著，然而古人一器多用的现象很普遍，因之必须两相兼顾，对考古学资料与文献资料予以综合考虑，进而将各种礼器形制分门别类，并把它们规范在一个比较完整的认知体系中。[2]

其实礼器的名称就限制了其所要求的物器是以功用为本的，

---

[1]　允禄等《皇朝礼器图式》，《景印文渊阁四库全书》第六百五十六册，台湾商务印书馆，1986年，第12页。
[2]　吴十洲《两周礼器制度研究》，中华发展基金管理委员会、五南图书出版公司，2004年，第31页。

至于质地，则是其从属功用的方便选择，是与文器、名器等附属功用相似的选择质素。也就是说，作为主体礼仪生活的辅助性工具，物器如果缺乏，只会造成主体礼仪生活的不便，并不会阻碍主体礼仪生活的实现。如缺乏宫室，并不意味着主体就不能利用其他空间进行休息、睡眠、饮食及举行相关典礼活动；缺乏束脩，并不影响学子使用其他挚物作为拜师礼物；等等。那么主体礼仪生活的物器之功用类型有哪些呢？这就要追本溯源，回到主体的生活类型上来加以观察了。《荀子·礼论》云：

> 礼起于何也？曰：人生而有欲，欲而不得，则不能无求，求而无度量分界，则不能不争。争则乱，乱则穷。先王恶其乱也，故制礼义以分之，以养人之欲，给人之求。使欲必不穷乎物，物必不屈于欲，两者相持而长，是礼之所起也。

> 故礼者养也——刍豢稻粱、五味调香［盉］，所以养口也；椒兰芬苾，所以养鼻也；雕琢刻镂、黼黻文章，所以养目也；钟鼓管磬、琴瑟竽笙，所以养耳也；疏房檖貌、越席床第几筵，所以养体也。故礼者养也。

> 君子既得其养，又好其别。曷谓别？曰：贵贱有等，长幼有差，贫富轻重皆有称者也。[1]

由上文可知，合于礼义之宜的六欲（口鼻目耳体意）养器皆是礼器，只不过其所论之礼为常礼——主体居家生存活动之礼，与前文讨论"礼器"分类诸文所针对的典礼——主体重要活动之礼有内外常变之异。前者为主体生活中的基本行为用物，故"以

---

[1]　梁启雄《荀子简释·成相》，中华书局，1983 年，第 253—254 页。又此段文字与《礼记·乐记》中的"人生而静，天之性也；感于物而动，性之欲也"云云一段意思略同，唯彼文字略简，可相参证。

素为贵",所谓"至敬无文,父党无容"是也[1];后者为主体生活中的"节点"行为,是基本行为的"群体延伸",故"以文为贵"。要之"文"之所起,亦因"素"而加饰焉[2]。落实到礼器层面,则典礼之礼器虽较常礼为繁富,然亦必因"六欲"之养而外推,唯常礼以养及主体之心灵为安,而典礼则要兼养于对境的群体心灵为安。

回到我们的物器分类思考。从礼器与礼仪乃是用以达成沟通作为终极实在的"神""祖灵"以及"心灵"等本体形态的角度考虑,其内容当包括挚物与盛器两种。挚物是礼仪中用于交流分享的物器,此为传统礼器之内核,礼书多称为挚物、器实、豆实、鼎实等等,今则多以礼物称之;而盛器则是盛装挚物的"包装"器具,二者往往配合使用、相须为礼。据此可知,物器的分类仍当以礼仪类型的结构与程式作为依据,才有可能条理清晰。而礼仪践行的物化对境则有主体践礼背景的物器设定以及主体仪式行为的物器加持两个层面的系统资源。前者以附着于天地人诸"物器"的时间、空间、人物(主人、宾客等)为主要内容,后者以主体践礼所用到的物器为主要内容。

表14结合第五讲礼论篇所提到的"礼目结构图式",试为构拟士庶阶层践礼的物器类型,以见其概略。

---

[1]　孔颖达《礼记正义·礼器》,上海古籍出版社,2008年,第975页。

[2]　《荀子·礼论》云:"凡礼,事生,饰欢也;送死,饰哀也;祭祀,饰敬也;师旅,饰威也;是百王之所同,古今之所一也。"不过荀子的饰礼之说亦非随意而为,而是主体在参与典礼活动中表达性情的一些必要方式:"性者,本始材朴也;伪者,文礼隆盛也。无性则伪之无所加;无伪则性不能自美;性伪合,然后成圣人之名。"梁启雄《荀子简释·礼论》,中华书局,1983年,第269、266页。

表 14

礼仪类型	对境类型	物器类型		
常礼	衣	居家服（便服） 休闲服 工作服（职业装） 运动服 礼服（宾服） 变服（风雨雪、未成年）	头衣：冠、弁、巾、盖头、縰、笄 上衣：内衣、中衣、衫、袄、夹衣、外套 下衣：裳、裤、带、蔽膝 足衣：袜、鞋、靴、屦 配饰：玦、管、刀、燧、鞲、帨、袟、衿缨 首饰：笄、簪、钗、耳环、手镯、臂钏、戒 　　　指、项链、玉组 用物：栉（篦）、梳、镜 发式 妆容	
	食	合餐（早中晚） 分餐（早中晚） 礼食（做客宾食） 变食（药食）	主食：米食、面食 副食：肉类、菜蔬、豆腐、腊、汤 调料：油、盐、酱、醋、羹、菹醢、薤姜蒜 　　　椒等 饮料：水、茶、酒、咖啡、其他饮品 器具：加工用具、炊具、食具、饮具、藏具 点心 果品：水果、干果	
	住	家居住宅 工作用房（办公楼等） 交际用房（娱乐场地） 变居（医院、客居等）	住宅：宅院、房屋、厨房、厕所、仓房、客 　　　房、畜舍、桑梓 家具：床帐、桌椅、电器、柜具、厨具、卫具 卧具：被褥 用具：纸巾、厕纸、肥皂、香皂、牙膏、沐浴 用品、灯烛、钱币、粮草、度量衡等	
	行	行走 家务 工作 休闲 运动	路桥 交通：车、船、飞机 家务：清洁、维修、劳作（制衣、农活、畜 　　　养等） 工作：相关用具 学习：书籍、笔墨纸砚、学习用具 休闲：游戏用具、扇子、清供、琴瑟、刀剑、 　　　弓箭 运动：泳具、登山具、露营具、钓具、狩猎 　　　具、体育器具	

礼仪类型		对境类型	物器类型
典礼	诞礼	时间 空间 主人 主体	时间：预产推算工具、计时用具 空间：产房布置 主人：接生用具、接纳用具、载璋弄瓦、弓箭、红布、喜蛋、月子用具等 主体：婴儿衣物、用物、礼物（手镯、项圈、玩具等）
	冠礼	时间 空间 主人 主体	时间：占具、计时用具 空间：宗庙或祠堂 主人：礼辞、赠品、宾客、器乐等 主体：三加服、酒醴、脯、挚物
	宾礼	时间 空间 主人 主体	时间：占具、计时用具 空间：客厅 主人：饮具、饮品、点心、果品、餐食、礼物、车具 主体（宾客）：车具、礼物
	节日	时间 空间 主人 主体	时间：计时用具 空间：家宅 主人：节日衣饰、食品、游戏用具、祭器、祭品 主体：灶君、宗谱、牌位、星君、月神、天神、寿星等
	婚礼	时间 空间 主人 主体	时间：占具、计时用具 空间：婚房、卧具、家具、餐具、食物、用具；双方宅屋、双方宗庙（祠堂） 主人：双方父母及新人衣物、食物、礼物、宾客 主体（新人）：祭物、车具、仪仗、器乐、服饰、礼物、"巫术"用品、妆奁、红包、酒食、用具（卺、俎、食具等）
	丧礼	时间 空间 主人 主体	时间：占具、计时用具 空间：宅屋、宗庙（祠堂）、墓地 主人：丧服、食物、宾客、赙襚、冥币、酒醴、香火、葬器（棺饰、丧车、魌头、铭旌、铎等）、明器、祭器、祭品、器乐、灵幄、爆竹 主体：殓服、棺椁、墓室、魂器、神龛
	祭礼	时间 空间 主人 主体	时间：占具、计时用具 空间：宗庙（祠堂）或墓地 主人：服饰、食物、酒醴、香火、祭器、祭品 主体：神龛、牌位，墓地、坟墓

二　名器的等差依据

《春秋繁露·郊语》云：

> 故古之圣王，文章之最重者也，前世王莫不从重，栗精奉之，以事上天。至于秦而独阙然废之，一何不率由旧章之大甚也！……今秦与周俱得为天子，而所以事天者异于周。[1]

"事天"以明"天秩"而行，正是"事神致福"之礼仪合法性的终极关切所在。秦始皇郊祭天地、封禅泰山、宗祀鬼神，亦不可谓不事天，然而于社会治理上则"以吏为师"[2]，"重禁文学，不得挟书，弃捐礼谊而恶闻之，其心欲尽灭先王之道，而颛为自恣苟简之治，故立为天子十四岁而国破亡矣"[3]。此与《左传·昭公五年》所载女叔齐论鲁昭公知仪而不知礼的情况略同，即君主在形式上践行礼仪，但在礼意礼义上未能感通，故不肯关切其国人安身立命的问题，此是"君不君"者，"谓之一夫"可矣[4]。归根结底，董仲舒策论指向群体生活中的政体合法性问题，《礼记·礼器》谓"礼，时为大"，也强调了礼的致用首先就要做到与时俱进。

---

[1]　苏舆《春秋繁露义证》，中华书局，1992年，第397—399页。

[2]　司马迁《史记·秦始皇本纪》，中华书局，2013年，第322页。这里的吏特指法官，即刑官。

[3]　班固《汉书·董仲舒传》，中华书局，1962年，第2504页。

[4]　《孟子·梁惠王下》："贼仁者谓之贼，贼义者谓之残，残贼之人谓之一夫。闻诛一夫纣矣，未闻弑君也。"朱熹《四书章句集注·孟子集注》，中华书局，1983年，第221页。

从人类文明史的视角观之，中国历史上的政体经历了三次大的变革：三代时期的封建制，以最高政权的家族世及制和管理体系的分封制为标识；秦至清时期的帝国制，以最高政权的家族世及制和管理体系的郡县制为标识；1912 年以后的民主制，以最高政权的分权制和管理体系的省县制为标识。其总体趋势是走向个体"一道德，同风俗"的普遍共识与生命安顿。《礼记·礼运》中即载有孔子对这一理想进程的思考：

> 大道之行也，天下为公，选贤与能，讲信修睦。故人不独亲其亲，不独子其子，使老有所终，壮有所用，幼有所长，矜、寡、孤、独、废疾者皆有所养，男有分，女有归。货，恶其弃于地也，不必藏于己；力，恶其不出于身也，不必为己。是故谋闭而不兴，盗窃乱贼而不作，故外户而不闭。是谓大同。

> 今大道既隐，天下为家，各亲其亲，各子其子，货力为己，大人世及以为礼，城郭沟池以为固，礼义以为纪，以正君臣，以笃父子，以睦兄弟，以和夫妇，以设制度，以立田里，以贤勇、知，以功为己。故谋用是作，而兵由此起。禹、汤、文、武、成王、周公，由此其选也。此六君子者，未有不谨于礼者也，以著其义，以考其信，著有过，刑仁讲让，示民有常。如有不由此者，在埶者去，众以为殃。是谓小康。[1]

孔子以三代封建制为小康时代，其特点是"天下为家""大人世及""礼义以为纪"，其中礼义与真正的具有终极关怀的礼义是

---

[1]　孔颖达《礼记正义》，上海古籍出版社，2008 年，第 874—876 页。

有距离的，或者说是有着实然与应然差异的，而应然礼义流行的时代当是"大道之行"所呈现的天德流行境界。当然，孔子没有见到秦至清代的帝国制社会形态，较之三代的小康，则又为每况愈下的极端形态。故民主选举政体成为人类社会新时代的共同选择，无疑是因为它更具有趋近"大道之行"境界的可能性。

这种政体变革也直接关系到传统礼器之名器的时代设计，以及作为后人的我们对其"天经地义"之礼义合法性的理解。基于这样一种时变认知，我们再来审视传统名器等差说的主要观点。《礼记·大传》云：

> 圣人南面而治天下，必自人道始矣。立权度量，考文章，改正朔，易服色，殊徽号，异器械，别衣服，此其所得与民变革者也。

> 其不可得变革者则有矣；亲亲也，尊尊也，长长也，男女有别，此其不可得与民变革者也。[1]

除"权度量"等用于表现名器等差的文器外，所谓"不可得变革者"才是名器等差的合法性来源。其中的男女是最为上位的"阴阳"层次，它也遍于另外三个系列中，所以我们通常讲的等差皆是针对男女之外的三个系列而言，而阴阳男女之别则自在其中且属于优先选项。亲亲是"父母为首，次以妻子伯叔"，尊尊是"君为首，次以公卿大夫"[2]，而长长则是以年龄为等差的名器，三者各有不同的适用群体。此与《大戴礼记·礼三本》中的说法甚为一致："礼有三本：天地者，性之本也；先祖者，类之本

---

[1]　孔颖达《礼记正义》，上海古籍出版社，2008年，第1353—1354页。

[2]　参孔颖达《礼记正义·大传》"服术有六：一曰亲亲，二曰尊尊"孔疏，上海古籍出版社，2008年，第1360页。

也；君师者，治之本也。无天地焉生，无先祖焉出。无君师焉
治，三者偏亡，无安之人。故礼，上事天，下事地，宗事先祖而
宠君师，是礼之三本也。"[1] 亲亲的理据来源是"类之本"，尊
尊的理据来源是"治之本"，长长的理据来源是"生之本"。《白
虎通·礼乐》论磬音之象时，提及贵贱、亲疏、长幼三者的适用
范围：

> 朝廷之礼，贵不让贱，所以明尊卑也。乡党之礼，长不
> 让幼，所以明有年也。宗庙之礼，亲不让疏，所以明有亲也。
> 此三者行，然后王道得。[2]

礼学家曹元弼先生亦参取此论而对先秦其他诸说进行了整合：

> 然则礼之大体曰亲亲、曰尊尊、曰长长、曰贤贤、曰男
> 女有别。此五者五伦之道，而统之以三纲：曰君为臣纲，父
> 为子纲，夫为妻纲。长长统于亲亲，贤贤统于尊尊。三者以
> 为之经，五者以为之纬；五者以为之经，冠、昏、丧、祭、
> 聘、觐、射、乡以为之纬；冠、昏、丧、祭、聘、觐、射、乡
> 以为之经，服物、采章、节文、等杀以为之纬。本末终始，
> 同条共贯，须臾不可离也，一物不可缪也。[3]

按曹氏关联礼义来解读名器类分的依据，甚合礼旨。唯此处
以经纬说三者、五者及八礼的等差之别似有不妥，以五者、八礼
皆是三者之经的展开，或者说细化，仍不失为经，而纬之本义当
是穿经成匹的要素，不可用细化之经论之，盖以服物、采章、节
文、等杀当之乃是。

---

[1]　方向东《大戴礼记汇校集解》，中华书局，2008 年，第 96 页。

[2]　陈立《白虎通疏证》，中华书局，1994 年，第 126 页。

[3]　曹元弼《礼经学·明例》，北京大学出版社，2012 年，第 1 页。

另外，曹氏提到的"贤贤统于尊尊"是合理的，我们还可以补充一些说明。《周易·系辞下》载孔子云："德薄而位尊，知小而谋大，力小而任重，鲜不及矣。"[1] 有德者为贤，故无德者居尊位是不合礼的。《礼记·中庸》载孔子所论更为明确：

> 舜其大孝也与！德为圣人，尊为天子，富有四海之内。宗庙飨之，子孙保之。
>
> 故大德必得其位，必得其禄，必得其名，必得其寿。
>
> 故天之生物，必因其材而笃焉。故栽者培之，倾者覆之。[2]

从合礼的角度来说，尊尊（爵位）、贵贵（官品）的真正合法性皆源于道德，皆当归属于贤贤中，或者说，贤贤是其内质形态，而尊尊是其外表形态。从主体性的角度而言，道德与文明属于本体（道）、工夫（德）与境界的关系，也可以说是一体之两面（工夫是本体与境界转换的枢纽而已）。

因此我们所讨论礼器之名器等差中，除阴阳男女之别外，只有三个等差系列是具有"合礼性"的：存在于家庭（家庙）的亲亲系列，取法于地道的血缘秩序；存在于国家（朝廷）的尊尊系列，取法于人道的道德秩序；存在于社会（乡党）的长长系列，取法于天道的自然秩序。以下略作分疏。

首先是存在于家庭的亲亲系列。

按"亲亲"的本义是指"亲合父母"，其中后一个亲字特指直系血缘关系中的父母，而这种亲合从礼义上讲，是应该建立在家

---

[1] 于天宝点校《宋本周易注疏》，中华书局，2018年，第451页。
[2] 孔颖达《礼记正义》，上海古籍出版社，2008年，第2005页。

的基础上的。那么家的概念是什么呢?

按《说文解字》:"家,居也,从宀,豭省声。"据汉语史学家何九盈先生考证,此豭作为公猪,为氏族部落时代走访婚中男性的象征,在先秦文献中多载"男有室,女有家"的对文:

> 男子结婚为"有室",女子结婚为"有家"。"室家"指的就是夫妇。[1]

也就是说,家的本义是指男女因结婚而形成的社会基本生活组织形态,这也意味着已婚后的夫妇仍与其父母同居是不合礼义的。现代社会学研究称之为"核心家庭",即指以一夫一妻为主体而兼及未成年子女组成的家庭,当然这里应该可以兼顾已失去生活能力的夫妇之父母,只不过寓居于夫妇之家的老人已不是该家庭的主人了。在这种家庭概念中,亲亲只能理解为未成年子女对于父母的孺慕之情,以及由此孺慕之情延伸而形成的基于血缘秩序的亲情关爱。

另外,在家庭中的夫妻关系也需要作一些说明。《白虎通·嫁娶》云:"妻者,齐也,与夫齐体。自天子下至于庶人,其义一也。"[2] 类似观点还有不少,如:

> 男不言内,女不言外。[3]
>
> 女正位乎内,男正位乎外。男女正,天地之大义也。[4]
>
> 寝门之内,妇人治其业焉。上下同之。[5]

---

[1] 何九盈《汉字文化学》,辽宁人民出版社,2000年,第169页。
[2] 陈立《白虎通疏证》,中华书局,1994年,第490页。
[3] 孔颖达《礼记正义·内则》,上海古籍出版社,2008年,第1124页。
[4] 于天宝点校《宋本周易注疏·家人》,中华书局,2018年,第237页。
[5] 仇利萍《〈国语〉通释·鲁语下》,四川大学出版社,2015年,第228页。

夫受命于朝，妻受命于家。[1]

所谓言内正内、言外正外，后世概括为女主内、男主外，即女为一家之主，家宅之内，女主负责；男为一家之长，家宅之外，男长负责。古书常有夫妻互称"内子""外子"之语，正源于此。从阴阳应和的角度说，男子为阳而属天，女子为阴而属地，阴无阳则无所本，阳无阴则不成器，二者要相须而成事。故《仪礼·丧服》云"夫妻，牉合也"，也明确了夫妻"义合"之后就是彼此生命的另一半，这在作为其"遗体"的子女生命中表现得最为明白[2]。故在家庭生活中，夫妻二人的行为虽有分工，但权利是一致的，这在婚礼中的"往迎尔相"、祭礼中的初献亚献分工以及日常生活中都有体现。由于封建制及帝国制时代的宗法制制约了原生"室家"的初义，导致传统家庭生活中出现了诸多"不合礼"的"伪礼"现象[3]，这是我们今天研究礼学所当反省和辨析的。

传统的宗法制是原生的核心家庭推而及于其外的直系血缘关系，即夫妇之父母，以及夫妇父母之父母等等，扩而充之，再及于旁系血缘关系。《礼记·大传》提到周代的宗法制度是大宗百世不迁、小宗五世而斩：

> 君有合族之道，族人不得以其戚戚君，位也。庶子不祭，明其宗也。庶子不得为长子三年，不继祖也。别子为祖，继

---

[1] 任继昉、刘江涛译注《释名·释亲属》，中华书局，2021年，第215页。

[2] 《礼记·祭义》载曾子曰："身也者，父母之遗体也。"孔颖达《礼记正义》，上海古籍出版社，2008年，第1844页。

[3] 这也使我们有理由反思《礼记》所载为维护宗法制而同居共爨的一些规则的合礼性，如"父母在，朝夕恒食，子妇佐馂，既食恒馂"（《内则》），"父母在，不敢有其身，不敢私其财"（《坊记》），等等。

别为宗，继祢者为小宗。有百世不迁之宗，有五世则迁之宗。百世不迁者，别子之后也。宗其继别子之所自出者，百世不迁者也。宗其继高祖者，五世则迁者也。[1]

这一规则即是：长子继父为祖，其后历代长子可百世不迁；而庶子继父为宗，其后历代庶子则五世而斩。

表 15

高	长																庶															
曾	长								庶								长								庶								
祖	长				庶				长				庶				长				庶				长				庶				
祢	长		庶		长		庶		长		庶		长		庶		长		庶		长		庶		长		庶		长		庶		
己	长	庶	长	庶	长	庶	长	庶	长	庶	长	庶	长	庶	长	庶	长	庶	长	庶	长	庶	长	庶	长	庶	长	庶	长	庶	长	庶

从表 15 可以看出，高祖如果是长子，其后历代长子"百世不迁"，是为大宗；高祖如果是"别子为祖"，其长子则"继别为宗"，其后历代长子"百世不迁"，是为小宗。至于五世而及己身，如果己为庶子，则与高祖已有五世"非长子"情缘，兼受传统宇宙论"三五之数"的影响，宗法制遂断为"五世则迁"。

传统的丧服制度也是在此基础上建立起来的。《仪礼·丧服》载有五服制度的详细说明。图 1 为明丘浚《文公家礼仪节》所附本宗五服图[2]。

---

[1]　孔颖达《礼记正义》，上海古籍出版社，2008 年，第 1362—1363 页。又"之所自出"四字朱熹疑为衍文，可删。

[2]　杨慎辑《文公家礼仪节》卷四，日本服部文库藏本，第 55—56 页。

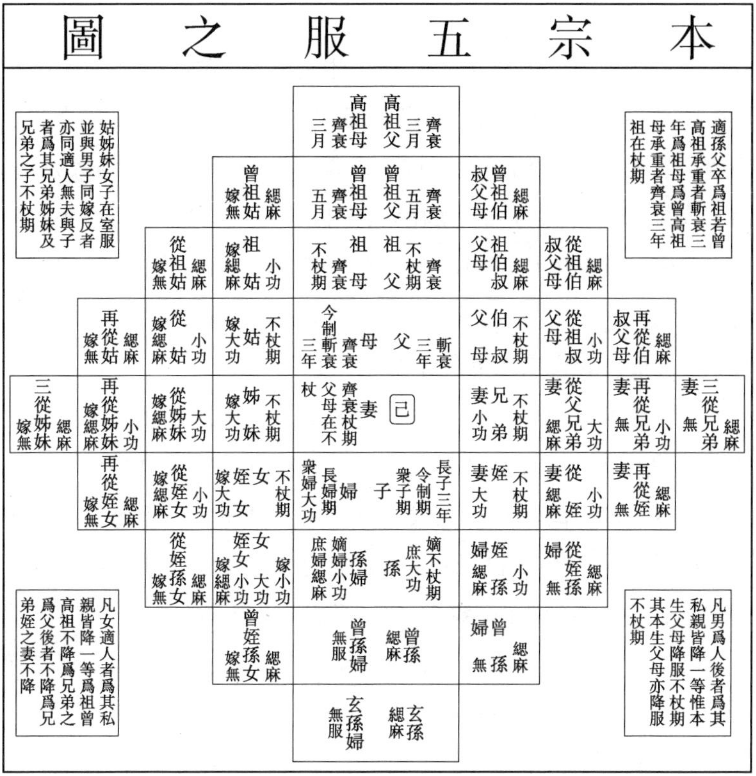

本宗五服之圖

姑姊妹女子在室服，並與男子同嫁反者亦同適人無夫與子者，爲其兄弟之子姊妹及兄者爲其弟姊妹及弟之子不杖期。

適孫父卒爲祖後若曾高祖承重爲斬衰高祖，年爲祖母爲曾高祖母承重爲齊衰三年。（祖在杖期／母在杖期）

- 高祖母 三月 齊衰 ｜ 高祖父 三月 齊衰
- 曾祖姑 嫁無 緦麻 ｜ 曾祖母 五月 齊衰 ｜ 曾祖父 五月 齊衰 ｜ 叔曾祖父母 緦麻
- 從祖姑 嫁無 緦麻 ｜ 祖姑 嫁緦麻 小功 ｜ 祖母 不杖期 齊衰 ｜ 祖父 不杖期 齊衰 ｜ 叔祖父母 緦麻 小功 ｜ 從祖叔祖父母 緦麻
- 再從姑 嫁無 緦麻 ｜ 從祖姑 嫁緦麻 小功 ｜ 姑 嫁大功 不杖期 ｜ 母 今制斬衰三年／齊衰三年父在不杖期 ｜ 父 斬衰三年 ｜ 父伯叔母叔 不杖期 ｜ 從祖伯叔父母 小功 ｜ 再從伯叔父母 緦麻
- 三從姊妹 嫁無 ｜ 再從姊妹 嫁緦麻 緦麻 ｜ 從姊妹 嫁小功 小功 ｜ 姊妹 嫁大功 不杖期 ｜ 妻 齊衰杖期父母在不杖 ｜ **己** ｜ 妻兄弟 小功 不杖期 ｜ 妻從父兄弟 大功 不杖期 ｜ 再從兄弟 嫁無 小功 緦麻 ｜ 三從兄弟 緦麻
- 再從姪女 嫁無 緦麻 ｜ 從姪女 嫁緦麻 小功 ｜ 姪女 嫁小功 大功 ｜ 婦 長婦大功衆子婦令制大功 ｜ 子 長子三年衆子期令制 ｜ 婦 不杖期 ｜ 妻姪 大功 不杖期 ｜ 妻從姪 小功 緦麻 ｜ 再從姪 緦麻
- 從孫女 嫁無 緦麻 ｜ 姪孫女 嫁緦麻 小功 ｜ 孫女 嫁小功 大功 ｜ 孫 嫡孫不杖期庶孫大功 ｜ 嫡婦小功庶婦緦麻 ｜ 婦姪孫 緦麻 小功 ｜ 從姪孫 緦麻
- 曾姪孫女 嫁無 緦麻 ｜ 曾孫女 緦麻 ｜ 曾孫 緦麻 ｜ 婦曾孫 無服
- 玄孫 緦麻 ｜ 玄孫婦 無服

凡女適人者爲其私親皆降一等，爲祖曾高祖不降爲兄弟之親父後者不降，爲兄弟姪父姪後之妻不降。

凡男爲人後者爲其私親皆降一等，惟本生父母降服不杖期，其餘生父母亦降服。不杖期

图 1　本宗五服图

　　宋代欧阳修据宗法之小宗五世说设计了泽被后世的"欧式家谱"，并指出这一说法当以主体最大可能的亲见情缘为基本理据：

　　　　谱图之法，断自可见之世，即为高祖，下至五世玄孙而别自为世。如此，世久子孙多，则官爵、功行载于谱者，不胜其繁。宜以远近亲疏为别，凡远者、疏者略之，近者、亲者详之，此人情之常也。玄孙既别自为世，则各详其亲，各系其所出。是详者不繁，而略者不遗也。[1]

其所设计的谱图法以高祖至玄孙五世为一图，此图之玄孙为下图之高祖，以此类推。其后苏洵又在"欧氏家谱"基础上，引入整合各支谱为一编的大宗谱，以重建"百世不迁"的大宗法。南宋大儒朱熹在其《朱子家礼》四时祭中仅取四祖牌位设祭，应该也是受到欧苏家谱说的影响，唯祭四世祖的说法与《礼记·王制》天子七庙、诸侯五庙、大夫三庙、士一庙的奇数设计不合。那么究竟哪一种说法才更合理呢？

按宗法制的初衷是为"家"服务的。在宗法制度最为完备的西周时代，其家庭形态也存在着王族、贵族和庶民之别，士当是由王族和贵族中的数代小宗发展而来的，其中也不乏已经沦为庶士或庶民者。至于庶士、庶民家族中的个体家庭（即核心家庭），则"已作为生活细胞而存在"[2]。吕思勉先生指出：

> 宗法盖仅贵族有之，以贵族食于人，可以聚族而居。平民食人，必逐田亩散处。贵族治人，其抟结不容涣散。平民治于人，于统系无所知。《丧服传》曰："禽兽知母而不知父。野人曰：父母何算焉？都邑之士，则知尊祢矣。大夫及学士，则知尊祖矣。诸侯及其太祖，天子及其始祖之所自出。"其位愈尊，所追愈远，即可见平民于统系不甚了了。于统系不甚了了，自无所谓宗法矣。[3]

故诸侯之子，唯嫡长子可以继世为君，至于第二子以下，即使对于亡故父母，自己也没有独立的祭祀权力，只能在嫡长兄祭

---

[1]　欧阳修《欧阳修全集》，中华书局，2001年，第1076页。

[2]　刘广明《宗法中国》，生活·读书·新知三联书店，1993年，第21页。

[3]　吕思勉《中国制度史》，上海教育出版社，2002年，第299页。

祀时参与佐祭而已，这种规定颇不合于次子以下的人性表达，所以宗法制的主导地位在封建制解体后也逐渐走向式微。杜正胜先生指出：

> 春秋晚期以后封建崩解，社会基本单位逐渐转变成为个体家庭，集权中央政府才有可能实现。……这些家庭就是史书所谓的"编户齐民"。编户齐民奠定秦汉以下两千五百年政治和社会的基础，直到今日依然未曾改变。[1]

此时，"核心家庭"祭祀权力的伸张就与传统的宗法制度形成了紧张[2]，而礼仪践行既然以"天经地义"为旨归，则传统人为设计的宗法制度就无疑存在一些不合理的漏洞。当社会共同体"一道德，同风俗"的能力健全之后，核心家庭的生存就不再需要借助血缘共同体的保障，而亲亲秩序的伸张也才有了更为直接的终极关怀之可能。这一认知在全球化时代的今天尤其显得重要，因为家族成员的分散生活变得更为寻常，如果仍然固守传统庶子及女儿没有祭祢之权的宗法设计，则无疑全无人性关怀，以此规定用于礼仪践行也必然是非礼的。

如果考虑到亲见情缘和《王制》的庙数设计，则可以构拟以远祖为不祧之祖，而遥接祖、祢二代，至高祖则祧之。这也要求父母在则从父母宗祭，而不自设祭（不能从父母宗祭则不祭）；并且考虑到父母阴阳的左右位所与夫妇齐等的终极关怀。至于宗谱写法，似亦可立足于夫妇主体而各追其直系血缘之祖为是（此不

---

[1]　杜正胜《古代社会与国家》，允晨文化实业股份有限公司，1992 年，第780 页。

[2]　参吕思勉《中国制度史·宗族》，上海教育出版社，2002 年，第 299—300 页；刘广明《宗法中国·宗法理想和家国矛盾》，生活·读书·新知三联书店，1993 年，第 47—49 页；加里·斯坦利·贝克尔《家庭论·家庭的演进》，王献生、王宇译，商务印书馆，2005 年，第 421 页。

以长子与否为依据），至于旁系血缘亲族，叙谱则各系其侧，宗祀则可及可不及，如及则附以遍祭可矣。

其次是存在于"天下"的尊尊系列。

华夏文明形态虽然经历了三次变革，即封建制、帝国制和民主制，其政体不同，但各自政体中皆有等差体系存在则是共同的。礼义中所谓尊尊者，固以在"天下"概念的政体中"有德者必有其位"为预设。今检先秦"四礼"中及于庶人的名器等差凡二十二处（单独论及庶人礼者未计）：

> 以禽作六挚，以等诸臣：孤执皮帛，卿执羔，大夫执雁，士执雉，庶人执鹜，工商执鸡。[1]

> 服车五乘：孤乘夏篆，卿乘夏缦，大夫乘墨车，士乘栈车，庶人乘役车。[2]

> 庶人见于君，不为容，进退走。士、大夫则奠挚，再拜稽首，君答壹拜。

> 凡自称于君，士、大夫则曰下臣，宅者在邦则曰市井之臣，在野则曰草茅之臣，庶人则曰刺草之臣，他国之人则曰外臣。[3]

> 凡接子择日，冢子则大牢，庶人特豚，士特豕，大夫少牢，国君世子大牢。[4]

---

[1]　贾公彦《周礼注疏·春官宗伯·大宗伯》，上海古籍出版社，2010年，第681页。

[2]　贾公彦《周礼注疏·春官宗伯下·巾车》，上海古籍出版社，2010年，第1046页。

[3]　贾公彦《仪礼注疏·士相见礼》，上海古籍出版社，2008年，第176、185页。按此二条皆仅见诸侯之君，未及天子。

[4]　孔颖达《礼记正义·内则》，上海古籍出版社，2008年，第1158页。

为天子削瓜者副之，巾以绨；为国君者华之，巾以绤；为大夫累之，士疐之，庶人龁之。[1]

天子穆穆，诸侯皇皇，大夫济济，士跄跄，庶人僬僬。

天子之妃曰后，诸侯曰夫人，大夫曰孺人，士曰妇人，庶人曰妻。

天子死曰"崩"，诸侯曰"薨"，大夫曰"卒"，士曰"不禄"，庶人曰"死"。

凡挚，天子鬯，诸侯圭，卿羔，大夫雁，士雉，庶人之挚匹，童子委挚而退。[2]

天子七日而殡，七月而葬；诸侯五日而殡，五月而葬；大夫、士、庶人三日而殡，三月而葬。

天子七庙，三昭三穆，与大祖之庙而七。诸侯五庙，二昭二穆，与大祖之庙而五。大夫三庙，一昭一穆，与大祖之庙而三。士一庙。庶人祭于寝。

天子社稷皆大牢，诸侯社稷皆少牢。大夫士宗庙之祭，有田则祭，无田则荐。庶人春荐韭，夏荐麦，秋荐黍，冬荐稻。韭以卵，麦以鱼，黍以豚，稻以雁。祭天地之牛角茧栗，宗庙之牛角握，宾客之牛角尺。诸侯无故不杀牛，大夫无故不杀羊，士无故不杀犬豕，庶人无故不食珍。[3]

是故王立七庙、一坛、一墠……诸侯立五庙、一坛、一墠……大夫立三庙、二坛……适士二庙、一坛……官师一

---

[1] 孔颖达《礼记正义·曲礼上》，上海古籍出版社，2008年，第72—73页。

[2] 孔颖达《礼记正义·曲礼下》，上海古籍出版社，2008年，第194、195、209、215页。

[3] 孔颖达《礼记正义·王制》，上海古籍出版社，2008年，第512、516、529—530页。

庙……庶士、庶人无庙，死曰鬼。

王为群姓立七祀，曰司命，曰中霤，曰国门，曰国行，曰泰厉，曰户，曰灶。王自为立七祀。诸侯为国立五祀，曰司命，曰中霤，曰国门，曰国行，曰公厉。诸侯自为立五祀。大夫立三祀，曰族厉，曰门，曰行。适士立二祀，曰门，曰行。庶士、庶人立一祀，或立户，或立灶。

王下祭殇五：适子、适孙、适曾孙、适玄孙、适来孙。诸侯下祭三，大夫下祭二，适士及庶人祭子而止。[1]

天子有善，让德于天。诸侯有善，归诸天子。卿、大夫有善，荐于诸侯。士、庶人有善，本诸父母，存［荐］诸长老。[2]

武王末受命，周公成文、武之德，追王大王、王季，上祀先公以天子之礼。斯礼也，达乎诸侯、大夫，及士、庶人。[3]

昔者天子日旦思其四海之内，战战惟恐不能乂；诸侯旦日［日旦］思其四封之内，战战唯［惟］恐失损之；大夫士日旦思其官，战战唯［惟］恐不能胜；庶人日旦思其事，战战唯［惟］恐刑罚之至也。[4]

天子曰崩。诸侯曰薨，大夫曰卒，士曰不禄，庶人曰死，昭哀。[5]

天子学乐辨风，制礼以行政；诸侯学礼辨官政，以行事，

［1］　孔颖达《礼记正义·祭法》，上海古籍出版社，2008 年，第 1792—1793、1799、1802 页。
［2］　孔颖达《礼记正义·祭义》，上海古籍出版社，2008 年，第 1858 页。
［3］　孔颖达《礼记正义·中庸》，上海古籍出版社，2008 年，第 2007 页。
［4］　方向东《大戴礼记汇校集解·曾子立事》，中华书局，2008 年，第 472 页。
［5］　方向东《大戴礼记汇校集解·四代》，中华书局，2008 年，第 925 页。

以尊事天子；大夫学德别义，矜行以事君；士学顺辨言以遂志；庶人听长辨禁，农以行力。[1]

故天子昭有［百］神于天地之间，以示威于天下也。诸侯修礼于封内，以事天子；大夫修官守职，以事其君；士修四卫，执技论力，以听乎大夫；庶人仰视天文，俯视地理，力时使［事］以听乎父母。[2]

从引文所载可知，除《曲礼下》《祭法》《祭义》中各一条外，皆作五级等差列述，可示意如下：

	孤/卿	大夫	士	庶人	《周礼·大宗伯》《周礼·巾车》
	君	大夫	士	庶人	《仪礼·士相见礼》《礼记·内则》
天子	国君	大夫	士	庶人	《礼记·曲礼上》
天子	诸侯/卿	大夫	士	庶人	《礼记·曲礼下》
天子	诸侯	大夫	士	庶人	《礼记·曲礼下》《礼记·王制》《礼记·中庸》《大戴礼记·曾子立事》《大戴礼记·四代》《大戴礼记·小辨》《大戴礼记·少间》
天子	诸侯/卿	大夫	士	庶人	《礼记·祭义》
王	诸侯	大夫	士、官师	庶士、庶人	《礼记·祭法》
王	诸侯	大夫	士	庶人	《礼记·祭法》

[1]　参方向东《大戴礼记汇校集解·小辨》子曰，中华书局，2008年，第1108页。
[2]　参方向东《大戴礼记汇校集解·少间》子曰，中华书局，2008年，第1148页。

准《周礼》之法，受爵者皆为诸侯（亦称孤），而卿必有爵，故卿与诸侯等，二名唯有内朝与外朝之别，实无等差之分。然诸侯之下亦各设卿大夫之阶，而诸侯之卿则当于天子之大夫，故春秋战国之际，或以诸侯为论时，则有卿大夫并言者。此五等名器之别在先秦其他文献中也多有论及，如《左传》《国语》《尔雅》《论语》《孟子》《荀子》等等。秦汉以后，官秩有变，故别有论议，然亦纷纭而难为定制。参考《大唐开元礼》以来主要的国家礼制中的等差（主要显示在冠婚丧祭四礼）规定，可略示如下：

开元礼	皇帝	太子	亲王	三品以上、四品五品、六品以下	
政和礼	皇帝	太子	亲王	品官	庶人
明集礼	皇帝	太子	皇子	品官	庶人
清通礼	皇帝	太子	皇子	品官	庶人

宋明清"品官"中亦有等差，然在"四礼"中表现不同，较为纷乱，姑不具列。

由此我们再反思《礼记·曲礼上》所载"礼不下庶人，刑不上大夫"公案，则知汉唐以来的旧解皆不可据信，至宋代王安石别出新解，最为合理：

礼不可以庶人为下而不用，刑不可以大夫为上而不施。[1]

《后汉书·曹褒传》载章帝时曹褒受命编纂礼事，"依准旧典，杂以《五经》谶记之文，撰次天子至于庶人冠婚吉凶终始制度，以为百五十篇"[2]，即设有庶人之礼，其后虽因朝争而未得推行，

---

[1]　胡寅《致堂读史管见》卷二十九，台湾商务印书馆，1981 年影印《宛委别藏》本，第 1966 页。
[2]　范晔《后汉书》，中华书局，1965 年，第 1203 页。

但可知礼达庶人之实，乃自古有之。

按五级等差的设定除与儒家宇宙论的"三五"数理认同一致外，还与儒家所倡导的修身形态具有一致性。《礼记·大学》云：

> 古之欲明明德于天下者，先治其国。欲治其国者，先齐其家。欲齐其家者，先修其身。欲修其身者，先正其心。欲正其心者，先诚其意。欲诚其意者，先致其知。致知在格物。物格而后知至，知至而后意诚，意诚而后心正，心正而后身修，身修而后家齐，家齐而后国治，国治而后天下平。自天子以至于庶人，壹是皆以修身为本，其本乱而末治者否矣。[1]

修齐治平是主体成人的四个境界，且具有后者兼摄前者的包容性，即主体在德性上的成人是从个人的修身开始，既已修身，及其有家，则推其德性于家，是为齐家；及其有国，则推其德性于国，是为治国；及其跻于天子之位，则推其德性于天下，是为平天下。如果机械地作一个应然的对治，则当如《礼记·内则》所云：

> 二十而冠，始学礼，可以衣裘帛，舞《大夏》，惇行孝弟，博学不教，内而不出。
>
> 三十而有室，始理男事，博学无方，孙友视志。
>
> 四十始仕，方物出谋发虑，道合则服从，不可则去。
>
> 五十命为大夫，服官政。
>
> 七十致事。[2]

即作为主外之男子，其二十成人后乃当学礼修身，三十结婚后乃有齐家之责；四十从政始有治国之责，五十受爵遂有平天下

---

[1]　孔颖达《礼记正义》，上海古籍出版社，2008年，第2237页。
[2]　孔颖达《礼记正义》，上海古籍出版社，2008年，第1170页。

之责，天子仅是爵之极品而已。《白虎通·爵》云：

> 天子者，爵称也。爵所以称天子何？王者父天母地，为
> 天之子也。

> 爵有五等，以法五行也。或三等者，法三光也。或法三
> 光，或法五行何？质家者据天，故法三光。文家者据地，故
> 法五行。《含文嘉》曰："殷爵三等，周爵五等。"各有宜也。
> 《王制》曰："王者之制禄爵，凡五等。"谓公侯伯子男也。此
> 据周制也。

> 公卿大夫者何谓也？内爵称也。……内爵所以三等何？
> 亦法三光也。所以不变质文何？内者为本，故不改内也。[1]

士庶无爵，故从爵制角度言[2]，可以理解为天子是内外爵之
极品，公、卿、大夫是内三爵，兼士、庶为六等；从封地言，公与
九卿同列，则天子、公卿、大夫为三等爵，士、庶二等无爵；从
德位合一言，则天子有平天下之能之责，公卿有治国之能之责，
大夫有齐家之能之责，而庶人则是指未能臻于修身者（但当如学
子一样以修身为职志，否则即入于禽兽之类矣）。《荀子·王制》
云："虽王公士大夫之子孙也，不能属于礼义，则归之庶人；虽庶
人之子孙也，积文学，正身行，能属于礼义，则归之卿相士大
夫。"[3] 盖庶人之行礼，唯在自发，而君子固当任"以先觉觉后

---

[1] 陈立《白虎通疏证》，中华书局，1994 年，第 1—2、6、16—19 页。

[2] 按封建时代爵（外爵）制是与封地关联在一起的，有爵必有土；而内爵可与
帝制时代的官品对应，是与禄关联在一起的。至帝制时代，爵虚官实，则从官
品而定等差。

[3] 梁启雄《荀子简释》，中华书局，1983 年，第 99 页。与韩愈论孔子作《春秋》
之笔法有异曲同工之妙："孔子之作《春秋》也，诸侯用夷礼则夷之，进于中
国则中国之。"屈守元、常思春《韩愈全集校注·原道》，四川大学出版社，
1996 年，第 2664 页。

觉"之责而已。当然，这一分法并不是说士、庶便无结婚成家之事实和责任，而仅是从理想的应然角度来规摹其最高境界。要之各种模型建构虽未必皆能圆融无碍，但从道德成人及"事神致福"为礼的对应角度来看，以天子、公卿、大夫、士、庶五级等差作为礼器之名器是合乎礼义的。由此反思唐宋明清礼制等差设定之合礼与否，便可以有一个基本的合法性依据了。

在这里，我们还要对士这一名器的形态作一点勾勒。《仪礼》十七篇，其中有八篇为士礼内容[1]，故《汉书·艺文志》谓"汉兴，鲁高堂生传《士礼》十七篇"。这里"士"的初义当指春秋以前宗法时代已无再行分封权力的"最低级的王族"：

> 士虽是贵族，但其家族的内部结构相当于一个同族共宗、同财相亲的父权家长制家族。它对家族其他成员的关系，不是宗主对小宗的关系，士不以君临之态凌驾族人之上，而是行父权以家长身份将家族置于自己的统治之下。在经济上，士家族内部诸兄弟异居共财，仍然保留了浓烈的原始平均主义的精神。[2]

春秋以后，"士"概念也出现了一些新变化，即士不仅仅指旧时"最低级的贵族"，他们还被赋予了文化意义上的"志于道"者，这个概念也颇与"君子"相并用。

> 子贡问曰："何如斯可谓之士矣？"子曰："行己有耻，使于四方，不辱君命，可谓士矣。"[3]

---

[1]　分别是《士冠礼》《士昏礼》《士丧礼》《既夕礼》《士虞礼》《特牲馈食礼》《士相见礼》《乡射礼》。

[2]　刘广明《宗法中国》，生活·读书·新知三联书店，1993年，第20页。

[3]　朱熹《四书章句集注·论语集注·子路》，中华书局，1983年，第146页。

曾子曰："士不可以不弘毅，任重而道远。仁以为己任，不亦重乎？死而后已，不亦远乎？"[1]

无恒产而有恒心者，惟士为能。[2]

坐而论道，谓之王公。作而行之，谓之士大夫。审曲面埶，以饬五材，以辨民器，谓之百工。通四方之珍异以资之，谓之商旅。饬力以长地财，谓之农夫。治丝麻以成之，谓之妇功。[3]

士农工商，四民有业。学以居位曰士，辟土殖谷曰农，作巧成器曰工，通财鬻货曰商。[4]

余英时先生指出："'士'作为一个承担着文化使命的特殊阶层，自始便在中国史上发挥着'知识分子'的功用。"[5] 余先生所谓的"自始"，应该就是指春秋时代，即以孔子所创始的儒家为

[1]　朱熹《四书章句集注·论语集注·泰伯》，中华书局，1983 年，第 104 页。
[2]　朱熹《四书章句集注·孟子集注·梁惠王章句上》，中华书局，1983 年，第 211 页。
[3]　贾公彦《周礼注疏·冬官考工记》，上海古籍出版社，2010 年，第 1522—1523 页。
[4]　班固《汉书·食货志》，中华书局，1962 年，第 1117—1118 页。
[5]　余先生对西方一般意义上的知识分子也作了阐说："今天西方人常常称知识分子为'社会的良心'，认为他们是人类的基本价值（如理性、自由、公平等）的维护者。知识分子一方面根据这些基本价值来批判社会上一切不合理的现象，另一方面则努力推动这些价值的充分实现。这里所用的'知识分子'一词在西方是具有特殊涵义的，并不是泛指一切有'知识'的人。这种特殊涵义的'知识分子'首先也必须是以某种知识技能为专业的人；他可以是教师、新闻工作者、律师、艺术家、文学家、工程师、科学家或任何其他行业的脑力劳动者。但是如果他的全部兴趣始终限于职业范围之内，那么他仍然没有具备'知识分子'的充足条件。根据西方学术界的一般理解，所谓'知识分子'，除了献身于专业工作以外，同时还必须深切地关怀着国家、社会，以至世界上一切有关公共利害之事，而且这种关怀又必须是超越于个人（包括个人所属的小团体）的私利之上的。所以有人指出，'知识分子'事实上具有一种宗教承当的精神。"余英时《士与中国文化·自序》，上海人民出版社，1987 年，第 3、2 页。

主的学人为"士"所赋予的新意义和新使命而言。从生活方式看，他们应该有相当一部分人员是以普通庶民的"核心家庭"形态生活着，但与普通庶民不同的是，他们"行己有耻""仁以为己任""作而行之""学以居位"，也就是说，他们有文化、有志向，也有社会上升的空间，所以汉以后关注礼仪的主要群体就是这些被称为"士大夫"的人，他们也代表了中华帝国最广泛"核心家庭"的礼仪诉求。也正因此，汉以后关乎中国礼仪的理解、讨论和建构，大都是基于这一阶层群体的感受和认知来思考完成的。

最后是存在于社会（乡党）的长长系列。

从名器角度而言，长长特指主体自然成长的年龄等差，它在亲族之同辈、王制之同侪中皆有存在；而最为广泛使用的场所则是在社会层面的公共群体中，此与广义的"老老"之义也大致相同。不过从礼器之名器等差的类别而言，其于血缘、官衔之外公共场所的义合人士，在践礼活动中又不必时刻锱铢必较地强调年龄等差，而是遵从年龄等差的阶段认同即可。《礼记·曲礼上》云：

> 年长以倍，则父事之；十年以长，则兄事之；五年以长，则肩随之。[1]

按照经注的意见，此"年长以倍"是说成人以后，如二十岁的行过成人礼的人，见到四十岁者，则以父辈之礼待之；见到超过自己十岁（或以为半倍）的，则以兄长之礼待之；至于超过自己五岁的，则可以比肩而行，但在站位上要稍后一点儿。《礼记·

---

[1]　孔颖达《礼记正义》，上海古籍出版社，2008年，第33页。

王制》云："道路……父之齿随行，兄之齿雁行，朋友不相逾。"[1] 这里的"随行"是指跟在其后前行，而"雁行"则是指如大雁结队飞翔时的并行而稍后随之的状态，《曲礼上》的"肩随之"即《王制》的"雁行"。未成年人则未必要尽遵此说，故孔颖达疏特别解释说："若未二十童子则无此礼，以其不能敦行孝弟。《论语》云'与先生并行'。"[2]

以上三个等差系列可以视为大名器，此外等而下之的有关主体身份等差的制度规定，则属于小名器。如学制、铨选、奖惩、考试等级、土地制度、兵制、税制、职业、户籍、薪资、刑法制度、祭祀制度乃至礼制本身等规定，皆是"物来则应""事来则名"的权变性名器内容，其有无、级差等等，皆因时代、族群的需要而应机设置，随时变化。至于有关物器本身的等差规定，则属于文器范畴，如土地等差、货币制度、产品质量、交通规则等等。

三　文器的符号取象

文器即《乐记》所谓的礼器之"文章"，文以"错画"而引申，泛指可为主体辨识的显现符号；章以"乐竟"而引申[3]，泛指因文而成的组合作品。文器是主体在践礼活动中对物器选择的符号认同与利用。

---

[1]　孔颖达《礼记正义》，上海古籍出版社，2008 年，第 579 页。
[2]　孔颖达《礼记正义》，上海古籍出版社，2008 年，第 34 页。
[3]　《说文解字》："文，错画也。象交文。""章，乐竟为一章。从音十。十，数之终也。"段玉裁《说文解字注》，上海古籍出版社，1988 年第 2 版，第 425、102 页。

主体的生命对境无论时间、空间还是物理、人文，皆具有绵延不绝之特征，故不"间"不足以知时、空之变，不理不足以识物事之情，不文不足以知人体之性。故礼器之"文章"大略相当于人类格致的符号认同，主体的生命认知由此人文化成，超越混沌而入于文明畛域。《周易·系辞上》云："易不可见，则乾坤或几乎息矣。"[1] 也就是说，易作为宇宙生成理论之模型，如果没有它的出现，我们对宇宙的生成模样就几无所知，宇宙的样子对我们而言就和不存在差不多了。文器对于主体认知世界而言也有着相似的作用。《礼记·礼运》云：

> 故人者，其天地之德，阴阳之交，鬼神之会，五行之秀气也。故天秉阳，垂日星，地秉阴，窍于山川，播五行于四时，和而后月生也。是以三五而盈，三五而阙。五行之动，迭相竭也。五行、四时、十二月，还相为本也。五声、六律、十二管，还相为宫也。五味、六和、十二食，还相为质［滑］也。五色、六章、十二衣，还相为质也。故人者，天地之心也，五行之端也，食味、别声、被色而生者也。
>
> 故圣人作则，必以天地为本，以阴阳为端，以四时为柄，以日星为纪，月以为量，鬼神以为徒，五行以为质，礼义以为器，人情以为田，四灵以为畜。以天地为本，故物可举也。以阴阳为端，故情可睹也。以四时为柄，故事可劝也。以日星为纪，故事可列也。月以为量，故功有艺也。鬼神以为徒，故事有守也。五行以为质，故事可复也。礼义以为器，故事行有考也。人情以为田，故人以为奥也。四灵以为畜，故饮

---

[1] 于天宝点校《宋本周易注疏》，中华书局，2018 年，第 426 页。

食有由也。[1]

这里提到了两个系列的认同范式，首先是主体对境觉知的感通路径，这主要表现在心识、质（身）端、口味、耳声、目色五处；其次是这些感通路径发动以后，作为文器制作取象的范式依据。

首先是主体对境觉知的感通路径。

在物器类型中，我们摘引了《荀子》论礼之缘起的一段话，其中提到身体六欲有口鼻目耳体别（意）六处，此与其后传入中国的佛教"六根"说一致，也因后者的推动而得到了广泛认同。《佛学大辞典》释"六根"云：

> 眼耳鼻舌身意之六官也，根为能生之义，眼根对于色境而生眼识，乃至意根对于法境而生意识，故名为根。《大乘义》章四曰："六根者对色名眼。乃至第六对法名意。此之六能生六识。故名为根。"六根中前五根为四大所成之色法，意根之一为心法。但小乘以前念之意识为意根，大乘以八识中之第七末那识为意根。[2]

这里提到的六官，即是人体作为一个存在用来体知时空万物的基本"端口"。其中眼耳鼻舌身可称为外五官，至于意识则内嵌于体内，是传统所谓性体的思维能力。此外，还有与性体觉知介质（意）相当的末那（意译为思量）识，以及与性体所伴生之心体（"天命之谓性"的"性"）相当的阿赖耶识（又称种子识）[3]。

---

[1] 孔颖达《礼记正义》，上海古籍出版社，2008年，第917—932页。

[2] 丁福保编《佛学大辞典》，上海书店，1991年，第648页。

[3] 《礼记·中庸》："天命之谓性。"孔颖达《礼记正义》，上海古籍出版社，2008年，第1987页。又《大戴礼记·本命》曰："分于道谓之命，形于一谓之性。"方向东《大戴礼记汇校集解》，中华书局，2008年，第1283页。性在受命分形时自有禀受之信息。

眼睛被誉为"心灵的窗口"，它在外五官中功能最为强大，人体所能接收的外界信息绝大部分是通过眼睛获得的。眼睛获取信息是通过电磁波中可见的光波作为媒介来实现的。人类可见光的波长约在 400nm 至 800nm 之间[1]，其光谱色感从短至长分别是紫、蓝、青、绿、黄、橙、红七色，各色中间为过渡色，传统的色彩认同并不是七色均分 400nm 的波长，而是稍有不均，此与五音、七音的频率不均因缘略同，都是人体的奥秘之一。地球上所有的物体皆可以吸收这些可见光波，从而反射出补光（也称补色)[2]。其中红绿蓝为光谱三原色[3]，其余为间色。中国传统五行色中的黑白二色可以理解为无色（物体的白色是该物体反射了全部可见光波的结果，而光谱黑色则是该空间没有可见光波呈现的结果）和混合色（物体的黑色是该物体吸收了全部可见光波的结果，而光谱白色是所有可见光波混合在一起呈现的结果）。

图 2　七色光谱均分示意图

---

[1]　低于 400nm 的光为紫外线、低于 10nm 的为 X 射线、低于0.1nm 的为 γ 射线等，统称为电磁波（狭义的光波仅指电磁波中人类可见部分）；波长高于 800nm（具体多界定为 780nm）的光为红外线，超过 1mm 的电磁波为无线电波，其中 1mm—1m 为微波，1m—10m 为超短波，10m—100m 为短波，100m—1000m 为中波，大于 1000m 为长波，而人类能听见的波长则在 17mm—17m（频率为 20Hz—20000Hz）之间。

[2]　若两种光色以适当比例混合后呈现出白色，二者互称补色光。

[3]　颜料作为物体，其补光为光谱红绿蓝三原色所对应的（青）蓝红黄色，此在七色光谱均分示意图中也大致对应，（青）蓝红黄三色即为颜料之三原色。

除了色彩以外，眼睛对物体的形状（包括文字、图画等人工符号）、透视（立体）以及变化（时间）信息也能加以接收，从而形成四维图谱系列。

耳朵是接收声波的器官，它所凭借的媒介也是电磁波，只不过其波段（17mm—17m）为非可见光，故多称为无线电波（一般以频率表达）或声波。其悦耳部分传统又分为五音，以宫商角徵羽表示；或七音，在五音基础上又加有变徵、变宫二音。除音乐、歌乐外，还可以接收自然声响（20Hz—20000Hz）以及人类语言表达的声音。

鼻子在作为主体与天空交换气息的通道时，还对通过它的气息味道具有辨识功能。这一点与舌头相近，即口腔在作为主体与大地交换物质的通道时，其中的舌头对通过口腔的食物味道具有辨识功能。只不过鼻子辨识的是挥发性的气态物质（如烟状、雾状等），其质素以原子、分子为主，而舌头辨识的是凝聚态的液态与固态物质，其质素兼原子、分子和细胞。析言之，则鼻子所辨者称臭（气味），如臊、焦、香、腥、腐的五臭之分[1]；而舌头所辨者称味，如甘、酸、苦、辛、咸五味之别，唯二者的辨识发动往往具有同步性，即口舌食味的同时，鼻子也会吸取到食物的气味。

身体是主体形态的整体呈现，其与外界交流互动的功能主要是通过身体的皮肤来实现的，皮肤辨识功能所凭借的媒介也是自然界物质的整体形态，通过对其所接触物体的温度、湿度、硬度、

---

[1] 现代研究对香气的分子类型有所总结，且因气味分子种类较多，在基本类型上也有很多突破，如七分法之花香、薄荷、刺激、腐烂、麝香、樟脑、醚，十分法的葱蒜味、甜香、薄荷香、腐败味、木香、芳香、果香、化学味、爆米花香、柠檬香，还有更为细致的分类，但尚未成成共识。

大小、松紧、形态（滑涩锐钝等）、变化与否等加以甄别，来辨识该物体的基本形态。

意觉作为主体的内在觉知中心，其功能发动有些复杂，综合参考传统文化中的生命理解，主体的生命动能有精气神三种基本形态，分别由脑体、性体和心体存养。脑体的"精"是作为性体的能量补给形态存在的，性体是道体阴凝而成的"单机版导航程序"（此与人体的细胞基因性质略似），心体是道体阳动的在线端口。"意觉"只是性体预载的"单机版导航程序"在脑体能量的加持下因对境触发而启动的状态（其介质又称"意"），它可以因物成识，是为意识。因为"意"中有"预设的程序"，所谓"知以藏往"，如果"意"能接驳心体而在线"导航"，则又具有了"神以知来"的能力，故意识的符号认知也就成为人类知识的基本内容。其对境所指，不仅超越了孤立的存在及其所组成的物质世界，而且对主体外五官无法体知的精神世界也有所理解、分类和呈现，并通过联想、整合而建构符号范式。另外，外五官所体知的结果也要经过意的整合而成为意识的内容。从传统的宇宙论视角来说，广义的意所接收的信息兼括了本体存在的三个层次，即本体自在形态（阴阳参合）、本体运动形态（阴阳气变）、本体生生形态（五行之精化生万物），故其认知结构的展开形态也必然更为复杂。

其次是文器制作取象的范式依据。

从前引《礼记·礼运》所载的礼器之文器认同范式看，我们可以分为两个要点：

第一，主体觉知的质素形态。此可依主体的感通路径而各分五类，此五类质素又依变化节奏作阴阳运动而各形成十二种呈现形态。

表16

五行：水、火、木、金、土	四时：春、夏、秋、冬	十二月：一、二、三、四、五、六、七、八、九、十、十一、十二
五声：宫、商、角、徵、羽	六律：黄钟、太簇、姑洗、蕤宾、夷则、无射	十二管：黄钟、大吕、太簇、夹钟、姑洗、仲吕、蕤宾、林钟、夷则、南吕、无射、应钟
五味：酸、苦、辛、咸、甘	六和：酸、苦、辛、咸、甘、滑	十二食：春三月多酸，夏三月多苦，秋三月多辛，冬三月多咸
五色：青、赤、黄、白、黑	六章：青、赤、黄、白、黑、玄（天色）	十二衣：春三月衣青衣，夏三月衣赤衣，秋三月衣白衣，冬三月衣黑衣

这里提到的各种质素变化皆具有"迭相竭"的周延性，其呈现形态在主体的礼仪活动中也都具有周而复始的特征。当然，这些范式的建构只具有标尺意义，且随着人类主体认知能力的提高而当与时俱进地加以改进和调整。

第二，文器制作取象的范式依据。此十端又可分为四类：

1. "以天地为本，以阴阳为端"的本体依据。天地有结构性特征（如盖天说、浑天说等），有生生变化展开的数理历程（如三生万物说等）。这里所说的"本"是指天地之所以得到结构和展开的终极动因，也就是我们通常所说的终极本体。所谓"以天地为本，故物可举也"，因为万物皆从本体而出，又皆存在于天地之间，故万物之形虽异，但在本质上则皆有关联。至于阴阳，则是本体的运动轨迹，也是运动着的本体本身。其在主体之身者谓之心性，心性之发动谓之情意，所谓"以阴阳为端，故情可睹也"，是说主体推极于阴阳，乃知自己情欲的善否，从而适情节欲而趋近生命应然的存有状态。

此在居室的前堂后寝（阳动阴静）、上栋下宇以及都城前朝后市的结构设计中都有表现；还有居室的屋漏与都城西北角的缺省设计，以及理想风水景观中的水往东南流等，皆取法于"天倾西北，地不满东南"的结构形态；另外，服饰中的上衣下裳与左衽、鞋子前圆后方、婚服色彩的男女互补等等，皆是"以天地为本，以阴阳为端"的礼器落实。

2. "以四时为柄，以日星为纪，月以为量"的时空依据。四时的季节变化是时间的呈现形态，《月令》谓春行夏令，风雨不时；夏行秋令，五谷不滋；秋行冬令，介虫败谷；冬行春令，地气上泄，民多流亡，故因时行令，民生乃安，所谓"事可劝也"以此。日月星不仅是与四时相应的计时之具，也是天地之间的空间方位标志，其有课功纪事的计量之用，也自在情理之中。

譬如"三十辐共一毂"的车制及伞骨以二十八根（法象二十八宿）为制的设计，祭祀牌位长度为一尺二寸（取法十二个月）、书籍简牍上下宽度为二尺四寸（取法二十四节气）等等，即是这一理念的落实。

3. "鬼神以为徒，五行以为质"的万物依据。天地间的万物皆由本体生化而成，故万物的形质中皆有作为物性的五行精质和作为共性的鬼神动能（本体阴阳之在物者）。所谓"事有守"，则是本体的秩序安排；"事可复"可谓物性的返本开新，如此乃不失本体的秩序安排，这对于具有能动性的灵长类存在尤为重要。

礼数取法中的"事不过三"之理，如冠礼三加、婚礼三拜、丧礼三车、祭礼三献、辞让三终（礼辞与固辞）等等，即是"三生万物"的取象；又有"三五之数"的认同，如三五历纪、三皇五帝、三纲五常、三老五叟、三牲五供；以及"人道以六制"的认同，如五行六气、五音六律、五服六亲、五脏六腑、五经六艺、五刑六典（治教礼政刑事）、五礼六官等等，皆有关乎终极的礼数之用。

4. "礼义以为器，人情以为田，四灵以为畜"的主体依据。这句话隐喻用礼义作为工具、四灵为畜力，来耕耘人情之田地，以期待结出理想的"作物果实"而为生存之用。所谓"事行有考"，即行为有据；"人以为奥"，是指主体与他人之间因为礼义互动而形成互为依赖（奥，室中居卧处）的关系；"饮食有由"，指主体因礼义生活而得以利用万物作为生存资粮。

此类取象多通过思维联想而得到呈现，如相似、相关、谐音等等，其在礼器的设计制作及践礼选择中都有着非常丰富的表达。

文器的符号取义在现代符号学中又被称作"象征"（symbol）——今多转用"隐喻"（metaphor）一词来指称这一现象。刘锡诚先生对中国文化中的象征思维有很简明的概括：

> 象征的思维方式和表达方式表现在语言、风俗、宗教信仰、婚丧嫁娶、家庭、艺术与文学（包括口头文学）、神话、建筑、动植物以及日月星辰、云雨雷电等自然现象和伦理、感觉等社会和心理现象中。汉语的象征功能特别发达，或由于字形的相近，或由于谐音，或由于四声的读法不同，在人际信息交往中往往能表达出一种语句或单词的直接意义之外的第二意义即喻意。在人际交往中，强调语言的喻意即象征的趋向深为人们所喜爱，其所以如此，不能说与中国人的生存观念和生殖观念没有关系。我以为，我国的语言、民俗、

信仰、民间艺术、建筑、动植物、天文等方面的文化象征，大致不外两大系统，即祈福纳吉的生存观念系统和子孙繁息的生殖观念系统。

所谓祈福纳吉，目的在祈求和希冀有一个有利于人类本身和生产发展的生存环境。比如门楣上画一个蝙蝠，利用谐音暗喻全家有福气，画五个蝙蝠，暗喻五福临门；门扇上画一只栩栩如生的老虎，意思是老虎能吃掉可能侵袭家庭和人丁的邪气、恶鬼，求得吉祥；牖（窗）上画两只大公鸡，或者告诉你吉（鸡）祥如意，或者告诉你开市大吉（鸡），或者告诉你新春大吉（鸡），大概《玄中记》所记桃都山上的桃木和天鸡能驱鬼的故事还依稀遗留在老百姓的记忆里。从历代统治者的宫殿到普通老百姓的民居，其建筑构思、设计、装饰，从原始岩画、地下发掘的汉画像到迄今依然十分流行的民间年画、剪纸、图案，从既有酬神功能又有娱人功能的祭仪、萨满舞蹈、傩舞到今日依然为寻常百姓喜闻乐见的各种民间舞蹈、杂耍、娱乐，广泛而大量地运用象征思维方式、表现方式和象征形象，表达着根深蒂固、源远流长的祈福纳吉观念和子孙繁息观念。民间婚礼中，将枣、栗子散发给来贺喜的宾客或藏匿于枕中、被褥中（现代衍化为散糖果一类食物、喜物）预祝新婚夫妇早生贵子；墙上贴着"麒麟送子"、"石榴百子"、"瓜瓞绵绵"的年画，让新婚夫妇在洞房里喝连杯酒（现在衍化为对啃一个苹果），用暗示的手法对他们进行性生活和生育知识的教育。从冬至送刑德、出土气起，一年之中那么多的节日，除了它们本身所标志的天象、气候的变化以及与农事的关系外，其中积淀着多少象征的含义呵！

迎春为何要到东门外？为何要鞭春牛？为何要燃放鞭炮？清明为何要放风筝？端午为何要戴艾、吃粽子？等等，等等，只有研究象征才能得出答案。[1]

"祈福纳吉的生存观念"和"子孙繁息的生殖观念"这两大系统说是从目的上分类的。

《周易·系辞下》有云："古者包牺氏之王天下也，仰则观象于天，俯则观法于地，观鸟兽之文，与地之宜，近取诸身，远取诸物，于是始作八卦，以通神明之德，以类万物之情。"[2] 比类取象以尽意，可以说是文器之法象选择的基本路径。

四　礼器致用的基本原则

礼仪既为主体的行为方式，则礼器中依附于主体的名器就理所当然地成为礼器中的"经线"，与之相对的物器、文器则因而纬编于其上，共同成为主体践礼行为中的加持性资源。在此加持性资源的致用中，又当分为两类，即用于标识的背景"物器"和用于使用和消费的物器。前者具分为时间、空间和主人、宾客等，后者则需要因事为用地加以选择。要之前者也需要通过使用性物器做出标识，如以时钟确定践礼的时间，以符号标识践礼的空间和主人、宾客等等。《礼记·礼器》载诸侯祫祭太庙之礼云：

　　大庙之内敬矣：君亲牵牲，大夫赞币而从；君亲制祭，

---

[1] 刘锡诚、王文宝主编《中国象征辞典·前言》，天津教育出版社，1991年，第1—2页。
[2] 于天宝点校《宋本周易注疏》，中华书局，2018年，第436页。

夫人荐盎；君亲割牲，夫人荐酒；卿大夫从君，命妇从夫人。洞洞乎其敬也！属属乎其忠也！勿勿乎其欲其飨之也！

　　纳牲诏于庭，血毛诏于室，羹定诏于堂。三诏皆不同位，盖道求而未之得也。设祭于堂，为祊乎外，故曰："于彼乎？于此乎？"一献质，三献文，五献察，七献神。大飨，其王事与！

　　三牲、鱼腊，四海九州之美味也。笾豆之荐，四时之和气也。内金，示和也。束帛加璧，尊德也。

　　龟为前列，先知也。金次之，见情也。丹、漆、丝、纩、竹、箭，与众共财也。其余无常货，各以其国之所有，则致远物也。

　　其出也，《肆［陔］夏》而送之，盖重礼也。

　　祀帝于郊，敬之至也。宗庙之祭，仁之至也。丧礼，忠之至也。备服器，仁之至也。宾客之用币，义之至也。故君子欲观仁义之道，礼其本也。[1]

　　这里作为篇名的"礼器"是广义的以礼为器之义，而其中提及的作为礼学结构要素的礼器略可揭出二类十二目：

背景物器

　　　时间：龟卜（？）

　　　空间：太庙、庭、室、堂、位、祊

　　　主人：君、夫人

　　　宾佐：卿、大夫、命妇

使用物器

---

[1]　孔颖达《礼记正义》，上海古籍出版社，2008年，第1009—1016页。

礼辞：诏

器乐：《肆［陔］夏》

服器：衣服（"服器"之服）

冥器：器物（"服器"之器）

挚物：璧、束帛

祭品：血毛、三牲（牛羊豕）、鱼、腊、酒

祭器：盎、笾、豆

祭物：龟、金、丹漆、丝纩、竹箭、其他（无常货）

其中未明示的还当有如时间选择所用的卜龟及龟人等，空间标识所用的工作人员，以及"君亲制祭"所用的脾臄、燋荆、郁鬯，笾豆所盛的祭品等等。至于物器所依从的名器度数及物器中所寄寓的文器符号，则为文本叙述体例所限而未能涉及。

关于文器符号的说明，在《左传·桓公二年》所载臧哀伯论国君用物中有比较详细的记录：

君人者，将昭德塞违以临照百官，犹惧或失之，故昭令德以示子孙。

是以清庙茅屋，大路越席，大羹不致，粢食不凿，昭其俭也。

衮冕黻珽、带裳幅舄、衡紞纮綖，昭其度也。

藻率鞞鞛、鞶厉游缨，昭其数也。

火龙黼黻，昭其文也。

五色比象，昭其物也。

钖鸾和铃，昭其声也。

三辰旂旗，昭其明也。

夫德俭而有度，登降有数。文、物以纪之，声、明以发之，以临照百官。百官于是乎戒惧，而不敢易纪律。[1]

文中的"俭"是指主体在对境终极时的素朴关切与简约选择；而作为主体用物之尺度与数量标准的"度""数"，则是因主体而言的尊卑制度，属于名器。这些尺度和数量标准也多寄寓在物器所用的品物、材质，以及物器的图形、颜色、气味等文器的表达中。孔颖达"昭其度也"疏云：

> 郑玄《觐礼》注云"上公衮无升龙""天子有升龙、有降龙"，是衮有度也。
>
> 冕则公自衮以下，侯伯自鷩以下，是冕有度也。
>
> 黻则诸侯火以下，卿大夫山，是黻有度也。
>
> 斑则玉象不同，长短亦异，是斑有度也。
>
> 衮冕、鷩冕，裳四章；毳冕、希冕、裳二章，是裳有度也。
>
> 郑玄《屦人》注云：王吉服，舄有三等，赤舄为上，冕服之舄下有白舄、黑舄。王治祭服，舄有三等，玄舄为上，祎衣之舄下有青舄、赤舄，是舄有度也。
>
> 纮则人君五色，臣则三色，是纮有度也。
>
> 天子朱纮，诸侯青纮，是纮有度也。
>
> 其带、幅、衡、綖则无以言之。传言昭其度也，明其尊卑各有制度。[2]

又"昭其数也"疏云：

> 藻有五采、三采之异，是藻率有数也。

---

[1] 阮元校刻《十三经注疏·春秋左传正义》，台湾艺文印书馆，2001 年，第 91—95 页。

[2] 阮元校刻《十三经注疏·春秋左传正义·桓公二年》，台湾艺文印书馆，2001 年，第 93 页。

《毛诗传》说"容刀"之饰，云"天子玉瑞而珧珌，诸侯璗瑞而璆珌"，是鞞鞛有数也。

《玉藻》云"绅长制，士三尺，有司二尺有五寸"，又大夫以上带广四寸，士广二寸，是鞶厉有数也。

玉路十二斿，金路九斿，是游有数也。

玉路缨十有二就，金路缨九就，是缨有数也。

数之与度，大同小异。度谓限制，数谓多少，言其尊卑有节数也。[1]

文中所谓以"文""物""声""明"昭示其等差的四条内容，则是文器具体展开的用例。"文"当指各类用器的文饰取象，"物"是与文饰相关的用色所寄寓的方所元素。"声"是指各种声音符号，"明"则指专门用来作为标识的符号。

其实主体的礼器使用，也并不都以多、大、高、文为尚。《礼记·礼器》云：

礼有以多为贵者。天子七庙，诸侯五，大夫三，士一。天子之豆二十有六，诸公十有六，诸侯十有二，上大夫八，下大夫六。诸侯七介七牢，大夫五介五牢。天子之席五重，诸侯之席三重，大夫再重。天子崩，七月而葬，五重八翣；诸侯五月而葬，三重六翣；大夫三月而葬，再重四翣。此以多为贵也。

有以少为贵者。天子无介，祭天特牲。天子适诸侯，诸侯膳以犊。诸侯相朝，灌用郁鬯，无笾豆之荐。大夫聘礼以

---

[1] 阮元校刻《十三经注疏·春秋左传正义·桓公二年》，台湾艺文印书馆，2001年，第94页。

脯醢。天子一食，诸侯再，大夫、士三，食力无数。大路繁缨一就，次路繁缨七就。圭璋，特；琥璜，爵。鬼神之祭单席。诸侯视朝，大夫特，士旅之。此以少为贵也。

有以大为贵者。宫室之量，器皿之度，棺椁之厚，丘封之大，此以大为贵也。

有以小为贵者。宗庙之祭，贵者献以爵，贱者献以散，尊者举觯，卑者举角。五献之尊，门外缶，门内壶，君尊瓦甒。此以小为贵也。

有以高为贵者。天子之堂九尺，诸侯七尺，大夫五尺，士三尺。天子、诸侯台门，此以高为贵也。

有以下为贵者。至敬不坛，埽地而祭。天子、诸侯之尊废禁，大夫、士棜禁。此以下为贵也。

礼有以文为贵者。天子龙衮，诸侯黼，大夫黻，士玄衣纁裳。天子之冕，朱绿藻，十有二旒；诸侯九，上大夫七，下大夫五，士三。此以文为贵也。

有以素为贵者。至敬无文，父党无容，大圭不琢，大羹不和，大路素而越席，牺尊疏布鼏，椫杓。此以素为贵也。

孔子曰："礼不可不省也。礼不同，不丰，不杀。"此之谓也，盖言称也。

礼之以多为贵者，以其外心者也。德发扬，诩万物，大理物博，如此，则得不以多为贵乎？故君子乐其发也。**礼之以少为贵者，以其内心者也**。德产之致也精微，观天下之物无可以称其德者，如此，则得不以少为贵乎？是故君子慎其独也。古之圣人，内之为尊，外之为乐，少之为贵，多之为美，是故先王之制礼也，不可多也，不可寡也，唯其称也。[1]

以上是礼器选择的基本原则。至于权变之际，则又有轻重先后的考量。《礼记·礼器》云：

> 礼也者，合于天时，设于地财，顺于鬼神，合于人心，理万物者也。是故天时有生也，地理有宜也，人官有能也，物曲有利也。故天不生，地不养，君子不以为礼，鬼神弗飨也。居山以鱼鳖为礼，居泽以鹿豕为礼，君子谓之不知礼。故必举其定国之数，以为礼之大经；礼之大伦，以地广狭；礼之薄厚，与年之上下。是故年虽大杀，众不匡惧，则上之制礼也节矣。
>
> 礼，时为大，顺次之，体次之，宜次之，称次之。[2]

前一段文字强调了礼器选择要兼顾时间、地域、人情、物情而定，不可以教条用事。譬如饮食，因季节、地域以及主体的身体状态、经济承受能力或某餐所对境的食物资源等等，综合决定自己该餐应该吃什么，而不是每餐都必须做到主食、副食、饮料俱全，营养口味搭配合理的标准范式。其他常礼的礼器选择如是，典礼亦如是，只是在正常情况下要尽量做到合于规范而已。

第二段文字强调的是，礼器构成的诸要素是有先后轻重顺序的，在不能全部遵循礼器选择标准的情况下，可以按照"时为大，顺次之，体次之，宜次之，称次之"的先后顺序来加以取舍。在这里，"时"指时代，其中以个体成长的阶段性改变和社会层面的"改朝换代"最为代表；"顺"指因空间变化而形成的名器，如神

---

［1］　孔颖达《礼记正义》，上海古籍出版社，2008 年，第 963—979 页。
［2］　孔颖达《礼记正义》，上海古籍出版社，2008 年，第 957 页。

谱、王制、宗法等伦常秩序；"体"指践礼主体的身份认同与共识；"宜"指主体对境践礼时的礼器选择；"称"指主体对境践礼时的受方理解，其于礼器落实主要通过文器来加以表达。

◇文献示目

《〈考工记〉名物汇证》，汪少华。上海教育出版社，2019 年。

《唐六典》，（唐）李林甫等。中华书局，1992 年。

《新定三礼图》，（宋）聂崇义。清华大学出版社，2006 年。

《礼书》，（宋）陈祥道。《四库全书》本。

《大明会典》，（明）张居正等。明刊本。

《长物志》，（明）文震亨。中华书局，2017 年。

《三才图会》，（明）王圻、王思义。上海古籍出版社，2019 年。

《大清五朝会典》（康熙、雍正、乾隆、嘉庆、光绪），（清）伊桑阿等。线装书局，2006 年。

《钦定大清会典则例》，（清）来保等。《四库全书》本。

《钦定礼部则例》，（清）萨迎阿等。清嘉庆二十五年（1820）刊本。

《皇朝礼器图式》，（清）允禄等。广陵书社，2004 年。

◇思考题

1. 《礼记·曲礼下》："凡挚，天子鬯，诸侯圭，卿羔，大夫雁，士雉，庶人之挚匹，童子委挚而退。野外军中无挚，以缨、拾、矢可也。妇人之挚，椇、榛、脯、脩、枣、栗。"这里提到了十七种挚物，其象征意义分别是什么？

2. 《礼记·月令》在每月的开始处都交代了诸多对应的物事，请辑出其中与五行相匹配的物事，并以表格的形式呈现出来。

3. 人的五官在接收信息时，所凭依的媒介分别是什么？这些媒介有没有共性？

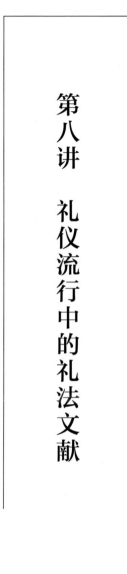

第八讲　礼仪流行中的礼法文献

《周礼·春官宗伯》大、小史职云：

> 大史，掌建邦之六典，以逆邦国之治。掌法以逆官府之治，掌则以逆都鄙之治。凡辨法者考焉，不信者刑之。……

> 小史，掌邦国之志，奠系世，辨昭穆。若有事，则诏王之忌讳。大祭祀，读礼法，史以书叙昭穆之俎簋。大丧、大宾客、大会同、大军旅，佐大史。凡国事之用礼法者，掌其小事。卿大夫之丧，赐谥，读诔。[1]

这里的大史（太史）是掌天文历法"主天道"的日官，因"知行事得失"而掌礼事。所谓"读礼法"，就是由大史读礼书中所载的礼仪规定，由小史来记录并核对各仪节规定及所用器物等使不差错。这里提到的"六典"及"法""则"，即天官冢宰所建以治百官的邦国六典、八法、八则。与天官冢宰总摄建治不同，大史是掌"迎其治职文书"，略似现代所谓司法层面的法条落实与监督。此中所谓的典、法，则亦称礼典、礼法和礼则[2]，其作为礼书之性质相同，唯各自对境有大小之别。礼典以国家的功能事项（治教礼政刑事）为对境，礼法以官府之职能管理（官属、官职、官联、官常、官成、官法、官刑、官计）为对境，礼则以具

---

[1] 贾公彦《周礼注疏》，上海古籍出版社，2010年，第997—1007页。
[2] 《周礼·天官冢宰》大宰"六典"郑注："典，常也，经也，法也。王谓之礼经，常所秉以治天下也；邦国官府谓之礼法，常所守以为法式也。"贾公彦《周礼注疏》，上海古籍出版社，2010年，第37页。

体的民众事务（祭祀、法则、废置、禄位、赋贡、礼俗、刑赏、田役）为对境。

这些礼典、礼法、礼则的文本也就是后世所谓的礼制（与传世本仅载典礼的礼制不同，此可谓是广义的礼制，在礼论类文献中论列较详）内容，从礼学结构要素而言，当属礼仪范畴。这些作为"礼书"的典、法、则在致用时都有其相对应的强制性"刑罚"措施，其大者可以绝祀亡国，中者可以系罪陷刑，小者则有为物所厌、遭人讥斥以及被群体抛弃等等。之所以在礼仪活动前"读礼法"，目的不仅是保持礼仪形式的正确性，也兼有避免因致用失当而遭到"刑罚"之意。而后者也正与法字的本义息息相关。按法字《周礼》经文皆作古本字"灋"形，《说文解字》云：

> 灋，刑也。平之如水，从水；廌，所以触不直者去之，从廌去。法，今文省。[1]

具有灵性的圣兽如水之平而除去那些不平者，这是法之本义。《礼记·乐记》云："礼者，天地之序也。"[2] 主体通过终极关怀来认同此天地之序以成人，其有失序则不得成人，故礼法的功能就是礼仪流行中的"免疫系统"和"杀毒软件"，没有免疫能力的生命系统和没有杀毒功能的计算机系统是不可能独立存在下去的。因此应该理解，礼法是礼仪的伴生要素，并不外于礼的结构系统

---

[1] 段玉裁《说文解字注·廌部》，上海古籍出版社，1988 年第 2 版，第 470 页。传说尧时皋陶以神兽解廌助决疑案。解廌古书或写作獬廌、獬豸、鮭鯱、委虒等，《论衡·是应》："鮭鯱〔鯱〕者，一角之羊也……性知有罪。皋陶治狱，其罪疑者，令羊触之。有罪则触，无罪则不触。斯盖天生一角圣兽，助狱为验，故皋陶敬羊，起坐事之。"黄晖《论衡校释》，中华书局，1990 年，第 760 页。按"皋陶"与"解廌"为同源转语。后世法字从廌作"灋"，正取其象征公平中正之意。

[2] 孔颖达《礼记正义》，上海古籍出版社，2008 年，第 1477 页。

而存在。比较而言，礼典、礼法、礼则三名以礼法用字最为允妥，礼典、礼则二目作为概念于此皆有歧义，故今即以礼法综该三目以指称礼仪中具有强制措施的内容。引申则指相关的强制措施。

一　法、刑之辨

礼法与礼仪共以"礼书"文本为"边面"标识，此标识可以看作"一体两用"。譬如制器模型的边框，其在边框内者为"礼仪"所容，在外者则为"礼法"所去。

《礼记·经解》云：

> 故昏姻之礼废，则夫妇之道苦，而淫辟之罪多矣；乡饮酒之礼废，则长幼之序失，而争斗之狱繁矣；丧祭之礼废，则臣子之恩薄，而倍死忘生者众矣；聘觐之礼废，则君臣之位失，诸侯之行恶，而倍畔、侵陵之败起矣。[1]

《大戴礼记·盛德》云：

> 故明堂，天法也；礼度，德法也；所以御民之嗜欲好恶，以慎天法，以成德法也。刑法者，所以威不行德法者也。[2]

又《孔子家语·五刑解》载孔子语云：

> 刑罚之源，生于嗜欲不节。夫礼度者，所以御民之嗜欲，而明好恶，顺天之道。礼度既陈，五教毕修，而民犹或未化，

---

[1]　孔颖达《礼记正义》，上海古籍出版社，2008年，第1910页。
[2]　方向东《大戴礼记汇校集解》，中华书局，2008年，第829页。

尚必明其**法典**，以申固之。[1]

由此可知，自礼仪产生之时起，就有与之相伴生的保障系统，所谓"失礼则入刑，相为表里者也"[2]。刑的本义是模具的型范，其不合型范的坯料则以刀具刮而去之[3]，故在词义上法、刑二者可通，在早期辞书也多有二者互训之例。然二者仍有两个重要的不同：一是法之发动者出于能契合人之终极关怀的圣兽，而刑之发动者则出于不能确定其是否具有终极关怀的人；二是法兼该礼仪之可以具书的所有节文，而刑则仅为系于官府惩罚制度的具书节文，是法可以兼刑而刑不能兼法。故即礼法而言，其入刑者为刑法，其不入刑者犹有家庭层面的家法家规和社会层面的报复教训，如《春秋》讥世卿、讥不亲迎、讥二名等等，以及本体层面的"以灾祥验行事"之合礼与否的神祟天讨[4]。《礼记·王制》谓："凡制五刑，必即天论。"[5]《汉书·刑法志》言之更详：

> 先王立礼，"则天之明，因地之性"也。刑罚威狱，以类天之震曜杀戮也；温慈惠和，以效天之生殖长育也。《书》云"天秩有礼"，"天讨有罪"。故圣人因天秩而制五礼，因天讨

---

[1] 杨朝明、宋立林主编《孔子家语通解》，齐鲁书社，2009年，第347页。
[2] 范晔《后汉书·郭陈列传》，中华书局，1965年，第1554页。
[3] 按《说文》收有两个刑字，一在井部，作荆，训"罚罪也"；一在刀部，作刓，训"刭也"。按后者是因误解而产生的一个讹字，也就是说，刑的来源只有一个，即铸器之模型（模具），刑、型当为古今字，其更早的本字则以象形造字法写作井形，由模型的意义引申，就成了法律、刑法。参见张书岩《试论"刑"字的发展》，《文史》第二辑，1985年。盖刑字取象于用模型铸器时刮掉多余的坯料，再引申指"罚罪"，即除去违礼者，遂为模型义别加土旁而造"型"字。
[4] 《隋书·五行志》："《春秋》以灾祥验行事，则仲尼所以垂法也。"魏征《隋书》，中华书局，2019年，第687页。
[5] 孔颖达《礼记正义》，上海古籍出版社，2008年，第554页。

而作五刑。[1]

天讨为天秩的保障要素,礼仪乃是主体具有终极关怀的以成就完美为目的的行为方式,从应然的角度说,此行为方式即是天秩的组成部分,而礼法作为礼仪流行的维护方式,亦当视为天讨的组成部分。唯此天讨又当分为两个层次加以理解,一是人们对天讨之应然现象的理想解读,二是人们对天讨之人成现象的实然落实。后者即拟天讨而作的五刑制度,汉代王充解之尤详:"古礼三百,威仪三千,刑亦正刑三百,科条三千,出于礼,入于刑,礼之所去,刑之所取,故其多少同一数也。"[2]

二 "天讨"——"天秩"失落后的本体报应

"天秩"是源出于终极本体的第一秩序,而终极本体在轴心时代的早期宇宙论中实为诸家先知所共识。若儒家之道,亦名太极、一、神;道家之道,亦名无、神、太一;佛教之空,亦名真如、法性、佛性、实相、妙有;耶教之上帝;等等。唯其对宇宙生成历程的理解或有小异,故其体证本体的工夫进路亦各有心得。若《周易·系辞上》云:"是故易有大极,是生两仪,两仪生四象,四象生八卦,八卦定吉凶,吉凶生大业。"[3] 其以阴阳三合之八卦推演宇宙的创生秩序,与《老子》"一生二,二生三,三生万

[1] 班固《汉书》,中华书局,1962 年,第 1079 页。这里的"五礼"指吉、凶、宾、军、嘉五类礼仪,五刑指甲兵、斧钺、刀锯、钻凿、鞭扑五类刑罚。

[2] 黄晖《论衡校释·谢短》,中华书局,1990 年,第 566 页。

[3] 于天宝点校《宋本周易注疏》,中华书局,2018 年,第 422—423 页。

物"之理亦相符合。及至 20 世纪以来大尺度宇宙学所提出的"奇点"爆炸假说及"宇宙胚种论"等,以为宇宙形成之初的"种子"在以"爆炸态"成长之后生成了我们这个可见的秩序世界。其理与植物"种子"生成植物盖同,所谓"种瓜得瓜,种豆得豆",瓜之藤叶与新瓜、豆之枝叶与新豆,皆为"瓜子""豆粒"中固有的原初秩序所化,是知植物之自组织能力当即天秩自组织能力之后的次生现象。而作为得"五行之秀气"的人所具有的逻辑理性,则又当为第三层次的自组织能力,唯此能力由第一、第二秩序化生而来,是亦天秩之所当有者,"顺受其正",即天德流行,生生不已。

人之生存行为虽然也是本体流行中的必然呈现形态,只是作为第三层次的自组织能力,人具有主观能动性,当其蔽于"气质之性"的影响时[1],则不免会产生偏离天秩之序的活动行为。故《周易·说卦》有"幽赞于神明而生蓍"之说[2],孔子有"幽赞而达乎数,明数而达乎德"之论[3],《礼记·中庸》有"自明诚""自诚明"以"赞天地之化育"之言,孟子揭存心养性以"事天"之法,皆强调了人当修德明道以臻于天人合一[4],以成就个体生命成长中"天地之性"的当下流行与呈现。

儒家亦以作为"种子"之心的"仁"来指称心体的自组织功

---

[1]《正蒙·诚明》云:"形而后有气质之性,善反之则天地之性存焉。"张载《张载集》,中华书局,1978 年,第 23 页。

[2]于天宝点校《宋本周易注疏》,中华书局,2018 年,第 472 页。

[3]丁四新《楚竹书与汉帛书〈周易〉校注》,上海古籍出版社,2011 年,第 529 页。

[4]《礼记·中庸》:"性之德也,合外内之道也。"孔颖达《礼记正义》,上海古籍出版社,2008 年,第 2027 页。

能，以为其"浑然与物同体""天地之用皆我之用"[1]，五常之义礼智信皆由此生，其中之"礼"即"仁"体生生而呈现于外的生命行为方式，《礼记·中庸》论以至诚"赞天地之化育"的工夫，亦当由此而出。故《说文解字》云："礼，履也，所以事神致福也。"[2]《白虎通》云："礼者，履也，履道成文也。"[3]此中之"神""道"皆为终极本体之名，盖谓礼必遵从此本体"种子"的自组织秩序——"天秩"行事，乃得"止于至善"之道；若违而行之，必有"天讨"之祟[4]。如《礼记·月令》"孟春之月"下载云：

> 孟春行夏令，则雨水不时，草木蚤落，国时有恐；行秋令，则其民大疫，猋风暴雨总至，藜莠蓬蒿并兴；行冬令，则水潦为败，雪霜大挚，首种不入。[5]

此时序用之于人事，"是月也，不可以称兵，称兵必天殃。兵戎不起，不可从我始。毋变天之道，毋绝地之理，毋乱人之纪"[6]。"天殃"即天降灾殃，为"天讨"的具体表现形态，此在其他月令中也各有相应的理解和表达。相关总结在经典文献中也颇有论及：

> 积善之家，必有余庆。积不善之家，必有余殃。[7]

[1] 程颢、程颐《二程集·河南程氏遗书》，中华书局，1981年，第16、17页。
[2] 段玉裁《说文解字注·示部》，上海古籍出版社，1988年第2版，第2页。
[3] 陈立《白虎通疏证·性情》，中华书局，1994年，第382页。
[4]《说文解字·示部》："祟，神祸也。"段玉裁《说文解字注》，上海古籍出版社，1988年第2版，第8页。
[5] 孔颖达《礼记正义》，上海古籍出版社，2008年，第626页。
[6] 孔颖达《礼记正义·月令》，上海古籍出版社，2008年，第624页。
[7] 于天宝点校《宋本周易注疏·坤》，中华书局，2018年，第48页。

惟上帝不常，作善，降之百祥；作不善，降之百殃。[1]

夏氏有罪，予畏上帝，不敢不正。……尔尚辅予一人致天之罚。[2]

天降罪罟，蟊贼内讧。[3]

多行不义，必自毙。[4]

天道赏善而罚淫。[5]

怀德者应以福，挟恶者报以凶，德薄者位危，去道者身亡。[6]

上天之诛也，虽在圹虚幽间，辽远隐匿，重袭石室，界障险阻，其无所逃之亦明矣。[7]

此中之"善""正"谓主体因仁爱而体知之"天秩"生生不已，"不善""不义""罪"谓偏离仁爱生生之序而"自作主张"。对"天讨"认同的条文性表达又被称为"鬼神法"，这里的鬼神是作为天秩发出者即本体的象征表达，人们相信鬼神会对是否践行天秩者给予最为公平中正的报应。归纳起来，传统的鬼神法呈现形态约可分为三种，即禁忌、报应和神判。

关于禁忌法，我们先看《礼记》中的几个例子：

---

[1] 阮元校刻《十三经注疏·尚书正义·伊训》，台湾艺文印书馆，2001 年，第 115 页。

[2] 阮元校刻《十三经注疏·尚书正义·汤誓》，台湾艺文印书馆，2001 年，第 108 页。

[3] 阮元校刻《十三经注疏·毛诗正义·大雅·召旻》，台湾艺文印书馆，2001 年，第 698 页。

[4] 阮元校刻《十三经注疏·春秋左传正义·隐公元年》，台湾艺文印书馆，2001 年，第 36 页。

[5] 仇利萍《〈国语〉通释·周语》，四川大学出版社，2015 年，第 88 页。

[6] 王利器《新语校注·术事》，中华书局，1986 年，第 43 页。

[7] 何宁《淮南子集释·览冥训》，中华书局，1998 年，第 445 页。

毋不敬，俨若思，安定辞。安民哉！

毋侧听，毋噭应，毋淫视，毋怠荒。游毋倨，立毋跛，坐毋箕，寝毋伏。敛发毋髢，冠毋免。劳毋袒，暑毋褰裳。

共食不饱，共饭不泽手。毋抟饭，毋放饭，毋流歠，毋咤食，毋啮骨，毋反鱼肉，毋投与狗骨，毋固获，毋扬饭，饭黍毋以箸，毋嚃羹，毋絮羹，毋刺齿，毋歠醢。[1]

君子之居恒当户，寝恒东首。若有疾风、迅雷、甚雨，则必变，虽夜必兴，衣服冠而坐。[2]

邻有丧，舂不相；里有殡，不巷歌。丧冠不緌。[3]

毋拔来，毋报往，毋渎神，毋循枉，毋测未至。[4]

这些条例大都带有强制性或禁止性，若做出违反规定或禁止的事情，就可能遭到来自鬼神的惩罚。金泽先生在《宗教禁忌》一书中说：

> 宗教禁忌是人类建立起来的第一个文化的或说社会的秩序，它的出现标志着人类文化的开始。换句话说，当人类自己给自己戴上第一个"紧箍咒"时，人类文化的历史便拉开了帷幕。[5]

那么什么是禁忌呢？《说文解字》云："禁，吉凶之忌也。"[6] 忌的本义是憎恶，吉凶之忌的意思就是通过一种心理憎

---

[1] 孔颖达《礼记正义·曲礼上》，上海古籍出版社，2008年，第6、60、71页。

[2] 孔颖达《礼记正义·玉藻》，上海古籍出版社，2008年，第1189页。

[3] 孔颖达《礼记正义·檀弓上》，上海古籍出版社，2008年，第235页。

[4] 孔颖达《礼记正义·少仪》，上海古籍出版社，2008年，第1390—1391页。按此段引文大意为：人之出入不要疾来疾往，不要亵渎鬼神，不要追循邪枉，不要臆测事情的结果。

[5] 金泽《宗教禁忌》，社会科学文献出版社，1998年，第7页。

[6] 段玉裁《说文解字注·示部》，上海古籍出版社，1988年第2版，第9页。

恶的方式来维护神圣之事的纯洁和避免与凶险之事的接触。从原型角度来说，人们遵守禁忌是因为相信灵魂的交感神力（或称 mana，音译为"玛那"，按即我们所谓的本体力量）会摧毁那些胆敢以肉体欲望冒犯它的人。从这个意义上说，禁忌也就是灵魂或者说是神的规则。吕大吉先生指出：

> 禁忌对神秘力量和神圣物的态度则是敬拜和畏怖，它力图控制和限制自己的行为，以免干犯神秘力量和神圣物，使之不为己害。[1]

禁忌通过在信仰层面上为人们提供的一种超验关系，从而使人能够在不确定与不可能中获得某种安全感。这对维护天秩，或者更具体地说，对维护群体秩序和个体成长进程都具有一定的意义。现代学术中多采用中太平洋波利尼西亚群岛土语译音的"塔布"（英语作 taboo）来表示这一概念。禁忌在人类早期生活中运用得非常普遍，但随着人类认知的深化，人类生存的制度与科学逐渐完善，它在生活中的影响也日渐式微，相关的内容与条目也越来越少。

报应法一般都是以个案的形态呈现的，人们往往是通过由果及因的回溯式推理方法去分析和判断其间的必然关系。唐初唐临在其所编《冥报记》中总结说：

> 夫含气有生，无不有识。有识而有行，随行善恶而受其报。如农夫之播植，随所植而收之。此盖物之常理，固无所可疑也。……
>
> 临窃谓儒书论善恶之报甚多，近者报于当时，中者报于

---

[1]　吕大吉《宗教学通论新编》，中国社会科学出版社，1998年，第319页。

累年之外，远者报于子孙之后。当时报者，若楚子吞蛭，痼疾皆愈；宋公不祷，妖星多退；谆齿凶逆，旋踵伏诛；赵高或乱，俄而灭族之类，是也。累年报者，如魏颗嫁妾，终以济师；孙叔埋蛇，竟享多福；汉幽鸩如意，苍苟成灾；齐煞彭生，立豕而祟之类，是也。子孙报者，若弗父恭于三命，广宣尼之道；邓训岁活千人，遗和熹之庆；陈平阴计，自知无后；栾黡忕侈，盈被其殃之类，是也。若乃虞舜以孝行登位，周文以仁贤受命，桀、纣以残忍亡国，幽、厉以淫纵祸终。三代功德，卜祚长久。秦皇骄暴，及子而灭。若斯之比，触类寔繁，虽复大小有殊，亦皆善恶之验。但事法王道，理关天命，常谈之际，非所宜言。[1]

此种因果报应"表现为通过鬼神的惩罚，在人们的心理上产生震慑与敬畏，从而有效地抑制其恶性，使之不敢从恶，国人常谓'头上三尺神明'即是这个意思"[2]。这也是"礼，履也，所以事神致福也"之本义的世俗化理解，即违逆礼仪当遭天讨神谴，褫夺福报。印光法师在给其弟子康寄遥的信中说：

因果报应，儒家经史中多极［及］，惜儒者不以生死为念，故见如未见。魏梅荪避难上海，念民生之苦由于将吏，因录《迪吉录》三十六条将吏不好杀之果报，急欲刊行，以告光，光谓现祸已成，无从救药，欲消来祸，宜广编辑二十二史中因果报应事，以遍布全国，则其利大矣。因将《二十二史感应录》寄彼，彼遂依光所说，极力搜辑。光令多倩书

---

[1] 唐临《冥报记》，中华书局，1992年，第1—2页。
[2] 夏清瑕《另一种秩序——法律文化中的因果报应信仰》，《宁夏大学学报（人文社会科学版）》2006年第5期，第62页。

手，至少以一年为限。此录一成，刊印数万部，或可为未来
作太平之基。[1]

不唯史家多有载录，中国古代的小说家们更是热衷于此，影
响较大的如《搜神记》《太平广记》《夷坚志》《聊斋志异》《阅微
草堂笔记》《窦娥冤》《十五贯》、"三言二拍"等等，他们在小说
中以儒家伦理道德观念为内核，以因果报应说为手段，确立了小
说的道德教化功能。早期的报应观念与佛教思想融合后，对中国
人的精神世界产生了长期而广泛的影响。

汉代大儒董仲舒指出："灾者，天之谴也；异者，天之威也。
……凡灾异之本，尽生于国家之失。国家之失乃始萌芽，而天出
灾害以谴告之。谴告之而不知变，乃见怪异以惊骇之，惊骇之尚
不知畏恐，其殃咎乃至。"[2] 故自班固修《汉书》以后，正史多
载有《五行志》，以探索重大灾异形成的因果范式。《隋书·五行
志》总结云：

> 《易》以八卦定吉凶，则庖牺所以称圣也。《书》以九畴
> 论休咎，则大禹所以为明也。《春秋》以灾祥验行事，则仲尼
> 所以垂法也。天道以星象示废兴，则甘、石所以先知也。是
> 以祥符之兆可得而言，妖讹之占所以征验。夫神则阴阳不测，
> 天则欲人迁善，均乎影响，殊致同归。汉时有伏生、董仲舒、
> 京房、刘向之伦，能言灾异，顾盼［眄］六经，有足观者。
> 刘向曰："君道得则和气应，休征生。君道违则乖气应，咎征

---

[1]　张育英《印光法师文钞》卷六《复康寄遥居士书》，宗教文化出版社，2009
　　　年，第 711 页。按原文题名"寄"误作"奇"，正文又误衍"好杀"，标点亦
　　　颇有扞格，今稍作校理录文。
[2]　苏舆《春秋繁露义证·必仁且智》，中华书局，1992 年，第 259 页。

发。"夫天有七曜，地有五行。五事愆违则天地见异，况于日月星辰乎？况于水火金木土乎？若梁武之降号伽蓝，齐文宣之盘游市里，陈则蒋山之鸟呼曰"奈何"，周则阳武之鱼乘空而斗，隋则鹊巢黼帐，火炎门阙，岂唯天道，亦曰人妖，则祥眚呈形，于何不至？亦有脱略政教，张罗罾罭，崇信巫史，重增愆罚。昔怀王事神而秦兵逾进，苌弘尚鬼而诸侯不来。性者，生之静也；欲者，心之使也。置情攸往，引类同归。雀乳于空城之侧，鹢飞于鼎耳之上。短长之制，既曰由人；黔隧崇山，同车共轸。必有神道，裁成倚伏。一则以为殃衅，一则以为休征。故曰，德胜不祥而义厌不惠。是以圣王常由德义消伏灾咎也。[1]

这些案例的观察比较与刑法断狱中的"决事比"（案例法）略同，即参考故有的案例来推断造成某一个案发生的原因，从而得出判断。当然，数术认知作为人类第三秩序的行为结果，其归纳总结的样本数量及逻辑过程总不可避免地存在一些矛盾和误差。虽然如此，作为一种探索"天讨"原因的人事努力，其在群体生活中所具有的"为善去恶"之积极意义还是不容忽视的。

神判是人们相信鬼神能公平公正地惩罚罪恶最为集中的表现，这也是法之古本字"灋"选择以圣兽"廌"为其构形部件的原因。虽然直接运用圣兽或圣物等鬼神符号决狱的事例并不多见，但作为神判信仰之典型形态的盟誓活动却一直表现得非常活跃。《礼记·曲礼下》云"约信曰誓，莅牲曰盟"[2]，亦即盟有牲而誓无牲，盟

---

[1] 魏征《隋书》，中华书局，2019年，第687—688页。
[2] 孔颖达《礼记正义》，上海古籍出版社，2008年，第189页。

大而誓小。中国最早的传世文献《尚书》中就有许多誓词，如《甘誓》之"今予惟恭行天之罚……用命，赏于祖；弗用命，戮于社"，《汤誓》之"尔尚辅予一人，致天之罚。……尔不从誓言，予则孥戮汝，罔有攸赦"，《牧誓》之"今予发，惟恭行天之罚。……勖哉夫子！尔所弗勖，其于尔躬有戮！"[1]，等等，都是军旅出师时主师用来激励和约束将士的。又《左传》中亦载很多民间誓词，如隐公元年（前722），郑庄公以其母亲支持弟弟夺权而把她监禁在城颍后发誓说："不及黄泉，无相见也。"又宣公十七年（前592），晋郤克出使齐国受辱："出而誓曰：'所不此报，无能涉河。'"[2] 至于"杀牲歃血，誓于神"的盟礼[3]，则多用于国与国之间，且多为和平协议。《周礼·秋官司寇》司盟云：

> 司盟，掌盟载之法。凡邦国有疑会同，则掌其盟约之载及其礼仪，北面诏明神。既盟，则贰之。……有狱讼者，则使之盟诅。凡盟诅，各以其地域之众庶共其牲而致焉。既盟，则为司盟共祈酒脯。[4]

就是说，结盟要在神明面前发誓，并把盟约正本埋在地下以为神鉴，副本则由结盟方各自收藏。其后如有败盟者，则司盟会再主持原讼方设祭诅咒败盟者，如此，败盟者就会遭到天谴神祸。历史学家瞿同祖先生曾总结说：

---

[1] 阮元校刻《十三经注疏·尚书正义》，台湾艺文印书馆，2001年，第98、108、159页。
[2] 阮元校刻《十三经注疏·春秋左传正义》，台湾艺文印书馆，2001年，第37、411页。
[3] 参孔颖达《礼记正义·曲礼下》"莅牲曰盟"孔疏，上海古籍出版社，2008年，第190页。
[4] 贾公彦《周礼注疏》，上海古籍出版社，2010年，第1386—1389页。

在古人观念中鬼神是不可欺的，邪恶的行为可以逃过人间的耳目，却不能欺瞒神明。人类的行为无论善恶，都必为鬼神所洞悉，如察秋毫。为了补救法网的疏漏，为了维持更多的公平，于是对鬼神有极大的期望和信心。[1]

这里所谓的"法网"实指人间的刑法系统。这一信仰在中古时期也直接促成了中国冥界审判系统的形成。陈登武先生对此有专门的研究：

主宰地狱审判的幽冥世界中，原来的幽冥教主是阎罗王。唐中叶以后，地藏菩萨形象产生重大转变，并且开始到地狱听审，最后甚至地位凌驾阎罗王之上，成为最重要的幽冥教主。从法思想的角度来看，地藏王菩萨取代阎罗王，一方面凸显唐代监狱管理弊端之严重；另一方面其实正好是中国法制思想史上期待圣君贤主"恤刑"的反映。

明清时期在国家祀典上相当有地位的另一个阴间法官是城隍爷。不过，城隍爷从自然神到城市保护神，甚至转型成为另一个入主冥籍的阴间司法神，也发生在唐朝。而且由于世俗权力的利用与宣扬，使得城隍爷的俗世审判功能逐渐加强，最后成为地狱常驻民间社会的司法神，而其间转变的契机显然也是在中唐以后。

……总之，地狱冥界诸神的架构，除了完成令人望而生畏的"冥律"之外，更重要的是许多宋元以后的民间戏曲或文学作品中，对于中国古代司法审判的描述，大多来自此一系统。不管是包公审乌盆或崔判官引领唐太宗游地府所呈现

[1]　瞿同祖《中国法律与中国社会》，商务印书馆，2010年，第290页。

的审判制度或犯罪观，都是阴间冥律发展史长河中的一环。这同时使得一般庶民的律法观念，多半都来自这些庶民化的冥律，或透过冥判文学而建立。追溯这条冥律发展史的源头，对于了解"冥律"在庶民社会里，防止一般社会或刑事犯罪所扮演的角色，当有一定帮助。[1]

冥界审判系统仅是源出终极神判对主体的临终及死后落实，并未取代终极神判的生前报应形态。神判信仰之所以影响巨大，正在于民众或者从礼学视角所谓的主体对终极天秩存在的信仰与共识。人们在现实生活中遭遇的所有不合理与不公平对待，在天秩那里都会得到"天讨"的终极摆平。可以说，天讨信仰的种种表达形态，正是礼仪生活中主体对作为终极正义之天秩存有的信赖与维护。

三　"五刑"——"五礼"出越后的社会惩罚

汉初，叔孙通绵蕞朝仪后，在高祖七年（前200）十月朝正之际举行了首次践礼活动[2]：

> 仪：先平明，谒者治礼，引以次入殿门，廷中陈车骑步卒卫官，设兵张旗志。传言"趋"。殿下郎中侠陛，陛数百人。
>
> 功臣列侯诸将军军吏以次陈西方，东乡；文官丞相以下陈东方，西乡。
>
> 大行设九宾，胪传。

---

[1] 陈登武《从人间世到幽冥界：唐代的法制、社会与国家》，北京大学出版社，2007年，第330—331页。

[2] 汉初承秦制用颛顼历，以十月为岁首。

于是皇帝辇出房，百官执职传警，引诸侯王以下至吏六百石以次奉贺。

自诸侯王以下莫不振［震］恐肃敬。至礼毕，复置法酒。诸侍坐殿上皆伏抑首，以尊卑次起上寿。觞九行，谒者言"罢酒"。

御史执法，举不如仪者辄引去。竟朝置酒，无敢谨哗失礼者。[1]

其文首冠以"仪"，明下文所陈皆为礼仪之组成内容[2]。在这里，我们可以看到作为礼仪组成要素之一"礼法"的在场，"御史执法，举不如仪者辄引去"。《诗经·小雅·宾之初筵》云："凡此饮酒，或醉或否，既立之监，或佐之史。"[3] 此监酒官及酒史（《仪礼》称酒正）即正副司法官，《仪礼》之燕礼、乡饮酒礼及大射、乡射礼中皆设有司正或司马以"察仪法"。《周礼·秋官司寇》之大、小司寇职云：

大司寇之职，掌建邦之三典，以佐王刑邦国，诘四方，一曰刑新国用轻典，二曰刑平国用中典，三曰刑乱国用重典。

以五刑纠万民：一曰野刑，上功纠力。二曰军刑，上命纠守。三曰乡刑，上德纠孝。四曰官刑，上能纠职。五曰国刑，上愿纠暴［恭］。……

正月之吉，始和布刑于邦国都鄙，乃县刑象之法于象魏，使万民观刑象，挟日而敛之。

凡邦之大盟约，莅其盟书，而登之于天府，大史、内史、

---

［1］司马迁《史记·刘敬叔孙通列传》，中华书局，2013年，第3279—3280页。

［2］从主体践礼的角度来说，此朝仪当为与宾礼相关的嘉礼，如此则主体当为群臣百官，而主人当为皇帝；从礼学结构要素的呈现形态来说，除原型三要素为隐形外，礼仪、礼器、礼乐、礼法皆当该备。

［3］阮元校刻《十三经注疏·毛诗正义》，台湾艺文印书馆，2001年，第496页。

司会及六官皆受其贰而藏之。

　　凡诸侯之狱讼，以邦典定之；凡卿大夫之狱讼，以邦法断之；凡庶民之狱讼，以邦成弊之。……

　　小司寇之职，掌外朝之政……

　　以五刑听万民之狱讼，附于刑，用情讯之。至于旬，乃弊之，读书则用法。凡命夫命妇，不躬坐狱讼。凡王之同族有罪，不即市。

　　以五声听狱讼，求民情。一曰辞听，二曰色听，三曰气听，四曰耳听，五曰目听。

　　以八辟丽邦法，附刑罚：一曰议亲之辟，二曰议故之辟，三曰议贤之辟，四曰议能之辟，五曰议功之辟，六曰议贵之辟，七曰议勤之辟，八曰议宾之辟。

　　以三刺断庶民狱讼之中：一曰讯群臣，二曰讯群吏，三曰讯万民。听民之所刺宥，以施上服下服之刑。

　　……岁终，则令群士计狱弊讼，登中于天府。

　　正岁，帅其属而观刑象，令以木铎，曰"不用法者，国有常刑。"令群士，乃宣布于四方，宪刑禁。乃命其属入会，乃致事。[1]

　　此大、小司寇即为刑官之长，"帅其属而掌邦禁，以佐王刑邦国"[2]，其"不用法者，国有常刑"，谓如有不遵行礼法者，即以刑罚禁制而除之。《唐律疏议》序议对中国早期刑法史有简要的总结：

　　昔者，三王始用肉刑。赭衣难嗣，皇风更远，朴散淳离，

---

[1]　贾公彦《周礼注疏》，上海古籍出版社，2010年，第1318—1347页。

[2]　贾公彦《周礼注疏·秋官司寇》，上海古籍出版社，2010年，第1297页。

伤肌犯骨。《尚书大传》曰："夏刑三千条。"《周礼》"司刑掌五刑"，其属二千五百。穆王度时制法，五刑之属三千。

周衰刑重，战国异制，魏文侯师于里悝，集诸国刑典，造《法经》六篇：一、《盗法》；二、《贼法》；三、《囚法》；四、《捕法》；五、《杂法》；六、《具法》。商鞅传授，改法为律。汉相萧何，更加悝所造《户》、《兴》、《厩》三篇，谓《九章之律》。魏因汉律为一十八篇，改汉《具律》为《刑名第一》。晋命贾充等，增损汉、魏律为二十篇，于魏《刑名律》中分为《法例律》。宋齐梁及后魏，因而不改。爰至北齐，并《刑名》、《法例》为《名例》。后周复为《刑名》。隋因北齐，更为《名例》。唐因于隋，相承不改。[1]

这里提到了"三王始用肉刑"、周穆王始制法、商鞅始改法为律，即由刑而法而律的三阶转换。有关三个概念具体起始点的说法虽未必准确，然其大致情况也应该相差不远。

法与刑的关系前已述及，要之礼法是作为礼仪的维护要素存在的，二者属于本体流行的应然形态。而刑则是礼法中通过人成之功而拟制的礼制维护要素，故其初起只是因为"三王"意志而用之，其后为寻求合法性而依礼名"法"，然依"神判"决事终不能尽契于轴心时代以后理性社会的认知畛域，故又引入了具有客观性的"律"作为依据。

《周易》师卦初六"师出以律"王弼注："为师之始，齐师者也。齐众以律，失律则散。"孔颖达疏："律，法也。"[2]《周

---

[1]　长孙无忌等《唐律疏议》，中华书局，1983年，第2页。
[2]　于天宝点校《宋本周易注疏·师》，上海古籍出版社，2018年，第80页。

礼·春官宗伯》大师职云："大师，执同律以听军声，而诏吉凶。"[1] 这里的"大师"与《周易》"师出"意思略同，乃指大兴师旅。《说文解字》"律，均布也"段玉裁注："律者，所以范天下之不一而归于一，故曰均布也。"[2]《唐六典》云："凡律以正刑定罪，令以设范立制，格以禁违正邪，式以轨物程事。"[3] 所谓正刑定罪，与"五声"必以律定调乃成礼乐之理同，人们认为某些特定的五声也能以律定刑而成礼法。《尚书·吕刑》即有云："两造具备，师听五辞，五辞简孚，正于五刑。"[4] 此五辞当即前引《周礼·秋官司寇》中小司寇所释的五声之辞——辞听、色听、气听、耳听、目听。郑玄注："观其出言，不直则烦""观其颜色，不直则赧然""观其气息，不直则喘""观其听聆，不直则惑""观其牟子视，不直则眊然"。[5] 孔子云："听讼，吾犹人也。"[6] 盖亦云不外乎如此用律也。

《史记·律书》云：

> 王者制事立法，物度轨则，壹禀于六律，六律为万事根本焉。[7]

以均律来辨法定刑，其结果固然会因对境之不同而各有辨正，

[1] 贾公彦《周礼注疏》，上海古籍出版社，2010 年，第883 页。
[2] 段玉裁《说文解字注·彳部》，上海古籍出版社，1988 年第 2 版，第77 页。
[3] 李林甫等《唐六典》，中华书局，1992 年，第 185 页。按《新唐书·刑法》云："唐之刑书有四，曰：律、令、格、式。令者，尊卑贵贱之等数，国家之制度也；格者，百官有司之所常行之事也；式者，其所常守之法也。凡邦国之政，必从事于此三者。其有所违及人之为恶而入于罪戾者，一断以律。"欧阳修《新唐书》，中华书局，1975 年，第1407 页。
[4] 阮元校刻《十三经注疏·尚书正义》，台湾艺文印书馆，2001 年，第 300 页。
[5] 贾公彦《周礼注疏》，上海古籍出版社，2010 年，第 1340—1341 页。
[6] 朱熹《四书章句集注·论语集注·颜渊》，中华书局，1983 年，第 137 页。
[7] 司马迁《史记》，中华书局，2013 年，第 1473 页。

如乐音之各因律调而比音成乐，汉、唐刑律九章十二篇之目，或即因此而设。又按五刑之目是拟五行之数制定的，《白虎通·五行》云："五刑者，五常之鞭策也。刑所以五何？法五行也。"[1]但不同时代其具体名目或有不同，从早期的鞭扑、钻笮、刀锯、斧钺、甲兵到墨、劓、膑、宫、大辟，以至隋以后的笞、杖、徒、流、死，要之以肉刑的逐渐减少为趋势。

《四库全书总目》之《唐律疏议》提要云：

> 论者谓《唐律》一准乎礼，以为出入得古今之平，故宋世多采用之，元时断狱亦每引为据，明洪武初，命儒臣同刑官进讲《唐律》，后命刘惟谦等详定《明律》，其篇目一准于唐。[2]

又《大明律》首载朱元璋"御制大明律序"：

> 朕有天下，仿古为治，明礼以导民，定律以绳顽。刊著为令，行之已久。奈何犯者相继，由是出五刑酷法以治之。欲民畏而不犯。[3]

又《清史稿·刑法一》：

> 中国自书契以来，以礼教治天下。劳之来之而政出焉，匡之直之而刑生焉。政也，刑也，凡皆以维持礼教于勿替。故《尚书》曰："明于五刑，以弼五教。"又曰："士制百姓于刑之中，以教祗德。"古先哲王，其制刑之精义如此。[4]

表17辑列唐宋明清四代国家刑律的目录，可资比参。

---

[1]　陈立《白虎通疏证》，中华书局，1994年，第438页。

[2]　纪昀《四库全书总目》，中华书局，1965年，第712页。

[3]　怀效锋点校《大明律》，法律出版社，1999年，第1页。

[4]　赵尔巽等《清史稿》，中华书局，1977年，第4181页。

表 17

《唐律疏议》30卷12篇502条	《宋刑统》30卷12篇502条	《大明律》30卷6部460条	《大清律例》47卷6部436条
名例六卷(57条):五刑,十恶,八议	名例六卷(57条):五刑,十恶,八议	名例一卷(47条):五刑,八议,十恶	律目一卷 诸图一卷 服制一卷 名例三卷(46条):五刑,十恶,八议
卫禁二卷(33条)	卫禁二卷(33条)	吏律二卷(33条):职制,公式	吏律二卷(28条):职制,公式
职制三卷(59条)	职制三卷(59条)	户律七卷(95条):户役,田宅,婚姻,仓库,课程,钱债,市廛	户律八卷(82条):户役,田宅,婚姻,仓库,课程,钱债,市廛
户婚三卷(46条)	户婚三卷(46条)	礼律二卷(26条):祭祀,仪制	礼律二卷(26条):祭祀,仪制
厩库一卷(28条)	厩库一卷(28条)	兵律五卷(75条):宫卫,军政,关津,厩牧,邮驿	兵律五卷(71条):宫卫,军政,关津,厩牧,邮驿
擅兴一卷(24条)	擅兴一卷(24条)	刑律十一卷(171条):贼盗,人命,斗殴,骂詈,诉讼,受赃,诈伪,犯奸,杂犯,捕亡,断狱	刑律十五卷(170条):贼盗,人命,斗殴,骂詈,诉讼,受赃,诈伪,犯奸,杂犯,捕亡,断狱
贼盗四卷(54条)	贼盗四卷(54条)	工律二卷(13条):营造,河防	工律二卷(13条):营造,河防
斗讼四卷(60条)	斗讼四卷(60条)		总类八卷
诈伪一卷(27条)	诈伪一卷(27条)		
杂律二卷(62条)	杂律二卷(62条)		
捕亡一卷(18条)	捕亡一卷(18条)		
断狱二卷(34条)	断狱二卷(34条)		

唐武德四年（621），高祖命裴寂等因隋《开皇律》修造唐律，武德七年（624）编定，名《武德律》；至贞观初，太宗又命长孙无忌等重加删定，至贞观十一年（637）成书，名《贞观律》；至永徽二年（651），高宗又命长孙无忌等重订律令，永徽三年（652）编定，名《永徽律》，这是一部被称为集前此历代刑律嬗变之大成的法典。同年，高宗又敕修疏证（司法解释），永徽四年（653）成书，名《永徽律疏》，对所收十二篇 502 条律文一一加以疏证解读，并设问答以辨析疑义。其后诸帝虽或有修订，但皆为个别条例的文字微调，其总体内容及形式则未有改动。后人以其为唐律，且疏证皆以"议曰"起论，故元以后传本多易名作《唐律疏议》。这是中国现存最早的一部内容完整的法典，也是世界五大法系之中华法系（另四为：大陆法系、英美法系、伊斯兰法系、印度法系）最早的经典文献。

宋建隆四年（963），太祖命窦仪等制定宋律，同年书成，名《宋建隆重详定刑统》。其体例取法唐末宣宗大中七年（853）所修《大中刑律统类》（在《唐律疏议》各律文后附上"条件相类"的令格式，又在篇下设一百二十一门归纳性质相近的律文）。《宋刑统》律文可以说是一依《唐律疏议》，其体式仍为十二篇 502 条律文，唯在律文后别附唐至宋初相关敕令格式 209 条，又以性质相近为原则把律文分为二百一十三门。《宋刑统》自修成后亦经多次修改，然皆为个别条目中的文字改动，于内容格式皆沿承未变。

明洪武六年（1373），太祖命刘惟谦等以前期所修诸《律令》为基础详定《大明律》，洪武七年（1374）修成颁行，其篇目仿《唐律疏议》为十二篇，析律文 606 条。洪武二十二年（1389），又参考《元典章》而重加整合，在名例律外，按六部职掌分为六律，计定律文三十门460条，于洪武三十年（1397）颁行。此后诸帝延用不辍，其或有修订，则别制条例辅律而行。

清顺治初年，钦命"详译明律，参以国制"以修订新律，于顺治三年（1646）成《大清律集解附例》三十卷[1]。其后康熙、雍正年间迭经重订，至乾隆元年（1736），高宗又命徐本等覆订律例，至乾隆五年（1740）成《钦定大清律例》四十七卷，仍袭《大明律》分为七篇三十门，收律文436条，附例1049条。其中第四十卷至第四十七卷为总类，把五刑所系的律例另行列出，以便检览。《大清律》至此定稿，其后诸帝延用不辍，间有调整修订，则别制条例辅律而行。

前引《汉书·刑法志》谓"圣人因天秩而制五礼，因天讨而作五刑"，其前提是"圣人"在君位，乃可以感天秩而制礼、通天讨以作刑，然而帝制传统的君王自不能敷此圣格，故其敕修的律制也就与礼制一样，虽经二千余年的因循整合，但作为其结果的相关制度却仍与应然的礼法之间若即若离，朱子所谓"千五百年之间……只是架漏牵补，过了时日"[2]，在刑律中也有非常明显的表现，这是研究礼学者所不宜忽视的情况。

---

[1] 《清史稿·刑法一》："三年五月，《大清律》成，世祖御制序文曰：'……朕仰荷天休，抚临中夏，人民既众，情伪多端。每遇奏谳，轻重出入，颇烦拟议。律例未定，有司无所禀承。爰敕法司官广集廷议，详译《明律》，参以国制，增损剂量，期于平允。书成奏进，朕再三覆阅，仍命内院诸臣校订妥确，乃允刊布，名曰《大清律集解附例》。'"赵尔巽等《清史稿》，中华书局，1977年，第4183页。
[2] 朱熹《答陈同甫》，《朱子全书（修订本）》第二十一册，上海古籍出版社、安徽教育出版社，2010年第2版，第1583页。

四　礼乐刑政，其极一也

《礼记·乐记》论乐之缘起后说：

> 故礼以道其志，乐以和其声，政以一其行，刑以防其奸。礼、乐、刑、政，其极一也，所以同民心而出治道也。[1]

其意谓礼导志成行，乐和声安行，礼乐兼备，才是主体践礼的完整形态。然主体犹当具备防拒外物干萦践礼的能力，故以政为维护礼行的工具、刑为去除乱礼的工具，政刑皆备，才是礼法保障的完整系统。盖刑之所加，乱礼者何以从之？以有政在刑后为之奥援，乱礼者不从将有更大的"力量"加之而损失更大。《说文解字》云："政，正也。从攴、正，正亦声。"按以正训政亦见于《论语·颜渊》所载孔子回应季康子问政之语："政者，正也，子帅以正，孰敢不正？"[2] 政字右旁攵（攴）古文像手持击具之形，本义表示击打[3]，则政字之本义就是通过击打的办法使归于正。这里又涉及两个层面的意思："正"的依据是什么？"击打"又是由谁发出的？

关于"正"的依据，孔子已有明确的阐释：

> 为政以德，譬如北辰，居其所而众星共之。[4]

---

［1］ 孔颖达《礼记正义》，上海古籍出版社，2008 年，第 1456 页。

［2］ 朱熹《四书章句集注·论语集注》，中华书局，1983 年，第 137 页。

［3］ 参李学勤主编《字源》，天津古籍出版社、辽宁人民出版社，2012 年，第 246 页。

［4］ 朱熹《四书章句集注·论语集注·为政》，中华书局，1983 年，第 53 页。

故为政先乎礼，礼，其政之本与！[1]

也就是说，"正"的依据就是主体"合外内之道"的德，礼是主体因德而发动的践行方式，与德为内外、体用关系。所以也可以说，政就是用来保障主体践礼活动的"力量"工具。《周礼·天官冢宰》大宰云：

大宰之职，掌建邦之六典，以佐王治邦国。一曰治典，以经邦国，以治官府，以纪万民；二曰教典，以安邦国，以教官府，以扰万民；三曰礼典，以和邦国，以统百官，以谐万民；**四曰政典，以平邦国，以正百官，以均万民**；五曰刑典，以诘邦国，以刑百官，以纠万民；六曰事典，以富邦国，以任百官，以生万民。[2]

《周礼》六官分掌邦治、邦教、邦礼、邦政、邦禁（刑）、邦事，掌邦政的为夏官司马，其中大司马的具体职守为：

掌建邦国之九法，以佐王平邦国。制畿封国，以正邦国。设仪辨位，以等邦国。进贤兴功，以作邦国。建牧立监，以维邦国。制军诘禁，以纠邦国。施贡分职，以任邦国。简稽乡民，以用邦国。均守平则，以安邦国。比小事大，以和邦国。

以九伐之法正邦国；冯弱犯寡则眚之，贼贤害民则伐之，暴内陵外则坛之，野荒民散则削之，负固不服则侵之，贼杀其亲则正之，放弒其君则残之，犯令陵政则杜之，外内乱、

---

[1]　参杨朝明、宋立林主编《孔子家语通解·大婚解》孔子对哀公问政，齐鲁书社，2009年，第29页。

[2]　贾公彦《周礼注疏》，上海古籍出版社，2010年，第37页。

鸟兽行，则灭之。……[1]

此外，在布政、赋税、驯民、征伐，以及君王出行、大役、会同、大祭、大飨、大射、大丧等重要典礼活动中，也要参与维护秩序。也就是说，司马的实际职务是掌军权，隋以后设三省六部制，其中掌邦政的司马则易名为兵部，取义更为明白。只不过在典礼活动中，掌政司马的参与形态与掌禁之司寇略有不同，司寇的职守是直接去除典礼中的违禁者，如有不服而致司寇所属不能履职者，司马所属才会参与平乱以保障司寇工作的顺利进行。或者说，司寇之刑是礼仪运行的护法保障，而司马之政则是司寇之刑背后的奥援保障，这也是《老子》说它要"不得已而用之"的本义[2]，要之其为"礼法"之不可或无的内在组成要素之意明矣。

《史记·律书》在指出王者制事立法皆以六律为根本后又特别强调说：

> 其于兵械尤所重……兵者，圣人所以讨强暴，平乱世，夷险阻，救危殆。自含血戴角之兽见犯则校，而况于人怀好恶喜怒之气？喜则爱心生，怒则毒螫加，情性之理也。[3]

也就是说，兵政是"圣人"维护其"因天秩而制五礼"的根本力量所在。《左传·成公十三年》载刘康公云："国之大事，在

---

[1]　贾公彦《周礼注疏·夏官司马·大司马》，上海古籍出版社，2010年，第1098—1103页。

[2]　《道德经》曰："兵者不祥之器，非君子之器，不得已而用之，恬惔为上。"朱谦之《老子校释·老子道经》，中华书局，1984年，第125—126页。

[3]　司马迁《史记》，中华书局，2013年，第1473—1475页。

祀与戎。"[1] 其语境虽因祭礼发论，然其对举二事却别有深意。
即主体生存活动的理想方法为持敬行礼，而祭祀正是主体用敬的
极致形态；保障礼仪践行的理想方法为持守礼法，而兵戎之用则
是此保障的极致形态。这与现代政治学研究的结论也基本一致。
德国思想家马克斯·韦伯（Max Weber，1864—1920）先生即曾
指出：

> 也许，归根究底，近代国家要在社会学上得到界定，唯
> 有诉诸它——和任何其它政治团体一样——特具的手段：直
> 接的武力（physische Gewaltsamkeit）。"每个国家的基础都在
> 于武力"，托洛茨基（Leon Trotsky）在布列斯特-李托夫斯克
> （Brest-Litowsk）如是说。这在事实上完全正确。如果社会的
> 构成竟全然不知以武力为手段，那么"国家"的概念必荡然
> 无存，从而出现的，正是在这种情况下一般所谓的"无政府"
> 状态。自然，武力并不是国家正常的或惟一的手段——没有
> 人这么说；但是武力乃是国家特有的手段。尤其是在今天，
> 国家和武力之间的关系特别密切。在过去，各式各样的团体
> ——从氏族（Sippe）开始——都曾以武力为完全正常的工具。
> 可是到了今天，我们必须要说：国家者，就是一个在某固定
> 疆域内——注意："疆域"（Gebiet）乃是国家的特色之一——
> （在事实上）肯定了自身对武力之正当使用的垄断权利的人类
> 共同体。就现代来说，特别的乃是：只有在国家所允许的范
> 围内，其他一切团体或个人，才有使用武力的权利。因此，

---

[1] 阮元校刻《十三经注疏·春秋左传正义》，台湾艺文印书馆，2001 年，第
460 页。

国家乃是使用武力的"权利"的惟一来源。[1]

正因为国家拥有"武力"支配的"权利"，所以才可以发号施令，施刑于违礼、违法者。如果我们考虑到礼乐的关系，即"礼以地制"而为"天地之序"，"乐由天作"而为"天地之和"，乐阳礼阴，和合致道；那么刑政的关系似乎也可以用政阳刑阴来理解，即刑是维系礼乐流行的"天讨"之具，而政是刑背后的武力支撑。引而申之，政也指代用于治理国家时所形成的各种"法律禁令"（以制度形态呈现为主）。只不过制度最易受权力集团或帝制主体意志的影响，而与"天秩""天讨"的礼、法本意相距渐远。后世或以政治制度取代礼法生态，则其合法性的讨论也就在聚讼纷纭中每况愈下了。

在上节所引叔孙通的践礼活动中，我们可以看出"政"的致用情况：为保障礼官特别是执法官御史的正常工作，特设有车骑、步卒卫宫，并各执兵器、张旗帜。殿下郎中（皇帝护卫官）率队夹陛，每边数百人。在这种场景下，文武百官入殿后分东西两队站好。皇帝出来时护卫执戟传警，谒者引文武百官依次奉贺，并参加宴饮。其间"有不如仪者"，御史则依法带出殿外。由此保障了整个朝拜、宴饮期间"无敢喧哗失礼者"。这里外庭的车骑、戍卒及内庭的护卫官就是执政者，或称政官。

此"政"在个人的礼仪践行中也同样意义重大，刘向引周成王告诫伯禽之语云："夫有文无武，无以威下；有武无文，民畏不亲。文武俱行，威德乃成。"[2] 朱熹也曾指出："豪杰而不圣贤者

---

[1] 韦伯《政治作为一种志业》，《学术与政治》，钱永祥等译，广西师范大学出版社，2004年，第196—197页。
[2] 向宗鲁《说苑校证·君道》，中华书局，1987年，第3页。

有矣，未有圣贤而不豪杰者也。"[1]

　　朱子《仪礼经传通解》卷三十七王制之癸设有"刑辟"一节，清代江永《礼书纲目》卷七十二"通礼"承之，黄以周《礼书通故》亦专设"刑法通故"一目，皆从礼学系统之全体大用视域而纳于其中，唯论刑法而不言礼法，故于天讨之鬼神法未予兼顾，其于礼之结构要素的礼法范围则不免有所缺失。现代学者钱穆先生云："盖昔人尊古笃旧，成法遗制，世守勿替，即谓之'礼'。舍礼外无法令，舍礼外无历史。'史'、'礼'、'法'之三者，古人则一以视之也。"[2] 又当代法学史家梁治平先生云："（春秋以前）无论兵、刑，都服从于礼，统一于礼，为礼制不可或缺的组成部分。……礼之为法，固无待于刑，而刑的存在，则保证了礼的强制性。"[3] 清末"参酌各国法律"而修订的《大清新刑律》，彼时之立法者以为"不当混法律与道德为一"[4]，因而把"法"从其所从生的"礼"中剥离出来。"清末礼、法之争，已经逸出传统礼、法之争的界域，不复为其所范围，而具有全新的意蕴。中国数千年绵延不绝的礼法观念，亦因此而被彻底抛弃。"[5] 也就是说，传统礼学生态的修复与重建，还有很长的路要走。

---

[1]　参罗大经《鹤林玉露》丙编卷之三"圣贤豪杰"引，中华书局，1983年，第278页。

[2]　参钱穆《国学概论》第一章"孔子与六经"，《钱宾四先生全集》，联经出版事业股份有限公司，1998年，第24页。

[3]　梁治平《"礼法"探原》，《清华法学》2015年第1期，第93页。

[4]　金敏《继承晚清谁人遗产？——梁治平先生〈礼教与法律〉读后》，《清华法学》2015年第5期，第172页。

[5]　梁治平《"礼法"探原》，《清华法学》2015年第1期，第116页。

◇文献示目

《唐律疏议》，（唐）长孙无忌等。中华书局，1983 年；上海古籍出版社，
　　2013 年。

《唐律疏议笺解》，刘俊文。中华书局，1996 年。

《宋刑统校正》，岳纯之。北京大学出版社，2015 年。

《大明律》，（明）刘惟谦等。法律出版社，1999 年。

《大清律例》，（清）阿桂等。中华书局，2015 年（影印清刊本）。

《冥报记》，（唐）唐临。中华书局，1992 年。

《迪吉录》，（明）颜茂猷。团结出版社，2021 年。

◇思考题

1. 刑、法、礼三者的关系是怎样的？
2. 试分析《汉书·叔孙通传》所载叔孙通践行朝仪中的礼法致用情况。
3. 尝试找出《唐律疏议》中有而今天刑律中不再收录的条目。

参考文献

阿诺尔德·范热内普《过渡礼仪》，张举文译，商务印书馆，2010年。

曹建墩《三礼名物分类汇释》，人民出版社，2021年。

陈登武《从人间世到幽冥界：唐代的法制、社会与国家》，北京大学出版社，2007年。

邓声国《〈仪礼〉文献学》，江西人民出版社，2017年。

菲奥纳·鲍伊《宗教人类学导论》，金泽、何其敏译，中国人民大学出版社，2004年。

梁治平《寻求自然秩序中的和谐：中国传统法律文化研究》，上海人民出版社，1991年；中国政法大学出版社，1997年；商务印书馆，2013年。

刘锡诚《象征：对一种民间文化模式的考察》，学苑出版社，2002年。

吕思勉《中国制度史》，上海教育出版社，1985年。

玛丽·道格拉斯《洁净与危险》，黄剑波、卢忱、柳博赟译，民族出版社，2008年。

米尔恰·伊利亚德《神圣与世俗》，王建光译，华夏出版社，2002年。

诺贝特·埃利亚斯《文明的进程：文明的社会起源和心理起源的研究》，王佩莉、袁志英译，上海译文出版社，2009年。

彭兆荣《人类学仪式的理论与实践》，民族出版社，2007年。

乔辉《历代三礼图文献考索》，中华书局，2020 年。

圣凯《中国汉传佛教礼仪》，宗教文化出版社，2001 年；商务印书馆，2020 年增订本。

孙机《中国古代物质文化》，中华书局，2014 年。

唐孝威《意识论——意识问题的自然科学研究》，高等教育出版社，2004 年。

陶思炎《中国祥物》，东方出版中心，2012 年。

王锷编著《三礼研究论著提要》，甘肃教育出版社，2001 年；2007 年第 2 版。

王克芬《万舞翼翼：中国舞蹈图史》，中华书局，2012 年。

王小盾《中国音乐文献学初阶》，北京大学出版社，2014 年。

维克多·特纳《仪式过程：结构与反结构》，黄剑波、柳博赟译，中国人民大学出版社，2006 年。

吾妻重二《朱熹〈家礼〉实证研究》，华东师范大学出版社，2012 年。

吴国盛《科学的历程》，湖南科学技术出版社，2018 年第 4 版。

吴十洲《两周礼器制度研究》，五南图书出版公司，2004 年；商务印书馆，2016 年。

徐世虹主编《中国古代法律文献概论》，上海古籍出版社，2019 年。

阎步克《从爵本位到官本位——秦汉官僚品位结构研究》，生活·读书·新知三联书店，2009 年；2017 年增补本。

杨荫浏《中国古代音乐史稿》，人民音乐出版社，1981 年。

英国《新科学家》杂志，《万物起源》，张卜天译，湖南科学技术出版社，2017 年。

余作胜《两汉乐书的文献学研究》，中华书局，2020 年。

张岱年《中国哲学大纲》，中华书局，2017 年。

张泽洪《道教礼仪学》，宗教文化出版社，2012 年。

钟敬文主编《民俗学概论》，高等教育出版社，2010 年第 2 版。

钟敬文主编《中国民俗史》，人民出版社，2008 年。